工程项目管理探索与实践

Engineering Project Management Exploration and Practice

主编 黄瑞芬 郭晶

中国海洋大学出版社
·青岛·

图书在版编目(CIP)数据

工程项目管理探索与实践／黄瑞芬,郭晶主编．—
青岛:中国海洋大学出版社,2014.11
ISBN 978-7-5670-0783-3

Ⅰ．①工… Ⅱ．①黄… ②郭… Ⅲ．①工程项目管理
Ⅳ．① F284

中国版本图书馆 CIP 数据核字(2014)第 268763 号

出版发行	中国海洋大学出版社
社　　址	青岛市香港东路 23 号　　　　邮政编码 266071
出 版 人	杨立敏
网　　址	http://www.ouc-press.com
电子信箱	dengzhike@sohu.com
订购电话	0532-82032573(传真)
责任编辑	邓志科　　　　　　　　　　　　电　　话 0532-85902495
印　　制	日照日报印务中心
版　　次	2014 年 11 月第 1 版
印　　次	2014 年 11 月第 1 次印刷
成品尺寸	185 mm × 260 mm
印　　张	15.125
字　　数	450 千
定　　价	38.00 元

Contents

目　录

招远市中医医院搬迁建设项目风险评价

王 力*

摘要 本文以招远市中医医院搬迁建设项目为背景,运用模糊数学的思想,对项目风险水平进行综合评价。首先采用层次分析法(AHP)来计算和设定各个指标的权重,然后选择合适的评语集,运用模糊综合评价法对招远市中医医院搬迁建设项目的总体风险水平予以定量测算。

关键词 项目风险;风险评价;层次分析法;模糊综合评价

目前,多样化的风险评价方法在风险管理的实践中得到广泛应用。与过去凭借专家及管理人员的经验进行的定性风险评价相比,更多地使用定量的方法,是风险评价技术的极大进步。当然,定量方法的加入并非完全否定了定性方法的价值。将二者合理地有机结合,既发挥专家在项目风险评价中的经验优势,同时又融合现代数学的定量方法,可以对项目风险作出更加合理的评价。本文在对招远市中医医院搬迁建设项目进行风险评价时,采用定量为主、定性为辅的方法。运用模糊数学的思想,对项目风险进行模糊综合评价。根据风险评价的向量结果,得出招远市中医医院搬迁建设项目的总体风险水平。

一、招远市中医医院搬迁建设项目风险评价指标体系与权重设计

(一)指标体系构建

医院搬迁建设项目既是普遍意义的工程建设项目,其风险评价指标体系的构建需要符合一般工程项目的特点;又因为医院是一类特殊的社会单位,所以在风险评价中有其需要重点关注的风险因素。招远市中医医院搬迁建设项目风险评价的指标体系是在风险识别的基础上,整合工程项目的一般特点和本项目自有特点而形成。当然,这个过程中,征询了多位项目风险管理专家学者的意见,充分采纳他们多年来在风险管理实践中积淀的丰富经验,并参照现有关于项目风险管理的文献,最终确定了如表1所示的指标体系。

---

* 王力,中国海洋大学工程硕士在职研究生。

表1　项目风险评价指标体系

招远中医医院搬迁建设项目整体风险 U	质量风险 U₁	设计缺陷与失误风险 U_{11}
		施工人员操作失误与管理缺失 U_{12}
		建筑材料及设备质量不合格 U_{13}
		施工技术不当 U_{14}
	安全风险 U₂	设备故障导致安全事故 U_{21}
		人员素质及管理不当引起安全事故 U_{22}
	成本风险 U₃	仪器设备价格变更与波动 U_{31}
		运输存储过度损耗 U_{32}
		建材价格变更与波动 U_{33}
	资金风险 U₄	资金筹措来源 U_{41}
		资金供给的持续性 U_{42}
		资金合理利用 U_{43}
	市场风险 U₅	产品及服务市场价格变动 U_{51}
		行业竞争 U_{52}
		市场供需水平 U_{53}

(二)各层次指标权重计算

招远市中医医院搬迁建设项目风险评价的指标层次依次为:目标层,指这个项目整体所存在的风险情况;准则层,包括质量风险、安全风险、成本风险、资金风险和市场风险;指标层,包括设计缺陷与失误风险、施工人员操作失误与管理缺失、建筑材料及设备质量不合格、施工技术不当、设备故障导致安全事故、人员素质及管理不当引起安全事故、仪器设备价格变更与波动、运输存储过度损耗、建材价格变更与波动、资金筹措来源、资金供给的持续性、资金合理利用、产品及服务市场价格变动、行业竞争、市场供需水平。

在确定了各个层次的指标之后,结合专家打分的结果构造各级指标的判断矩阵。专家按照重要性采用1-9的标度对各个指标赋值,随着数字序列的增大,所比较两个因素重要性水平的不同程度也随之上升。且若因素 i 与因素 j 的重要性之比为 a_{ij},那么因素 j 的重要性之比即为 $a_{ji} = 1/a_{ij}$。根据上述分析,我们可以分别得到目标层——准则层、准则层——指标层两个层面的判断矩阵,具体结果如下。

目标层——准则层的一级判断矩阵:

$$Q = \begin{pmatrix} 1 & 2 & 3 & 5 & 6 \\ 1/2 & 1 & 3 & 4 & 7 \\ 1/3 & 1/3 & 1 & 2 & 6 \\ 1/5 & 1/4 & 1/2 & 1 & 2 \\ 1/6 & 1/7 & 1/6 & 1/2 & 1 \end{pmatrix}$$

准则层——指标层的二级判断矩阵:

对于 U₁ 的二级指标:

$$Q_1 = \begin{pmatrix} 1 & 1/4 & 1/5 & 1/2 \\ 4 & 1 & 2 & 4 \\ 5 & 1/2 & 1 & 6 \\ 2 & 1/4 & 1/6 & 1 \end{pmatrix}$$

对于 U_2 的二级指标：

$$Q_2 = \begin{pmatrix} 1 & 1/2 \\ 2 & 1 \end{pmatrix}$$

对于 U_3 的二级指标：

$$Q_3 = \begin{pmatrix} 1 & 1/3 & 1/7 \\ 3 & 1 & 1/6 \\ 7 & 6 & 1 \end{pmatrix}$$

对于 U_4 的二级指标：

$$Q_4 = \begin{pmatrix} 1 & 1/4 & 3 \\ 4 & 1 & 5 \\ 1/3 & 1/5 & 1 \end{pmatrix}$$

对于 U_5 的二级指标：

$$Q_5 = \begin{pmatrix} 1 & 1/2 & 1/6 \\ 2 & 1 & 1/6 \\ 6 & 6 & 1 \end{pmatrix}$$

根据层次分析法的原理，在判断矩阵基础上构造 $Aw = \lambda_{max} w$，利用 Excel 软件可以计算出对应于各个判断矩阵的最大特征根与特征向量，相应的特征向量即为所需计算的各因素指标的权重。可得如表 2 所示结果。

表 2 基于层次分析的权重计算结果

判断矩阵	最大特征根	相应特征向量
Q	$\lambda_{max} = 5.17$	$W = (0.41\ 0.31\ 0.16\ 0.08\ 0.04)^T$
Q_1	$\lambda_{max} = 4.21$	$W_1 = (0.08\ 0.44\ 0.37\ 0.11)^T$
Q_2	$\lambda_{max} = 2$	$W_2 = (0.33\ 0.67)^T$
Q_3	$\lambda_{max} = 3.10$	$W_3 = (0.08\ 0.18\ 0.74)^T$
Q_4	$\lambda_{max} = 3.09$	$W_4 = (0.23\ 0.67\ 0.10)^T$
Q_5	$\lambda_{max} = 3.05$	$W_5 = (0.10\ 0.16\ 0.74)^T$

由 $CI = \dfrac{\lambda_{max} - n}{n-1}$ 和 $CR = \dfrac{CI}{C.R.}$（C. R. 为标准取值参照值），计算一致性指标的值，可得到如表 3 所示结果。

表 3 一致性指标计算结果

判断矩阵	Q	Q_1	Q_2	Q_3	Q_4	Q_5
一致性指标	$CR = 0.04$	$CR = 0.08$	$CR = 0$	$CR = 0.09$	$CR = 0.07$	$CR = 0.05$

综上可知,一级判断矩阵和二级判断矩阵的一致性指标均小于 0.1,说明通过一致性检验 *。即所构造的判断矩阵是合理的,各个指标的权重可以用于下面的模糊评价。

二、招远市中医医院搬迁建设项目风险测度

(一)基于隶属度的模糊矩阵构建

模糊综合评价中,模糊矩阵的构建需要配合相应的隶属度函数。隶属度函数的选定因不同的评价对象而定。本文中,评价的隶属度通过专家打分来实现。专家打分的前提是设计针对不同风险等级的评语集。结合招远市中医医院搬迁建设项目的风险因素及特点,本文设定五级评语集:高风险、较高风险、中等风险、较低风险、低风险。设评语集为 V,每一个级的评语集对应百分制的一个分数区间。相应地,$[90,100)$,$[70,90)$,$[50,70)$,$[30,50)$,$[0,30)$ 分别对应由高到低的五个风险等级。对应的中值分别为:95、80、60、40 和 15。专家在打分时根据对项目的了解和风险情况的判断给出一个具体的分值。

通过专家对招远市中医医院搬迁建设项目风险状况的调查打分,得到如下的模糊矩阵:

质量风险的模糊矩阵:

$$R_1 = \begin{pmatrix} 0.1 & 0.8 & 0.1 & 0 & 0 \\ 0.1 & 0.1 & 0.5 & 0.2 & 0.1 \\ 0.2 & 0.6 & 0.2 & 0 & 0 \\ 0 & 0.4 & 0.6 & 0 & 0 \end{pmatrix}$$

安全风险的模糊矩阵:

$$R_2 = \begin{pmatrix} 0 & 0.2 & 0.3 & 0.4 & 0.1 \\ 0.1 & 0.1 & 0.4 & 0.4 & 0 \end{pmatrix}$$

成本风险的模糊矩阵:

$$R_3 = \begin{pmatrix} 0.1 & 0.4 & 0.2 & 0.3 & 0 \\ 0.2 & 0.4 & 0.3 & 0.1 & 0 \\ 0 & 0.4 & 0.2 & 0.3 & 0.1 \end{pmatrix}$$

资金风险的模糊矩阵:

$$R_4 = \begin{pmatrix} 0.2 & 0.5 & 0.2 & 0.1 & 0 \\ 0.2 & 0.4 & 0.4 & 0 & 0 \\ 0 & 0.3 & 0.5 & 0.1 & 0.1 \end{pmatrix}$$

市场风险的模糊矩阵:

$$R_5 = \begin{pmatrix} 0.1 & 0.3 & 0.4 & 0.2 & 0 \\ 0.1 & 0.3 & 0.4 & 0.1 & 0.1 \\ 0 & 0.2 & 0.4 & 0.3 & 0.1 \end{pmatrix}$$

---

* 根据 C. R. 的取值参照,一致性指标 CR 的值＜0.1 时,说明通过检验。反之,说明构造的研判矩阵是不合适的。

（二）模糊矩阵计算

1. 准则层的模糊矩阵计算

将通过 AHP（层次分析法）计算得到的各风险因素对上层指标的权重与指标层模糊矩阵相乘，即可得到准则层的模糊矩阵，即（$r = 1, 2, 3, 4, 5$）。通过计算得到总体评判矩阵为：

$$R = \begin{pmatrix} B_1 \\ B_2 \\ B_3 \\ B_4 \\ B_5 \end{pmatrix} = \begin{pmatrix} 0.126 & 0.374 & 0.368 & 0.088 & 0.044 \\ 0.075 & 0.125 & 0.375 & 0.4 & 0.025 \\ 0.044 & 0.4 & 0.218 & 0.264 & 0.074 \\ 0.18 & 0.413 & 0.364 & 0.033 & 0.01 \\ 0.026 & 0.026 & 0.4 & 0.258 & 0.09 \end{pmatrix}$$

2. 目标层的模糊矩阵计算

根据基于隶属度的模糊评价结果，构造目标层的判断矩阵，将其与对应的一级指标的权重相乘，即可得到目标层的模糊判断矩阵 B。

$$B = W^T \times R = (0.41 \; 0.31 \; 0.16 \; 0.08 \; 0.04) \times \begin{pmatrix} 0.126 & 0.374 & 0.368 & 0.088 & 0.044 \\ 0.075 & 0.125 & 0.375 & 0.4 & 0.025 \\ 0.044 & 0.4 & 0.218 & 0.264 & 0.074 \\ 0.18 & 0.413 & 0.364 & 0.033 & 0.01 \\ 0.026 & 0.026 & 0.4 & 0.258 & 0.09 \end{pmatrix}$$

$$= (0.097 \, 39, \; 0.298 \, 17, \; 0.347 \, 13, \; 0.215 \, 28, \; 0.042 \, 03)$$

（三）测度结果分析

由目标层的模糊矩阵可以计算招远市中医医院搬迁建设项目的综合风险：

$S = B \times V$

$\quad = (0.097 \, 39, \; 0.298 \, 17, \; 0.347 \, 13, \; 0.215 \, 28, \; 0.042 \, 03) \times (95, 80, 60, 40, 15)^T$

$\quad = 63.175 \, 1$

由综合风险的计算结果可知，招远市中医医院搬迁建设项目的整体风险水平为63.175 1，位于评语集中等的风险水平。这说明，从总体上讲该项目风险处于合理可接受的范围内。从具体的风险因素指标来看，各个层次以及层内各个指标的重要性有所差异，通过前文的计算可以看出，施工人员操作失误与管理缺失（0.44）、人员素质及管理不当引起安全事故（0.67）、建材价格变更与波动（0.74）、资金供给的持续性（0.67）、市场供需水平（0.74）在项目准则层风险中占有较大比重，而质量和安全风险在项目目标层风险中占有重要位置。因此，在进行风险监控时应作为重点关注的因素，及时加以防范。

[1] 张义钧. 三亚洲际酒店配套海洋旅游项目风险控制研究 [D]. 中国海洋大学硕士研究生论文, 2012.

[2] 相文玺. 广西防城港市沙潭江中心区防洪防潮项目风险评价与防范 [D]. 中国海洋大学硕士研究生论文, 2012.

[3] 杨钊. 潍坊市水岸豪庭房地产项目风险评价研究 [D]. 中国海洋大学硕士研究生论文, 2012.

[4] 高月新. 青州市何官镇土地整理工程项目风险评价研究 [D]. 中国海洋大学硕士研究生论文, 2011.

"宝龙地产"项目投资风险管理研究

王兆显*

摘要 在当今经济快速发展时期,房地产业已然成为非常重要的支柱产业。但是,房地产行业的发展受到诸如政治、经济、社会及文化等因素的影响,因此也面临着诸多风险因素。因此,在项目投资前要对房地产项目投资风险进行研究,以便更好地发展项目。本文以"宝龙地产"项目为案例,将"宝龙地产"项目面临的各种风险进行三级分类,对相关风险进行定性评估,然后选择模糊综合评价法进行实证研究,最后,针对该项目风险防范提出对策建议。

关键词 项目投资;风险管理;模糊综合评价法

一、引言

近年来,我国房地产市场迅速发展,逐渐成为我国国民经济的支柱产业。但是,随着外资的大量融入以及国内投机分子的炒作,加上房地产市场的行情受经济、社会、政策的影响巨大,使房地产市场面临诸多不确定性。所以对房地产项目的投资风险以及风险管理进行探索研究成为目前学术界的一个重要课题。

本文将对该公司所开发的"宝龙地产"项目的投资风险进行分析研究,进而建立该房地产开发项目的投资风险识别体系、数量评估模型以及监控措施,增强开发商和人们防范风险的意识,从而有利于"宝龙地产"项目顺利进行。

二、文献综述

国外关于项目投资风险的研究主要集中在风险评估上。Boehm(1991)指出风险评估和风险调控是其中两个主要分析过程。国内研究则起步比较晚,张民丽、杨文波(2012)对房地产投资风险进行了综述和分析,并给出了模糊综合评价方法。这一方法为投资者在分析房地产投资风险因素和预测方面提供了指导。

综上所述,国内学者关于项目投资风险的研究主要集中在理论分析上,本文将"宝龙地产"作为一个系统来衡量,建立模糊综合评价模型并进行科学评价,以便开发商能全面

---

* 王兆显,中国海洋大学工程硕士在职研究生。

地了解此项目可能面临的风险状况并及时采取应对措施。

三、实证分析

（一）构建风险因素集 $U = \{U_1, U_2, \ldots, U_n\}$

该风险因素集 $U = \{U_1, U_2, \ldots, U_n\}$ 称为一级指标因素集，其中 $U_i = \{U_{i1}, U_{i2}, \ldots, U_{ik}\}$ 称为二级指标因素集。

本文将"宝龙地产"项目投资风险管理评价指标体系划分为目标层、准则层和指标层三个层次。其中准则层因素集将风险分为内部风险和外部风险两大部分，即：$U = \{U_1, U_2\} = \{$ 外部风险，内部风险 $\}$。

指标层因素集为：$U_1 = \{U_{11}, U_{12}, U_{13}, U_{14}, U_{15}\} = \{$ 经济环境风险，政策风险，社会风险，合同风险，建造风险 $\}$；$U_2 = \{U_{21}, U_{22}, U_{23}, U_{24}\} = \{$ 项目定位风险，管理能力风险，财务风险，技术风险 $\}$。

（二）建立评语集 $V = \{V_1, V_2, \ldots, V_m\}$

评语集是房地产投资各个风险因素评价结果的集合。我们把风险等级划分为 k 级，已知风险度变量的变动范围为 $[0, 1]$，则每个区间的长度为 $1/k$，风险等级区间为 $[0, 1/k]$，$[1/k, 2/k]$，$\ldots$，$[k-1/k, 1]$。将房地产项目风险划分为五级，分别为低风险、较低风险、中等风险、较高风险、高风险。分值级别如表 1 所示。

表 1　风险等级

0～0.2	0.2～0.4	0.4～0.6	0.6～0.8	0.8～1
低风险	较低风险	中等风险	较高风险	高风险

本文对业内 10 位房地产开发项目专家进行调查问卷，采用专家调查法对各指标评分，并对评分结果进行整理得到实证数据 S_{ij}，再根据公式 $U_{ij} = K_{ij}/K$（K 为评估专家总人数，K_{ij} 为 k 个专家选择 U_i 隶属于 V_j）。以政策风险为例，有 1 人选择了低风险，1 人选择了较低风险，2 人选择了中等风险，4 人选择了较高风险，2 人选择了高风险，则有 $S_{111} = 0.1$；$S_{112} = 0.1$；$S_{113} = 0.2$；$S_{114} = 0.4$；$S_{115} = 0.2$。根据专家打分结果，得出专家评价表（表 2）。

表 2　专家评价

"宝龙地产"项目投资风险									
序　号		外部风险					内部风险			
权　重		0.6					0.4			
影响因素		经济环境风险	政策风险	社会风险	合同风险	建造风险	项目定位	管理能力	财务风险	技术风险
权　重		0.3	0.2	0.3	0.1	0.1	0.4	0.1	0.3	0.2
评语集	V_1	0.2	0.3	0.1	0	0	0.3	0	0.2	0.1

		"宝龙地产"项目投资风险								
评语集	V_2	0.3	0.4	0.3	0.2	0.1	0.3	0.2	0.3	0.1
	V_3	0.2	0.2	0.2	0.2	0.3	0.2	0.2	0.2	0.3
	V_4	0.2	0.1	0.2	0.3	0.3	0.2	0.3	0.2	0.2
	V_5	0.1	0.1	0.2	0.3	0.3	0	0.3	0.1	0.3

通过专家给出的各风险因素所在风险等级的从属个数,整理后得到单因素评估矩阵,结果如下所示:

$$S_1 = \begin{Bmatrix} S_{11} \\ S_{12} \\ S_{13} \\ S_{14} \\ S_{15} \end{Bmatrix} = \begin{Bmatrix} 0.2 & 0.3 & 0.2 & 0.2 & 0.1 \\ 0.2 & 0.4 & 0.2 & 0.1 & 0.1 \\ 0.1 & 0.3 & 0.2 & 0.2 & 0.2 \\ 0 & 0.2 & 0.2 & 0.3 & 0.3 \\ 0 & 0.1 & 0.2 & 0.3 & 0.3 \end{Bmatrix}$$

$$S_2 = \begin{Bmatrix} S_{21} \\ S_{22} \\ S_{23} \\ S_{24} \end{Bmatrix} = \begin{Bmatrix} 0.3 & 0.3 & 0.2 & 0.2 & 0 \\ 0 & 0.2 & 0.2 & 0.3 & 0.3 \\ 0 & 0.3 & 0.2 & 0.2 & 0.1 \\ 0.1 & 0.1 & 0.3 & 0.2 & 0.3 \end{Bmatrix}$$

本文采用专家问卷调查的方法来确定权重,最终权重集如下:$W = (0.6, 0.4)$,$W_1 = (0.3, 0.2, 0.3, 0.1, 0.1)$,$W_2 = (0.4, 0.1, 0.3, 0.2)$可求得一级指标风险评估集 $B_i = W_i \times S_i$,进行模糊矩阵复合运算,得到的 B_i 就是单因素模糊评价。

$$B_1 = W_1 \times S_1 = (0.3, 0.2, 0.3, 0.1, 0.1) \times \begin{Bmatrix} 0.2 & 0.3 & 0.2 & 0.2 & 0.1 \\ 0.2 & 0.4 & 0.2 & 0.1 & 0.1 \\ 0.1 & 0.3 & 0.2 & 0.2 & 0.2 \\ 0 & 0.2 & 0.2 & 0.3 & 0.3 \\ 0 & 0.1 & 0.3 & 0.3 & 0.3 \end{Bmatrix}$$

$$= (0.13, 0.29, 0.21, 0.2, 0.17)$$

$$B_2 = W_2 \times S_2 = (0.4, 0.1, 0.3, 0.2) \times \begin{Bmatrix} 0.3 & 0.3 & 0.2 & 0.2 & 0 \\ 0 & 0.2 & 0.2 & 0.3 & 0.3 \\ 0 & 0.3 & 0.2 & 0.2 & 0.1 \\ 0.1 & 0.1 & 0.3 & 0.2 & 0.3 \end{Bmatrix}$$

$$= (0.14, 0.25, 0.22, 0.21, 0.12)$$

(三)综合评价

一级指标的模糊评价矩阵由各二级指标因素的评价结果构成。然后,将模糊评价矩阵左乘一级指标各因素的权重 W,得到模糊评价结果,即:记 $B = (B_1, B_2)$。

$$A = W \times B = (0.6, 0.4) \times \begin{Bmatrix} 0.13, 0.29, 0.21, 0.2, & 0.17 \\ 0.14, 0.25, 0.22, 0.21, & 0.12 \end{Bmatrix}$$

$$= (0.134, 0.274, 0.214, 0.204, 0.15)$$

$A \times V = (0.134, 0.274, 0.214, 0.204, 0.15) \times (1, 0.8, 0.6, 0.4, 0.2)^{T} = 0.5932$

由 B 及评语集 V 即可判断风险程度。由于评判等级划分为五级,因此最终 B 是一个一行五列的向量,其结果表示了房地产投资项目风险属于各风险评语的隶属程度。综合考虑评语集,得出该"宝龙地产"项目风险的综合值为 0.593 2。该结果位于 0.4～0.6 之间,所以该项目的风险属于中等风险。

四、结论

通过模糊综合评价法进行研究发现,"宝龙地产"项目风险等级属于中等风险,投资风险程度不大,在项目风险管理方面是可以控制的。但是,由于目前我国房地产行业已经进入高速发展阶段,房地产泡沫非常严重,所以,"宝龙地产"项目的开发商仍需要对风险引起足够重视,综合运用风险回避、风险转移、风险自留、风险控制、风险分散策略以及其他风险防范策略来规避和转移风险。

参考文献

[1] Boehm H W. Software Risk Management: Principles and Practices[J]. IEEE Software, 1991, 8(1):32-41.

[2] Zhang M L(Zhang Minli), Yang W P(Yang WenPo). Fuzzy Comprehensive Evaluation Method Applied in the Real Estate Investment Risks Research[J]. Physics Procedia, Volume 24, Part C, 2012.

[3] Gen-mou JIANG, Zhen-peng HU, Jun-yan JIN. Quantitative Evaluation of Real Estate's Risk based on AHP and Simulation Systems Engineering[J]. Theory & Practice, Volume 27, Issue 9, 2007.

[4] 张建,朱新华. 模糊综合评价方法在房地产投资决策中的应用[J]. 科技情报开发与经济,2012(23):158-159.

[5] 陈晓慧,刘炜. 房地产投资风险的模糊评价[J]. 武汉理工大学学报,2013(1):92-94.

[6] 赵伟. 基于改进的 AHP 房地产开发项目投资风险综合评价[J]. 工程管理学报,2013(4):103-106.

浅谈新建中小学项目管理模式与目标控制

张元帅*

摘要 本文首先列举了政府投资工程项目管理的多种模式,并主要介绍了代建管理制度,通过青岛四方东部新区 36 班小学项目这一具体例子,从组织方式以及目标控制方法两方面,深入探讨了代建制在学校建设中的应用。

关键词 学校工程;组织方式;目标控制

青岛四方东部新区 36 班小学项目规划用地 32 617.5 平方米,建筑面积 12 486.67 平方米,建设规模 36 班小学,该学校投资全部为政府投资,总投资约 6 600 万元。该学校项目建设周期(从立项到项目配套全部完成)仅一年半的时间,而作为本地近 10 年来首个按山东省标准建设的新建学校,工程地质条件差,建筑单体造型多,功能用房多,配套设施要求高,需要各参与单位精心地组织及很好地协调配合。

一、项目管理模式选择

代建公司中标后,管理方在该项目的管理模式选择上,通过认真分析该学校项目的特点,综合了建筑工程管理模式、施工总分包模式和平行发包模式,通过分析,有针对性地确定了本项目的管理模式。其特点主要有:根据项目推进情况,采取阶段性发包的发包模式;将该项目教学楼、操场的土建部分作为一个发包区段,实行分区段施工总承包方式;将该项目的教学设备采购、室外管网工程、道路工程、室外铺装、运动场、园区绿化配套工程等实行平行承发包方式。

管理方在此项目的招投标、合同签订等方面也运用了多种形式并存的方式。比如,基础开挖工程选用综合单价的形式,用合理低价的标准来选取施工单位。监理、设计、勘察等提前开标,采取标准费率合理下浮的评标方式来选取,合同方式使用确定计价方式及浮动费率。室外管线工程、道路工程、绿化工程等室外配套工程,因本项目中配套工程内容相对明确,配套工程的施工周期不长,选用的合同方式是固定总价合同。

---

* 张元帅,中国海洋大学工程硕士在职研究生。

二、36班小学项目的组织

（一）项目组织机构

按照本建设项目的实施原则以及代建公司的实际情况,我们选择了如图1所示的组织结构。

图1 组织结构

（二）项目组织的内部结构

项目组织的设置和职能划分如图2所示。

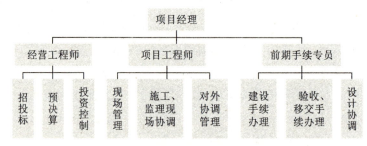

图2 项目组织的设置和职能划分

（三）项目人员组成

建设项目的项目经理是项目管理的核心,应具有丰富的经验、渊博的知识,以及较高的组织、领导水平及较好的协调能力。项目工程师则应选配专业知识及现场管理经验丰富的专业人员担任。经营工程师应该熟悉招投标、预结算、投资管理等方面的专业知识,并具有丰富的项目经营管理经验。前期手续专员应具备良好的协调能力,并熟悉前期手续办理流程。

三、36班小学项目的目标控制

（一）项目目标确定及目标分解

1. 本项目的工期目标

对于本学校工程项目,确保在合同规定日期前竣工交付,是各级政府及使用单位确定的不能改变的事实。因此,我们在一开始即对整个项目建设任务的工期计划进行了逐项排定,并对其进行了详细的目标分解。例如,根据基础开挖工程的特点,结合场区整体布局和各工序的施工前后关系,计划各时间段、各区域应完成的开挖量和工作内容;对1号、2号教学楼及3号科技楼、4号综合楼的土建工程则分解至基础、主体、装饰装修和安装工程的各单项工程进度目标。

2. 本项目的质量控制目标

为了使本工程质量管理具有可控性,在开工前我们组织设计、监理及相关部门的专家,综合山东省建筑工程强制性标准条文、青岛市建筑工程质量通病防治措施和有关技术规程、山东省学校建设相关文件,结合本项目的特点和实际情况,制定了本学校建设项目的质量技术统一措施标准,作为本项目的质量管理标准,发给相关参与单位。

3. 本项目的投资控制目标

在项目启动初期,专业造价人员会同技术人员以及财务人员对本工程项目费用进行全面的调查,并在调查统计后,按费用组成编制项目概算,并经专家评审后上报建设主管部门审核批准。待项目概算审批通过后,根据概算及实际情况,编制详细的支出预算,经评审、审批后,各参加单位在各个环节的控制上都严格执行经批准的项目概算及严格履行支出预算的支出计划。

4. 本项目目标的控制

针对本项目的特点,为了更好地对项目的各项目标进行控制,在实施过程中需要将以下几个方面作为控制重点:

(1)结合项目实际情况设立目标控制机构;

(2)选配能够胜任的目标控制人员;

(3)明确目标控制机构和目标控制人员的责任和权利;

(4)确定目标控制的工作流程和程序以及信息流程。

对本项目来说,目标控制过程中最主要的环节就是明确目标控制的机构和人员的责任和权利,协调各方关系,以达到目标控制的理想目的。

各参与方在工程实施过程中,要明确各自的责任和义务,具体如表1所示。

表1　代建、监理工程师、承包商在项目目标控制中的职责表

控制内容	代建工程师	监理工程师	承包商
进度目标	审批开工、暂停、复工以及工期索赔;主要依靠监理工程师控制进度	按承包商送交的总进度计划,以及季、月、周进度计划,检查督促;下达开工令,下令暂停、复工、延期;对工期索赔提出具体建议报代建工程师审批	制订具体进度计划,研究各工程部位的施工安排、工种、机械的配合调度,以保证施工进度,根据实际情况提交工期索赔报告
质量目标	定期了解检查工程质量,对重大事故进行研究,中期依靠监理控制和检查工程质量	审查承包商的重大施工方案并提出建议,拟定或批准质量检查方法,严格对每道工序、部位和设备、材料的质量进行检查和检验,如不合格的下令返工	按规范要求拟定具体的施工方案和质量措施,保证工程质量,对施工质量问题全面负责
费用目标	审批建立工程师审核后上报的支付表,与建立工程师讨论并批复有关索赔问题	按照合同规定和支出预算严把支付关,审核后报代建工程师审批,研究索赔内容,并上报代建单位审批	拟定具体措施,从人工、材料采购、机械使用以及内部管理等方面采取措施降低成本,设立索赔组及时申报索赔
工程变更	加强前期设计管理,尽量减少变更,慎重确定必要的变更项目,研究变更对工期及费用的影响	提出或审批变更建议,计算出对工期、费用的影响,报业主审批	认为需要时,向监理工程师或代建工程师提出变更建议,执行监理工程师的变更指令,抓紧变更时的索赔

总之,实现项目目标必定是一个相互协作的过程,项目各参与方均应在合同实施过程中自觉地、认真严格地遵守所签订合同的各项规定和要求,按照各自的职责范围,行使各自的权利,履行各自的义务,共同努力使项目整体目标得以实现。

四、结论

近年来随着房地产市场的需求逐步增加,各类住宅片区也逐步完善,对相应配套的要求也逐步提高。随着诸多房地产项目的逐步建成,配套学校建设成为政府配套投资的重点。而在学校建设项目中,项目管理的重要性日益凸显。如何制定科学的进度管理、进行严格的成本控制,保证工程质量,正被政府相关部门和各参与方重视和关注。而在政府投资的学校建设项目管理中,代建制的应用日渐成熟,越来越多的代建学校启动,使得代建制的模式也越来越完善,代建制的优势也更好地体现出来。

学校建设环节繁多、过程复杂,具有较大的社会影响。因此对学校项目的项目管理进行科学的研究,有助于工程项目在保证质量、既定投资的前提下,高效如期地完成,提高参与单位的管理能力和企业竞争力,优化社会资源的使用。同时,也能为以后的类似项目提供参考。

参考文献

[1] 曾赛星. 项目管理 [M]. 北京:北京师范大学出版社,2007.

[2] 李娟. 基于项目管理理论的远程教育网络课程开发研究 [D]. 广州:华南师范大学硕士研究生论文,2007.

[3] 王晓阳. 基于项目管理的跨文化培训研究 [D]. 上海:上海外语大学硕士研究生论文,2009.

[4] 王宏伟,王玮. 校本培训实施指南 [M]. 上海:上海科学普及出版社,2004.

[5] 舒森,方竹根. 项目管理精华读本 [M]. 合肥:安徽人民出版社,2002.

城市房地产预警指标体系设计研究

陈玉磊 *

摘要 本文的主要目的在于为城市房地产预警体系指标的选取提供一种简单实用的思路和范式,对城市房地产预警指标进行定性和定量相结合的分析。本文用因子分析的方法,先从总体上对指标进行分类,通过定性和定量分析确定指标体系大体框架,之后再通过因子分析确定各指标的权重。通过对上海市的实证分析来构建上海市房地产预警指标体系。

关键词 房地产预警;指标选取;因子分析

一、引言

房地产预警指标及指标体系是房地产预警系统的基础,科学合理地设置参数体系能有效地实现房地产预警系统的功能和目标。所以,对房地产预警指标及指标体系的深入研究,无疑是房地产预警系统研究中一个最重要的内容。

国内的学者从定性和定量的角度对房地产指标选取进行了讨论。薛军民、何勇等(2006)在《房地产泡沫预警指标体系筛选及其评判标准设定》中将指标划分为反映房地产泡沫的社会需求类、社会供给类、社会金融类三大类指标。韩立达(2007)在《城市房地产预警系统》一书中选用了与现实较符合的指标作为比较变量,具有很高的实用价值。本文拟运用因子分析建立上海市的指标体系,定性分析所选指标的代表意义,结合因子分析运用定量的方法确定权重。

二、分析方法

因子分析是寻找潜在起支配作用的因子模型的方法。主要目的是寻求基本结构和数据化简,即通过线性变换,对所求因子实际意义进行分析,将不易直接观测和相关性高的因素聚为一类,并且通过因子值确定指标权重。

确定权重的方法较多,由于各因子的方差贡献率是衡量一个因子相对重要性的重要指标,通常贡献率越大,权重越大。因此这里采用一种简便的算法:

---

* 陈玉磊,中国海洋大学工程硕士在职研究生。

$$F = \frac{\lambda_1}{\sum\limits_{j=1}^{m} \lambda_j} F_1 + \frac{\lambda_2}{\sum\limits_{j=1}^{m} \lambda_j} F_2 + \cdots + \frac{\lambda_m}{\sum\limits_{j=1}^{m} \lambda_j} F_m \qquad （公式1）$$

将 $\dfrac{\lambda_1}{\sum\limits_{j=1}^{m} \lambda_j}$ 定义为第 j 个因子的权重,即相应一级指标的权重。二级指标权重可利用因

子得分矩阵 β_j,则各因子表达式为:$F_j = \beta_{j1} X_1 + \beta_{j2} X_2 + \cdots\cdots + \beta_{jm} X_m$（公式2）将这个方程式代入上面的公式,则 $F = a_1 X_1 + a_2 X_2 + \cdots + a_m X_m$（公式3）,$a_i$ 即为各指标权重。

三、实证分析

（一）数据来源

这里采用上海市的数据进行研究,所得数据来自文献《上海房地产周期波动分析》《我国商品房空置率方法研究》（空置率数据）《预期收入增长与城镇居民购买能力》（房价收入比数据）。对数据的运算通过 SPSS 软件实现。

（二）建立预警指标体系

通过因子分析确定主要框架后发现,第一类因子和 GDP 增长率、竣工面积增长率、销售面积增长率、竣工面积与施工面积之比相关程度较高,因此可以看作房地产市场供给方指标体系。第二类因子与施工面积增长率、房地产开发投资增长率与 GDP 增长率之比、房地产开发投资与固定资产投资之比、空置率和房地产开发投资增长率相关程度较高,可作为供给结构的指标体系。第三类因子与人均收入增长率、销售面积与竣工面积之比和房价收入比相关程度较高,这三个指标与房地产市场上需求方有关,可构成需求指标体系。第四类因子只与新开工面积增长率相关度较高,按照常理这一指标应该划分到第二类因子的指标体系中去。

将指标进行编号:X1 为 GDP 增长率、X2 为竣工面积增长率、X3 为销售面积增长率、X4 为竣工面积与施工面积之比、X5 为固定资产投资增长率、X6 为施工面积增长率、X7 为房地产开发投资增长率与 GDP 增长率之比、X8 为房地产开发投资与固定资产投资之比、X9 为空置率、X10 为房地产开发投资增长率、X11 为人均收入增长率、X12 为销售面积与竣工面积之比、X13 为房价收入比和 X14 为新开工面积增长率。

表1 因子解释原有变量总方差的情况

Component	Initial Eigen values			Extraction Sums of Squared Loadings			Rotation Sums of Squared Loadings		
	Total	% of Variance	Cumulative %	Total	% of Variance	Cumulative %	Total	% of Variance	Cumulative %
1	7.860	56.141	56.141	7.86	56.141	56.141	4.415	31.533	31.533
2	2.514	17.960	74.101	2.514	17.960	74.101	4.052	28.940	60.473

Component	Initial Eigen values			Extraction Sums of Squared Loadings			Rotation Sums of Squared Loadings		
	Total	% of Variance	Cumulative %	Total	% of Variance	Cumulative %	Total	% of Variance	Cumulative %
3	1.865	13.321	87.421	1.865	13.321	87.421	3.066	21.901	82.374
4	1.080	7.712	95.133	1.080	7.712	95.133	1.786	12.759	95.133
5	0.634	4.532	99.664						
6	0.047	0.336	100.000						
7	5.92×10^{-16}	4.226×10^{-15}	100.000						
8	2.71×10^{-16}	1.939×10^{-15}	100.000						
9	1.22×10^{-16}	8.699×10^{-16}	100.000						
10	-7.37×10^{-18}	-5.261×10^{-17}	100.000						
11	-1.58×10^{-16}	-1.13×10^{-15}	100.000						
12	-2.909×10^{-16}	-2.078×10^{-15}	100.000						
13	-4.531×10^{-16}	-3.237×10^{-15}	100.000						
14	-1.471×10^{-15}	-1.050×10^{-14}	100.000						

确定一级指标权重，我们看到在表1中各因子的特征根分别为7.860、2.514、1.865、1.08，根据公式（1）确定各因子的权重值为 F_1:0.59，F_2:0.189，F_3:0.14，F_4:0.081。所以 $F = 0.59F_1 + 0.189F_2 + 0.14F_3 + 0.081F_4$（公式3）。

确定各二级指标的权重，根据因子得到分矩阵，得 F_1、F_2、F_3、F_4 的表达式，将各表达式代入式（3），写出最终表达式，再对系数进行归一化处理：得

$$F = 0.144X_1 + 0.134X_2 + 0.169X_3 + 0.164X_4 + 0.077X_5 + 0.015X_6 + 0.014X_7$$
$$+ 0.052X_8 + 0.046X_9 + 0.082X_{10} + 0.022X_{11} - 0.001X_{12} + 0.076X_{13} + 0.006X_{14}$$

至此，城市预警指标体系已经形成，且确定各指标权重（表2）。

表2 二级指标权重

X_1	X_2	X_3	X_4	X_5	X_6	X_7	X_8	X_9	X_{10}	X_{11}	X_{12}	X_{13}	X_{14}
0.144	0.134	0.169	0.164	0.077	0.015	0.014	0.052	0.046	0.082	0.022	-0.001	0.076	0.006

四、结论

通过以上研究，我们建立起了城市预警指标体系，为后续工作的展开构建了良好的平台，不管是用指数预警、模型预警还是综合预警。本文为后续研究精确选择预警指标提供

了一个思路。

参考文献

[1] 彭翊. 城市房地产预警系统设计 [J]. 中国房地产, 2002 (6):50-52.

[2] 叶艳兵,丁烈云. 房地产预警指标体系设计研究 [J]. 基建优化, 2001 (6):1-3.

[3] 陈峰. 中国房地产风险预警系统的缺陷及改进思路 [J]. 统计研究, 2008 (12):53-58.

[4] 赵黎明,贾永飞,钱伟荣. 房地产预警系统研究 [J]. 天津大学学报, 1999 (12):277-280.

[5] 韩立达. 我国房地产预警系统研究综述 [J]. 云南社会科学, 2004 (6):87-90.

潍坊锦绣苑 6 号住宅楼工程项目报价及策略分析

赵清华*

摘要 近年来,随着我国经济的快速发展,人口不断增多,出现了很多住房紧张的问题,因此,住宅楼工程发展越来越快。在施工企业的工程项目管理过程中,投标报价环节对企业发展发挥着重要的作用,它是决定企业能否中标且获得盈利的核心部分。本文主要以潍坊锦绣苑 6 号住宅楼工程项目为例,在工程量清单计价模式下,研究住宅楼工程项目的报价策略和报价技巧,旨在为住宅楼工程项目的报价提供参考。

关键词 工程项目;策略分析;报价策略

随着建筑工程的不断发展与进步,施工企业的管理也开始越来越完善。投标报价是企业经营决策的重要组成部分,对企业的发展具有很大的影响。如果报价过高,企业就会降低中标率,很有可能失去承包机会;相反,如果报价过低,则会减少企业的盈利,甚至造成企业的亏损。因此,企业必须要根据自身的情况,再结合项目的具体特点,作出合适的工程项目报价,提高企业的中标率和盈利。

一、投标报价策略

在住宅楼工程项目的招投标环节中,投标方一定要加强报价的准确性,从项目的具体情况出发,再结合竞争对手的投标策略,选择合适的报价策略。一般来讲,常见的投标策略可以分为以下几种。

(一)生存型策略

这种报价策略的重点是保障企业的生存,采取的报价一般是基于保本微利,甚至有时候是出现少量的亏损,企业通过这种报价来提高中标率。因此,这种报价策略可以进一步减少对各种影响因素的考虑。但是,这种报价投标会给己方造成多方面的危机。比如政府政策的转变,基建投资方向的调整带来的工程项目的减少。再比如企业自身经营状况存在危机,企业自身经营管理不完善,导致接到的投标邀请越来越少。因此,针对这种情况,投标方应该从企业生存的角度出发,争取中标,使企业度过难关。

---

* 赵清华,中国海洋大学工程硕士在职研究生。

（二）竞争型策略

这种投标报价主要以竞争为手段。它首先会对企业的内部环境和外部环境进行仔细研究，对项目的各项成本进行精确计算，再对各个竞争对手进行预测和评估，从而确定一个具有良好竞争力的报价，最终赢得项目的承办权，即中标。这种投标报价策略一般适合以下几种情况：第一，竞争对手比较多；第二，项目的前景比较好；第三，适合企业进一步开拓市场；第四，项目风险比较小，工程量大且社会效益比较好的项目。另外还有多方面的因素，这里就不一一列举。

（三）盈利型策略

一般情况来讲，这种投标报价策略适用于那些可以充分发挥优势的企业，这些企业在投标过程中较少考虑那些效益比较小的项目，而是将主要精力放在工程量比较大的项目中，从而最大程度地实现利润的最大化。盈利型的投标报价策略大多比较适合以下几种情况：工程专业性比较强且企业在这方面具有非常大的优势；经过多方面的市场开拓，企业在该地区的信誉度比较好、竞争力比较强；项目的施工环境比较差（交通条件较差、高空作业较多）；任务比较重且工期质量要求高的项目等。

二、投标技巧分析

在工程项目中，投标技巧的运用也非常重要，它是保障企业提高竞争力的重要途径。一般来讲，投标人运用到的投标技巧有以下几种。

（一）不平衡报价法

这种报价法首先需要确定总价且基本保持不变，然后通过内部项目的调整，保证企业能够中标且获得比较理性的经济效益。一般来讲，这种报价法可用于以下几种情况：第一，可以尽早收回资金的项目，从而实现资金的良性周转；第二，预计后期会有相关工程量增加的项目，这时候可以采取提高单价等方法进行调整；第三，在商议标价的时候，投标人一般都会进一步降低标价，这个时候要注意降低那些工程量比较小的单价，这样可以在最大程度上实现中标；第四，对于那些在设计图纸中存在错误的项目，要对工程量作出相应的评估，如果经过图纸修改后，工程量有所增加，则要采取提高单价的方法，反之则适当降低单价。针对潍坊锦绣苑 6 号住宅楼工程项目的具体情况，可以局部调整一些项目的单价，比如从材料费、机械费等多方面考虑，确定综合报价，采取不平衡报价法。

（二）多方案报价法

对于有些招标文件中存在说明书和合同条款不清楚的情况，或者有的招标文件在技术规范方面比较苛刻，投标方就会面临比较大的风险问题，投标人就要采取多方案报价法。一般来讲，比较优秀的投标人会提供多个报价方案。比如先遵守原招标文件的相关规定，作出相应的报价；然后再根据原招标文件中的技术规范和某些条款，提出自己的建议,降低报价。这样多方案的报价就可以提高企业的竞争力。比如潍坊锦绣苑 6 号住宅楼工程中,综合分析研究各项条款,然后采取了多方案报价法。

（三）突然降价法

一般情况来讲,报价是具有高度保密性的工作。各个竞争对手为了提高竞争力,会采取多种方法来获取竞争对手的报价信息。因此,投标人可以利用这一情况采取突然降价法。即先按照常规的方法进行报价,表明对该工程的兴趣不高,在快到投标截止日期前,再采取突然降价的方法。在潍坊锦绣苑 6 号住宅楼工程项目的报价中,可以先采取常规的报价方法,表示对这个工程不感兴趣,然后在临近截止日期时,再采取临时降价的方法,从而提高企业的中标率。

（四）推荐方案报价法

这种报价方法一般适用于招标文件中指定了相关工艺的方案。投标人在报价的时候,需要对多种影响因素进行仔细分析,按照业主提出的要求作出相应的报价。除此之外,投标人还要不断总结施工经验,提出一些富有创意的设计,从而提高企业的中标率。

结束语

综上所述,在处理工程项目的报价过程中,特别要注意综合考查潍坊锦绣苑 6 号住宅楼工程项目的特点,认真研究和分析市场,综合考虑多方面的因素,各个企业再结合自身的特点,综合运用生存型策略、竞争性策略、营利型策略。另外,在此基础上,还要分析多种报价技巧的特点,采取合适的报价技巧,提高中标率。

[1] 孟秀丽. 工程项目报价及策略分析 [D]. 中国海洋大学硕士研究生论文, 2011.
[2] 张成勇. 国际工程投标报价风险及策略分析 [J]. 建筑经济, 1997（7）:36-39.
[3] 娄筱宜. 基于模糊理论法的建设项目投标报价决策研究 [D]. 青岛理工大学硕士研究生论文, 2013.
[4] 杨会云. 工程量清单计价模式下的投标报价决策研究 [D]. 东北林业大学硕士研究生论文, 2009.
[5] 符菊花. 建筑施工企业清单组价水平初探 [D]. 浙江工业大学硕士研究生论文, 2011.
[6] 陈鑫. 工程量清单计价模式下投标策略分析与研究 [D]. 西华大学硕士研究生论文, 2011.
[7] 李阳. 工程项目投标策略分析 [J]. 山西财经大学学报, 2014（S1）:84.

建筑施工企业工程各阶段的造价控制分析

● ● ● ● ● ●
吕　品*

摘要　对工程造价进行合理有效的估算和控制,可以对工程的实施产生很大的积极作用。然而,最近几年,很多建筑施工单位在施工过程中对建筑成本缺乏较好的控制措施,使原本效益较好的施工企业最后面临严重困境,甚至出现亏损现象。本文通过对工程各个阶段的工程造价进行分析,提出降低工程成本的措施及方法,以达到保证投资人利益的目标。
关键词　建筑成本;工程造价;工程成本控制

　　工程造价在项目工程的各个阶段都具有非常重要的意义,有效的工程造价可以降低工程成本,促进企业利润的实现。企业在进行工程成本的管理过程中,应该从全局的角度出发,结合每个阶段的阶段性特征进行有效的成本控制。

一、工程开始阶段

(一)在确保工程建设质量的前提下,将工程造价控制在合理范围内

　　工程造价在施工过程中发挥着非常重要的作用,因为通过工程造价可以推算出最初需要投入资金的数量,而这也影响着投资的回报。而且,工程施工质量的好坏,也会对工程成本起重要影响。对工程成本的控制开始于项目的立项阶段,关键在于工程建设的实施阶段,最终在竣工决算阶段进行定价。只有将控制工作贯穿于建设的全过程,加强建设工程的造价管理,才能更好地降低建设成本,有效控制工程造价。

(二)确定目标成本,做好项目成本预测

　　企业中标之后,就要开始准备施工,这就意味着很多资源的消耗和使用。所以企业应该了解与项目相关的信息,预测项目成本。在了解项目相关信息的过程中,第一项工作就是搜集相关材料,测算成本。企业需要搜集的资料主要有投标文件中的经济标书、技术标书、图纸会审、招标答疑纪要等信息。在此基础上,结合各种预测工程成本的方法,初步确定项目的目标成本,进而推算项目的目标利润。

---

* 吕品,中国海洋大学工程硕士在职研究生。

二、工程施工阶段

（一）以成本目标为依据对施工过程进行有效的成本控制

首先，施工企业可以把目标成本分解为人、材、机等费用，要特别注意对数量比较大的材料进行分解分析，将分解的数据进行公开发布，将其制定为工程成本的最高限额，不可以突破，这样可以达到有效控制成本的具体目标。其次，企业还可通过对各项费用的支出情况进行按期分析，提出各项费用的计划使用时间，不断优化施工方案，合理配置人、材、机等生产要素，加强现场工程项目管理，提高工人的施工效率，来降低各项费用，控制工程成本。

（二）确定经济合理、先进可行的施工方案

施工企业要结合当地的经济环境和自然环境，项目的规模、复杂程度及自身人员素质条件及设备条件等因素，群策群力，准备多套可选择的施工方案，在保证施工质量的前提下，优先选择技术先进可行、经济合理的施工方案，从而达到降低工程成本的目标。为实现方案的可行性，增强管理人员的成本意识，对可明显降低成本的方案给予奖励，从工程的起始阶段就控制工程成本。

（三）降低材料成本

材料成本在工程成本中占比较大，如何有效降低材料成本，对整个项目的成本控制具有重要意义。降低材料成本的方法，除了考虑材料的使用，更重要的是结合原材料采购、运输、使用和回收过程，进行综合考虑，具体可以从以下几方面着手。

（1）采购环节要加大对进价的控制。不允许自行采购大量钢材等主要材料，而应该实行统一招标。企业投标时，应对材料的数量、价格、运输等其他因素进行考虑，还应考虑建设项目所在的具体位置，然后根据招标结果合理选择。材料采购合同的签订，也要考虑材料的到货时间、质量要求、运输方式以及供应商质保金的预留等因素，防范商业风险。

（2）切忌浪费材料，使用过程中要严格控制材料的使用情况。工程施工过程中，经常发生按计划领用不够用的情况，在工期紧张的压力下只能再次采购，很多项目部无法很好地控制材料用量，造成预定指标超量使用，难以控制目标成本。为解决以上问题，在材料领用过程中，可以针对不同部门建立不同的领用规则，企业还可以对材料的消耗指定具体的限额，科学控制材料装卸出入库标准，也可以使用经济合同系统，材料消耗定额，实现分层控制，层层把关，对物料消耗分级制定相应的奖惩措施，在施工的每个环节做好成本控制。

（3）采取适当的激励措施，鼓励新技术和新材料的使用。鼓励新材料、新工艺、新技术的应用，促进材料替代和综合利用，企业应奖励和鼓励员工献计献策。在实际工作中，一线职工经过长期的工作，积累了大量的实践经验，能选择一些优质、低价的材料替代原有的劣质、高价材料，有效降低材料成本。

（四）减少机械费的开支，有效控制租赁机械的使用

企业机械费在工程建造总成本中的比例高达约 20%，有效降低机械费的支出具有很强的现实意义。因此，企业一要合理安排施工流水段，提高机械设备的利用效率；二要充分发挥机械的效能，科学、合理地选用机械设备种类；三要对机械设备进行定期保养，减少设备磨损，延长机械使用寿命，为工期提供保证。

三、按照合同规定，做好竣工决算

在工程造价过程中，工程决算是最终一步。工程决算对于工程项目具有重要的意义，其正确性关系到工程项目能否得到足够的经济利益。所以在竣工结算时，应注意实际发生的事项是否符合施工图纸，如果出现了不一致，应进行合理调整。

综合上述分析，可以得出，工程造价在项目工程的各个阶段都具有非常重要的意义，它是一个动态变化的机制。企业在进行工程成本的管理过程中，既应该具有全局性的眼光，也应根据实际情况具体问题具体分析，搜集与项目相关的信息并减少资金的浪费，以此来提高企业的经济效益。

参考文献

[1] 王新坡，马淑青. 浅谈建筑施工企业如何有效进行工程造价管理 [J]. 中小企业管理与科技（下旬刊），2013（8）：64-65.

[2] 任玲华. 施工图设计阶段的建设工程造价控制研究 [D]. 浙江工业大学硕士研究生论文，2013.

[3] 程军. 建筑行业工程项目计价管理系统设计与实现 [D]. 湖南大学硕士研究生论文，2013.

[4] 韩联峰，李海鹏. 建筑施工企业如何加强工程造价管理 [J]. 价值工程，2010（27）：39-40.

[5] 冯孟侠. 建筑施工企业的工程造价管理 [J]. 山西建筑，2009（30）：256-257.

精益安全管理在船舶建造项目中的应用研究

吴继伟 *

摘要 现代安全经济学的"三角形理论"充分说明了安全管理在企业活动中的基础性和重要性。进入 20 世纪 90 年代,丰田的精益生产模式逐渐兴起,也催生出精益安全管理这一分支模块。船舶建造项目具有劳动密集、作业环境复杂多变的典型特点,更需要在安全管理上有所保障,精益安全在船舶建造项目中的顺利导入和实施能有效提升项目的安全管理水平。

关键字 精益安全管理;船舶建造;安全绩效

船舶建造项目所属行业特有的专业多、劳动力多、作业环境动态变化多的特点,给安全管理带来了诸多难点,包括危险源的复杂多变、管理幅度的增加、管理层级增多等。在此类项目施工过程中,可以导入精益安全管理模式,逐步建立以安全方针目标为导向、安全管理制度为依据、危险源管控为核心、现场安全活动为依托、安全检查为保障手段的全方位闭环式精益安全管理体系,过程中尤其需要对船舶项目建造特点有牢固的把握。

一、以安全方针目标为导向

方针代表企业安全管理要走向何处,细分可以建立中长期方针和短期方针,这与企业的发展战略是关联的。有方向,有成效指引,由此再衍生出保障目标达成的安全管理组织架构和一系列的管理活动。对于船舶建造项目,基于其动辄数千人的规模,在保留工亡责任事故数、严重伤残事故数和重大火灾事故数等常规性指标基础上,增加百万工时伤害率和千人轻伤率等以人员基数为分母的指标项,开展周期性的趋势分析,更能直观体现企业安全管理的整体走势,及时应对。

二、以安全管理制度为依据

制度是企业安全管理的依据。制度的主要输入来自于两个方面:一方面是国家、地方和行业的安全管理法律法规要求,这是安全管理的底限;另一方面则来自企业安全管理经

---

* 吴继伟,中国海洋大学工程硕士在职研究生。

验积累和安全流程自我梳理形成的个性化输出。在船舶行业,安全管理制度可视为企业的"法",应严格执行"有法可依,有法必依,执法必严,违法必究"的制度推进思路。由于船舶产品的特殊性与多专业复合性,需要组织安全管理的专业人力充分识别来自于船旗国、国际海事组织及相关行业的安全要求并逐一内化,如海上人命安全(SOLAS)公约中对含石棉制品的要求等,既是企业质量控制人员的关注重点,同时也是安全管理人员的关注点。

充分有效地建立安全管理制度是基础,而培训则是良好执行的前提。面对船舶建造周期中投入的大量人力,入厂三级安全教育是基础,开展多种形式的安全制度培训,需要船舶建造企业重点考虑。

三、以危险源管控为核心

安全管理从根本上讲就是对危险源的管理。当前主流思路是对危险源实行分级分类管理,包括重大、重要和一般危险源的识别、评价与管控。船舶产品会随着建造计划的推进,阶段产品不断改变,船体结构越来越庞大,船舱内部越来越复杂,作业危险系数也越来越高。在识别各类与船舶本身直接相关的危险源时,可以建立动态化的危险源管控模式,即以工种区分为基准,把各工种在船舶全生命周期中各个阶段的危险源,包括作业对象、作业区域、交叉作业等产生的危险源作系统的前端识别,提前建立预防措施,有的放矢。以焊工为例,从船舶建造起始阶段的地面组立开始,到地面分段合拢,再到地面分段内作业,之后到船舶进坞登船作业、船舱有限空间作业等,整个过程的作业对象在变,作业环境也在变,而这些过程涉及的危险源是可以提前识别的。

四、以现场安全活动为依托

精益安全管理以现场为主而施工者则是现场的首要安全因子。船舶建造,投入人力众多,涉及焊工、铆工、钳工、电工、脚手架架子工、油漆工、打磨工、起重司机等20多个工种,其中还包括较多的特种作业。在保持专业工人有专业安全管理的基础上,推行一套适用于众多工种的现场安全活动方式,可以覆盖各个工种界面间可能存在的安全管理盲区。比较典型的活动如"危险预知训练"活动,要求以3～5名作业者为一个小团队,在其从事陌生环境或新的作业对象施工前,用10分钟左右时间在作业现场一起识别作业环境和过程中存在的危险源,通过少数服从多数的原则确定主要的危险源和控制措施,这样可以较好地预防可能发生的安全事故。通过这样的现场活动,每一个基层施工者被带动起来,还可以借此培养员工的自我安全管理意识,真正地让基层施工者逐步实现从被动的"要我安全"到主动的"我要安全"的转变。

五、以安全检查为保障手段

安全检查的目的主要是为了安全管理执行纠偏和事故预防,属于戴明循环 * 的第三个环节。从精益的角度,船舶建造项目可以推行分层分级的安全检查,实现全员多层次覆盖,这也是由船舶产品管理层级多、场地复杂的特点所决定的。在横向上,安全检查可从三个层次入手:第一个层次是总经理参加的安全检查,可体现出领导重视的带头表率作用,也体现了安全管理第一责任人的角色定位;第二层次是企业安全管理部门的专职安全员检查,这一层的检查专业性最强,也最专注;第三层次是企业各部门自行组织的,以部门领导为主导的部门内作业区域的安全检查。这三种层次的检查频次各有不同。在纵向上,可分为场地安全检查和船舶项目本身的网格化安全检查,确保区域无死角。

六、重点管控典型作业

从涉及的作业工种和作业环境两个角度全面审视船舶建造项目,可以识别出一些安全管控的重点方向。从一些船舶建造企业统计的安全事故分析结果来看,高空作业、吊装作业和有限空间作业是重中之重。"二八原则"同样适用于船舶建造过程的安全管理,系统识别这三个作业过程和环境的危险源,配备必要的安全检查设备,分级分类制定针对性措施并落实,积极开展作业人员技能培训和安全意识培训,同时建立相关的应急预案并组织演练。

综上,建立一套基于船舶建造项目特点的精益安全管理体系,以施工班组个体为最小关注单元,可以逐步实现安全管理自上而下的全面贯通,从而有效地控制和减少安全事故的发生,提高企业的综合安全绩效。

参考文献

[1] 连浩,赵向东,张东生.建设项目精益安全管理模式研究[J].长沙民政职业技术学院学报.2010(2):62-64.

[2] 何莹,张津京.浅谈船舶建造企业安全生产标准化管理体系建立[J].科技风.2013(12):258.

[3] 邱祖发,何全胜.开展船舶建造阶段性安全评审强化项目建设过程中的安全管理[J].上海安全生产.2005(9):28.

[4] 姜光忠.造船企业新造船舶的下水安全管理[J].江苏船舶.2010(5):37-39.

---

* 戴明循环,又名 PDCA 循环,美国质量管理专家休哈特博士首先提出,由戴明采纳、宣传、普及,是全面质量管理所应遵循的科学程序。

定量指标与定性指标在房地产公司财务评价中的应用

刘日霞 *

摘要 房地产公司对财务状况进行全面及时的评价不仅能为其正常发展提供必要的保障，也能为房地产公司的利益相关者提供了解公司财务状况的途径。本文构建了一个囊括定量指标和定性指标的房地产公司财务评价体系，以期为房地产公司的实践应用提供参考。

关键词 AHP 层次分析法；房地产公司；财务评价体系

我国房地产公司具有资产负债率高、资金回收期长、固定资产投资大等财务特点。如何综合运用定量指标与定性指标，对房地产公司进行财务评价，直接关系到房地产公司的健康发展。

一、房地产公司财务评价的总原则

房地产公司由于资产负债率高、固定成本支出大，不论财务杠杆还是经营杠杆均高于其他类型的企业。因此，在对房地产公司进行财务评价时，应密切结合本行业的特点，强调适用性、针对性与实用性，在以上三个原则的指导下建立一套囊括了定量指标和定性指标的房地产公司财务评价体系。

二、房地产公司财务评价指标体系的构建

本文根据当前我国房地产公司与房地产行业的具体经营状况与财务状况，秉承适用性、针对性与实用性三原则，以向房地产公司管理层及其他利益相关者提供决策有用的信息为目的，以层次分析方法（AHP）为支撑，以定量指标与定性指标为基础，构建了一套房地产公司财务评价体系。

（一）四级评价体系分概述

根据层次分析法的思想，将对房地产公司财务状况进行评价的指标划分为 ABCD 四级。其中，A 级指标为一级指标，代表房地产公司整体财务状况评价结果；B 级指标为二

---

* 刘日霞，中国海洋大学工程硕士在职研究生。

级指标,进一步将其划分为 B1 与 B2,分别代表房地产公司财务评价体系中的定量指标与定性指标;C 级指标为三级指标,其中,C1、C2、C3、C4、C5 为 B1 的下设指标,分别代表短期偿债能力、长期偿债能力、营运能力、盈利能力与发展能力等定量信息,C6、C7 为 B2 的下设指标,分别代表公司的基本素质与财务管理能力;D 级指标为四级指标,它直接接触房地产公司的财务报表数据与文件资料,是整个财务评价指标体系的基础。

（二）B1（定量指标）

定量指标的评价结果从房地产公司的资产负债表、利润表、现金流量表等财务报表中直接通过计算获得。笔者所建立的房地产公司财务评价指标体系为定量指标赋予了更高的权重。

1. C1（短期偿债能力）

① D1（速动比率）

在传统的财务评价中,虽然流动比率是最为常用的定量评价指标,但由于房地产公司的流动资产具有一般企业不同的特点,在评价房地产公司短期偿债能力时,不适宜直接使用流动比率。因此,选择资产扣除存货后的金额作为分子、流动负债总额为分母的速动比率来评价房地产公司的短期偿债能力。

② D2（现金比率）

现金比率是指房地产公司的现金类资产除以流动负债总额的比率,是直接支付能力的反映。现金类资产是指公司现金流量表中的库存现金、银行存款等现金与其他现金等价物。

2. C2（长期偿债能力）

① D3（资产负债率）

资产负债率是指公司的负债总额除以资产总额,用以计算在公司的所有资产中有多少是从债权人手中获得。

② D4（已获利息倍数）

已获利息倍数是指息税前利润 EBIT 除以利息费用。已获利息倍数越大,公司的长期偿债能力越强。

3. C3（营运能力）

相对于其他类型企业,房地产公司的另一个特点为生产周期长,平均每个楼盘的开发周期都要三年以上,且从竣工到实现销售还需要一定的周期。在这一生产过程中,房地产公司往往需要举借大量的负债,且工程建设同时涉及了工程造价工程结算等诸多方面的问题,这些问题的存在造成了房地产公司较高的经营风险、利率风险与项目风险,这就需要在财务能力考查时非常注重对营运能力的评价。因此选取以下两个指标:

① D5（总资产周转率）

总资产周转率是指主营业务收入净额除以平均资产总额,它是房地产公司对全部资产利用效率的反映。一般来讲,总资产周转率越高,公司对全部资产的利用能力越高。

② D6（存货周转率）

存货周转率是指主营业务成本除以平均存货余额，它是对流动资产流动性进行反映的一个指标，是体现房地产公司资金回收能力与销售能力的重要指标。资金占用水平越低、资金回收速度越快的房地产公司，存货周转率越高。

4. C4（盈利能力）

与一般企业一致，实现利润的增长也是房地产公司生产经营的直接动力。盈利能力不仅关系到公司所有者的利益，同时也为债权人贷出资金的安全提供了根本保障。

① D7（净资产收益率）

净资产收益率是指净利润除以平均净资产，该指标能够实现对房地产公司自有资金投资收益水平的综合反映。一般来讲，净资产收益率越高，房地产公司的自有资金投资收益水平越高。

② D8（总资产报酬率）

总资产报酬率是指净利润除以平均总资产，是净资产收益率的有效补充，用以反映房地产公司对资产进行综合利用的效果。与净资产收益率相同，该指标得分越高，代表房地产公司对资产进行综合利用的效果越好。

5. C5（发展能力）

发展能力是指企业在保证平稳运营的基础上实现企业扩大生产规模、壮大生产实力的潜在成长能力。故选取以下两个指标：

① D9（销售增长率）

销售增长率是指本年主营业务收入销售增长率减去上年主营业务收入总额所得到的差额除以上年主营业务总收入，它是房地产公司商品房销售收入增减变动状况的重要反映，是衡量其发展能力与成长状况的首要指标。

② D10（资本积累率）

资本积累率是指本年年末所有者权益总额减去上年年末所有者权益总额再除以上年年末所有者权益总额，是房地产公司所有者权益变动状况的反映，因而也称为资本累积率。

（三）B2（定性指标）

房地产公司还有一些财务状况无法从资产负债表、利润表、现金流量表等财务报表的数据中直接获得。因此，为对其财务状况进行全面的评价，还需要设定一些定性指标。

1. C6（公司基本素质）

① D11（高层管理人员素质）

房地产公司的财务状况直接受到高层管理人员综合素质的影响，而综合素质的高低由高层管理人员的心理素质、知识素质、道德素质、能力素质等共同决定。

② D12（法人治理结构合理性）

法人治理结构主要是指高层管理者、董事会、监事会以及股东之间的关系架构。该关系架构能否实现合法合规、权责分明、协调运转、相互制衡的目标，将会对房地产公司的健康发展产生重要影响。

2. C7（财务管理能力）

① D13（筹资能力）

包括内部筹资能力和外部筹资能力。内部筹资能力主要是指将本企业获得的利润再投入到房地产开发中的能力；外部筹资能力的强弱是房地产公司金融关系网强大程度的直接体现。

② D14（投资水平）

关于房地产公司的投资水平，可以从风险和收益两个角度进行考察，观测预期投资收益率、内含报酬率、投资回收期、风险程度等方面。

[1] 徐秋梅. 京津冀地区房地产上市公司财务风险评价研究 [D]. 河北工业大学硕士研究生论文，2012.

[2] 石明华. 房地产上市公司绩效评价研究 [D]. 湖南大学硕士研究生论文，2002.

[3] 桑晓蕾. 房地产上市公司商业模式评价研究 [D]. 中国海洋大学硕士研究生论文，2013.

[4] 吴彩虹. 我国房地产上市公司绩效评价研究 [D]. 西安科技大学硕士研究生论文，2008.

[5] 刘江艳. 基于因子分析法的房地产上市公司绩效评价研究 [D]. 西安建筑科技大学硕士研究生论文，2012.

对房屋建设工程质量的几点思考

张　真*

摘要 跨入21世纪,我国经济在不断增长,也带动了相关产业的发展。房地产建筑业是支撑国民经济发展的重要支柱力量,近几年其产值占总GDP比重逾10%,其经济增长的贡献率保持在2%以上。然而在房屋建设工程如此迅猛发展的背景下,工程安全质量问题也日益增多。本文以质量管理的每个环节为分析思路,对房屋建设工程质量管理进行分析。

关键词 房屋建设;工程质量;监管责任

一、房屋建设环节的分析思路

近年来,房屋建设工程安全事故时有发生。2009年6月,上海一处13层在建住宅楼整体倒塌。事故调查结果显示,大楼前方进行基坑开挖,施工作业过程中未将多余土方外运,导致北侧堆土过高,南侧为地下车库基坑开挖作业,两侧的巨大压差致使土体产生水平位移,最终酿成事故。2012年12月,浙江宁波江东区某村两幢楼房整体倒塌,造成一死一伤。事故调查发现,房屋倒塌主要由于防潮层施工不规范,部分圈梁混凝土芯样抗压强度未达到设计指标要求,墙体砌筑砂浆抗压强度普遍偏低,导致墙体承载力下降,从而引起楼房倒塌。从这些事故可以看出,在建设项目的整个过程中,如有一个环节疏于管理,就有可能造成安全事故,危害百姓的生命安全。

二、工程质量问题的原因剖析

房屋建设工程质量问题普遍存在,比如墙体开裂,粉刷起壳,墙面涂料、防水材料不达标,节能材料保温效果差,门窗、管道等构配件不符合国家要求,严重的甚至造成断裂、坍塌,这些时刻威胁着我们的生命财产安全,具体分析造成工程质量问题的原因,有以下几点。

---

* 张真,中国海洋大学工程硕士在职研究生。

（一）施工企业自身资质不达标

施工企业在整个项目建设中起了至关重要的作用，然而有些企业自身施工人员没有经过严格的专业训练，素质相对较低，严重的甚至无证上岗，项目经理人员也存在未取得国家规定相应级别的从业资格执照随意上岗的现象；另一方面，从目前的统计来看，建筑业中直接从事施工的人员有80％以上都是流动性较强的农民工，人员流动过强导致固定的专业技术人员短缺，也是影响施工企业整体素质提不上去的原因；第三方面，在施工整个过程中也没有建立健全的质量控制体系，工种与工种、工序与工序之间没有严格的交接措施。施工质量管理混乱，缺乏专门人员对各个施工阶段进行监督管理，施工现场材料设备乱堆乱放，都能影响到整个工程质量。

（二）工程造价盲目降低

房屋工程质量和工程造价的高低有直接关系，造价过高会造成不必要的浪费，造价过低则无法保证建筑材料的质量。比如有的建筑物屋面和卫生间的防水材料，使用了低档次的石油沥青等防水材料，防水性能较差造成渗漏现象；还有的建筑物外墙门窗，成本不高，档次过低，材质不均匀，防腐层质量不过硬，导致密封性低、保温效果差，从而直接影响住户的使用，引起一系列问题。一味地盲目压价不是节约的可行办法，只有合理控制投资价格，严格掌控国家规范要求的标准线，并与房屋建筑的使用相呼应，才能达到鱼和熊掌兼得的效果。

（三）建筑材料质量低劣

一方面，有的企业盲目追求利润，在制作材料的过程中使用不符合要求、甚至淘汰的设备进行生产，更有甚者偷工减料，使得建筑材料质量低劣，导致整个建筑物存在安全隐患；另一方面，某些施工方在选取建筑材料的过程中，使用质量不过关的劣质材料，也能直接造成工程质量不达标。

（四）现场监理责任不到位

监理机构的职责就是受到委托之后对建设工程进行全程质量监督，监理人员对材料、设备、构配件的使用以及所有的施工过程都要采取巡视、旁站等方式进行监督，组织检验分批、分项、分部工程的质量验收。目前仍有不少监理企业未及时健全规范的现场监理质量控制体系，对人员的配备和资格审查不严格。某些无证上岗的人员借机从事监理工作，还有个别监理人员与施工企业关系过近，为满足一己私欲忽视施工过程中的违规行为，纵容施工方盲目抢工期而疏于规范施工等等，这些都是导致房屋建设工程质量不过关的原因。

三、提高工程质量的路径

（一）企业提高自身质量管理水平

房地产、施工、勘察设计、监理企业应当健全自身的质量管理体系,建立完善的内部控制制度,这样在为企业的经营管理提供帮助的同时,也为保证高质量的房屋建设工程打下基础。具体表现在企业应重视自身内部控制管理,建立自我监督机制,积极培训员工的专业技术能力,尤其是加强操作性要求高的岗位员工的培训,健全考核奖惩制度。无论是高层领导还是技术工人,都要从心理上接受企业的规章制度,以项目团队为管理的中心,充分调动人员的积极性,树立质量第一的观念,通过提高个人的综合素质来避免人的失误。

（二）重视施工的每个环节

房地产企业要严格按照要求取得相应开、竣工手续,在住建部门的监督下开展招投标工作,保证建设工程的公平、公开性;勘察设计企业应综合考虑业主投资、地域形势等问题,设计出合理节约化的方案,建立图纸变更、存档等制度;材料的采购也要从计划编制、采购、进场、检验、管理等环节入手,每个环节都要进行严格的控制和规定,从根本上杜绝"三无"产品;施工过程中每个分部项目的施工阶段,甲乙双方、监理机构都要严格负责,施工保证质量,监理机构开展合理公正的监督、验收工作,这样所有参与方各司其职,均按高标准、高要求的原则开展项目建设,才能保证房屋的安全质量。

（三）建设主管部门加大监察力度

建设行政主管部门要秉承公开、公平、公正的原则,严格开展监督管理工作,加大对违法施工行为的查处力度;及时更新、公开发布相关的法律法规、制度政策,有效开展对房地产、施工、勘察设计、监理机构的培训工作;质量监督检测等部门要严格把控质量检测关口,充分发挥质检人员的检查作用;开创新型有效的监督手段,从控制和创新方面上规范工程建设合理健康化的发展。例如,湖南省住建厅开发研制的建设工程质量安全事故预警软件,就取得了非常理想的成效。该软件实现了数据库职能查询和质量安全隐患智能判别、分级预警,这也为提高房屋建设工程的质量安全开拓了新的局面。

四、结束语

基于环节这一分析思路有利于开拓视角,把提升房屋建设质量的问题扩展到治理措施的层面,可以总结为工程质量每一环的自检、互检、专检三种表现形式。房屋建设工程质量的好与坏,直接影响到我们的正常生活和生命安全,也只有在开展建设的同时加强每一环节的管理,制订切实有效的计划和控制目标,才能为用户提供出高质量、高满意度的建筑产品。

参考文献

[1] 马海燕. 加强房屋建筑工程现场施工质量管理 [J]. 科技促进发展(应用版). 2010 (10)：77, 70, 112.

[2] 沈勇攀, 蔡宁. 关于房屋建设安全管理的几点思考 [J]. 技术与市场, 2011 (7)：411.

[3] 陈甫宽. 浅析小城镇房屋建设规范化的必要性 [J]. 科技风, 2008 (2)：25.

小城镇房产建设存在的问题及对策分析

●●●●●●

李　宁*

摘要　基于小城镇固有的缺陷和先天环境制约,地产商在小城镇开展房地产建设时遇到了诸如开发、规划不合理、当地生态环境遭到破坏等问题,极大地限制和阻碍了小城镇房地产建设的良性发展。为真正实现房地产建设对小城镇发展的促进作用,使其成为拉动小城镇发展的重要驱动力,本文深入分析其现有建设中存在的问题,剖析问题背后的原因,得出相应的解决对策。

关键词　小城镇房地产;规划定位;政策建议

一、前言

随着小城镇的政治、经济、文化等不断发展,加上很多房地产商面临大城市项目建设基本饱和的巨大压力,因此不少房产商将目标投向房地产业刚刚起步的小城镇,期望从中开拓市场。目前小城镇人口在我国还占有较大比例,具体可从我国城市化水平窥见一二(表1),可见,小城镇房地产还拥有巨大的商机。

表1　我国历年城市化水平

	2004	2005	2006	2007	2008	2009	2010	2011	2012	2013
年末总人口（万人）	129 988	130 756	131 448	132 129	132 802	133 450	134 091	134 735	135 404	136 072
城镇人口（万人）	54 283	56 212	58 288	60 633	62 403	64 512	66 978	69 079	71 182	73 111
城市化水平（％）	41.76	42.99	44.34	45.89	46.99	48.34	49.95	51.27	52.57	53.73

（数据来源:国家统计局）

房地产业的蓬勃发展得到了各小城镇政府的高度重视,为促进产业健康发展,政府制定了明确的政策条文和一些指导原则,例如增大投资力度、完善基础设施与环境、改善投资和人居环境等,这些都成为促进小城镇房地产业更加规范健康发展的有利条件。房地产业的发展对小城镇有不容忽视的作用和意义,不仅能为城镇居民创造良好的生活居住

---

* 李宁,中国海洋大学工程硕士在职研究生。

环境,还能促进城镇经济的发展。

二、小城镇房地产建设中存在的问题

(一)小城镇房地产经济发育不成熟

我国当前的市场经济发展尚处于一个初级水平,小城镇房地产经济发育还很不成熟,法律法规尚不健全,管理体制不规范,调控力度较弱,房地产开发建设过程中有一些违规现象。土地供给因为没有完善的法律条文和机制来进行规范,造成房地产投机性的增加。此外,缺乏竞争是小城镇房地产市场中普遍存在的问题,使得统一完整的市场体系和价格标准始终无法形成,房地产价格参差不齐且易受人为因素影响。交易过程中不规范的行为经常出现,房地产商甚至可以为所欲为。

(二)投资能力不足

房地产投资力度小且过于分散,这是制约小城镇房地产发展的两大先决因素。从结构上分析,国家集体投资一年比一年少,而个人零散投资则不断增加。房地产投资规模小、能力低,中长期贷款数量不足,资本运作存在问题,这些都造成小城镇无法有效支撑房地产建设。如此现状使小城镇建设从一开始就缺乏必要的资金支持,基础建设无法达到规模,在随后的规模扩张中面临着巨大的改建压力。

(三)行业素质有待提升

造成小城镇房地产处于发展初期阶段的因素有很多,最重要的是房地产开发企业的实力问题。这些企业有些实力普遍薄弱,有些则没有房地产开发的资质。另外一个原因就是房地产从业人员的素质问题。从事房地产开发的人员普遍素质较低,这造成了房地产开发企业在没有详细进行可行性研究、仔细分析市场需要时便作出决定,盲目性很大。

除此之外,不容忽视的是不少无房地产开发资质的单位和个人都在进行房地产开发和设计工作,拉低了小城镇设计行业的整体水平;另外,很多素质不高、管理水平不高、技术人员缺乏的设计单位和施工单位都普遍从事小城镇的房地产项目施工,这造成了房地产施工过程中忽视风险、房地产建设技术含量低、质量层次低等问题的出现。

三、完善小城镇房地产建设的措施和方案

(一)力推优势经济,提高小城镇产业发展

要实现小城镇房地产的健康发展,就必须依靠不同的产业互相支持。房地产建设必须以优良的市场经济环境为基础,实现优势互补和资源共享。在小城镇最适宜发挥自身的优势,当地政府应该结合自身实际情况,倾力打造特色产业,营造一个较为发达的经济环境。在小城镇相关的优势产业促进其经济快速发展之时,也会改善当地居民的经济状

况。与此同时,经济发展带来的就业机会增多,加快了小城镇的人口转移。

(二)科学合理定位,完善小城镇规划

科学合理的规划是小城镇房产建设稳步前进的基础。在城镇规划中,既要有新的观念,又要有宽阔的思路与远见。一个城镇的有序发展离不开系统的规划,而规划应符合当地的经济发展规律,对于小城镇更是如此。它不但应与当地的文明程度相适应,更应符合当地的经济发展水平。以我国南部县伏虎镇为例,它有效结合了自身实际状况,而将当地规划为四大功能区域。对于南充小城镇的建设而言,应根据实际情况,进行具体分析,抑制或避免无规划大规模地进行建设,应通过优先发展资源、地理等自然条件优越的小城镇的方式,有效促进当地的建设和发展。由于共兴、漾溪、长乐、小龙等主要分布在高速公路、212国道和308国道旁边,具有规模较大、经济实力较强等特点,应作为小城镇优先发展的对象。

(三)规划市场机制,完善小城镇住宅金融制度

充分的资金支持可以有效加快房地产的开发速度,所以,在很长一段时间里,要做到房地产开发的加速发展,唯有加大在小城镇的相关投资规模和数额,同时不断发挥住房公积金对普通市民买房的帮助作用。要做到满足各层次居民的住房需求和贷款需要,创造多种多样的住房贷款品种,从根本上说,必须加速住房金融体制的改革与创新,提高居民的购买能力。此外,还要注意规避个人住房贷款风险,健全住房保险体制;并充分拓宽房地产的信贷资金来源,提高资产的流动性,以便让住房融资的渠道更加多元化。

(四)加强企业管理,规范房地产市场

小城镇的房地产开发其实最需要优秀企业的进驻,为克服小城镇房地产建设中存在的问题,必须加强对地区内房地产企业的管理。在具体的管理中,一定要对没有投资开发能力的企业采取制裁措施,甚至取消其从业资格。必要的开发项目要进行公开招标,从项目的规划、设计、施工等环节加强管理。除了加强对企业的管理,还需要促进整个市场的规范化。通过各方面的手段来公开房产交易中的信息,在规范体系的作用下为这个产业的发展制造一个公平、公开的环境。

四、结论

目前中国的城镇化进程不断加快,而房地产市场和城镇化几乎同时发展、相互依存。房地产能够推动城镇化向前的脚步,城镇化又在潜移默化中影响着房地产的开发。在城镇房地产建设过程中出现的各种各样的问题制约着该行业的发展,但在剖析这些问题及产生原因之后可知,在政府增强宏观调控能力的同时,发挥市场经济规律的作用,在市场体制和法律条文日趋完善的背景下,我国小城镇房地产必然会往良性健康的发展道路上迈进。

[1] 马常青. 甘肃省新型城镇化建设情况调查 [J]. 甘肃金融, 2014, 22-25.

[2] 孙丽姗. 新型城镇化发展评价体系构建及实证分析 [J]. 商业时代, 2014, 35-37.

[3] 赵静, 李忠瑞. 浅析我国的新型城镇化建设 [J]. 农业经济, 2014, 28-32.

[4] 王昊. 推进新型城镇化建设的财政政策建议 [J]. 财会研究, 2014, 98-102.

集中供热项目全生命周期造价管理体系构建研究

王曙铭　孙　昊*

摘要　本文将全生命周期成本管理的方法运用到集中供热项目造价管理中,对集中供热项目从投资决策到规划设计、招投标、施工竣工结算和运行维护阶段,进行全生命周期造价管理分析,创造出关于集中供暖的相关理论体系。

关键词　集中供热项目;全生命周期;造价管理;管理体系

一、集中供热项目各阶段的造价管理

招投标阶段和施工阶段是集中供热项目造价管理的主要环节,现阶段管理也主要集中在这两个阶段。但是,集中供热项目的造价管理目的主要在于使成本最小化以及利益最大化的同时,也为使用者提供高质量的服务,所以造价成本的管理业应该涉及每一阶段。

(一)投资决策阶段

投资决策阶段的主要目标是根据市场调查,分析目前的用热需求并综合考虑未来用热增加量。投资决策阶段的建设标准既要符合实际情况又要考虑技术因素。有资料显示此阶段对造价的影响达30%。

(二)规划设计阶段

集中供热项目的投资估算直接制约了规划设计的初步阶段以及施工图的设计。在通过比较分析概算数额和投资估算以后,如果超出了限度,就应调整和修改初步设计并报送相关部门。与此同时施工图设计时应该仔细考虑概算额。

(三)招投标阶段

作为集中供热项目全生命周期造价管理重点环节招投标阶段的造价管理,在评标时,不仅要考虑如何建设工程项目,还要重点考察投标方的运营维护方案,降低总体造价成本。

---

* 王曙铭,孙昊,中国海洋大学工程硕士在职研究生。

（四）施工阶段

施工阶段作为控制集中供热项目造价成本的关键环节,其现场的工程技术管理人员必须透彻理解合同内容,并及时与造价人员沟通,理解合同意识,选择最优方案,合理控制好施工阶段的造价成本。

（五）竣工结算阶段

竣工结算是这一阶段对集中供热项目成本进行梳理的重要环节。供热企业与施工单位需要对项目进行竣工结算。

（六）供热运行和维护阶段

运行维护阶段的造价管理主要是控制集中供热项目的运行费用以及维护阶段的成本核算,最终使得集中供热项目建设成本最小且利益最大。

二、集中供热项目全生命周期造价管理体系的构建

集中供热项目全生命周期造价管理体系的构成可分为开发商管理体系、咨询监理体系与政府监督体系,这是依据集中供热项目全生命周期造价管理的六个阶段划分的。这个系统的各组成部分紧密结合、相互协作,从集中供热项目全生命周期的角度保证整个造价管理体系的高效运作。

（一）供热项目管理体系

供热项目管理体系中包括了设计单位、供应商等,这些都是由供热企业选聘的,同时要受监理单位和造价咨询单位的监督和指导。建筑施工方是工程造价管理的主要承担者。从编制投标报价开始积极配合集中供热的造价管理,直到竣工。投标阶段,施工单位最好依据企业的实际状况和施工要求自主进行定价,尽可能体现出施工单位的自身管理水平。因此,为了使投标报价更加经济、合理,物资供应单位应该严格按照《招投标法》的规定进行投标,提供性价比高的产品。

（二）咨询监理体系

咨询监理体系主要分为造价咨询单位和监理单位,其主要职责是做好监督施工单位与物资供应单位的造价控制工作。监理单位和造价咨询单位在整个造价的控制过程中起着重要的作用。目前我国监理单位和造价咨询单位在全生命周期造价控制过程中的具体造价管理内容包括负责施工阶段工程计划值与实际值比较及投资控制报表数据等。

（三）政府监督体系

政府监督体系主要由工程造价管理部门和行政部门构成,代表政府执行工程造价管理职能。其主要职责有:编制发行各类定额、价格指导信息和各种变化指数;采用经济法

律手段保持项目规范化和管理机制正常运行;造价执业人员、咨询单位资质管理;仲裁纠纷;各种数据资料收集整理归档等。

三、集中供热项目全生命周期造价管理体系的实施

集中供热的全生命周期体系不仅涉及造价等方面,还涉及各方面组织,因此目标管理的确定尤为重要,特别是实施的前期,要使各方面的职责尽职到位,并将各方面组织关系协调好,为以后的工作做好充足的准备。

运行阶段要及时发现全生命造价管理体系的不足及问题且及时纠正,促进其体系的完美运行和有效运转。

集中供暖全生命周期造价管理体系中的核心是管理体系。管理体系里面的每个部分、每个分项都会存在大大小小的错误和漏洞,因此在进行造价管理时应当及时发现问题,并及时纠正偏差,随时随地进行改正和改进,最终使体系更加完整,实现集中供暖的最优化。

[1] 张双根. 工程建设项目全生命周期造价管理研究 [D]. 华南理工大学硕士研究生论文,2009.

[2] 董士波. 全生命周期工程造价管理研究 [D]. 哈尔滨工程大学硕士研究生论文,2003.

[3] 周怡安. 工程项目全生命周期综合造价估算模型及应用研究 [D]. 长沙理工大学硕士研究生论文,2011.

[4] 李瑞涵. 工程项目集成化管理理论与创新研究 [D]. 天津大学硕士研究生论文,2002.

浅析供应链集成管理思想在工程项目中的应用

邹　锐[*]

摘要　企业供应链集成管理是一种先进的管理模式,在国内外不同行业中已经有广泛应用,本文将这种思想移植于工程项目建设中,通过对供应链集成管理的特点、组织架构、工作流程、合作伙伴选择的分析,得出运用供应链集成管理有利于提高项目建设的管理水平、减少成本、增加企业利润的结论。

关键词　供应链管理;集成管理;政策建议

一、供应链管理的相关概念

所谓供应链管理,是一个系统的管理过程,其目标是在满足一定客户需求前提下,以各种技术尤其是信息技术为依托,将产品形成过程中所涉及的各单位进行"整合",并对各个环节进行综合管理,形成"供应链"。供应链管理以各环节企业的同时运作为基础,达到企业间的密切合作,整合库存管理,最终达到降低成本、实现利润最大化的目的。企业库存管理的目的由物流控制转向库存管理,即供应链的库存管理是在工作流的基础上完成的。

供应链管理的概念最早来源于制造业,而作为制造业中特殊行业的房地产业有必要建立起适应扩展供应链概念的架构基础[1],从而降低成本,提高竞争力,增强抵御风险的能力。通过对国内外文献的分析比较发现,大多数的研究者都是基于企业的角度对供应链管理进行研究。房地产企业的项目开发过程包括项目的筹备、设计、实施、销售、物业、项目终止,这些过程构成了项目的全生命周期,对项目进行管理也就是对全生命周期的各个过程进行管理。由于开发商承担了全生命周期的主要过程,对供应链上的所有资源进行配置,所以作为资源整合主体的开发商只有对供应链系统采取有效的管理方法才能降低房地产项目供应链成品,实现企业利润。因此,采用何种方法控制项目全生命周期供应链成本对房地产开发商尤为重要。

---

* 邹锐,中国海洋大学工程硕士在职研究生。

二、集成管理的概念及研究进展

集成管理是将各个单位元素加以"集成"而后进行管理的操作模式,这是一种全新的管理模式。集成管理要求企业进行管理时以集成思想为基础,这种管理理念与传统管理模式最主要的不同在于采用的是整合思想而非分工理念。集成是一种构造系统的理念,是将复杂问题简单化,提高整体系统功能的方法。

国际上,集成管理思想的雏形是美国切斯特·巴纳德在其著作《管理人员的职能》中提出的系统协调思想。1990 年约菲利普提出集成管理不同于供应商管理,集成管理重视各个环节的相互融合,如此来提高供应链的效率,降低供应链成本,是一种新的管理策略。在 1998 年出版的《第五代管理》一书中查尔斯·萨维奇指出集成的关键作用在于它改变了组织结构,促进了企业内外部的相互联系。[2]

在我国,最早认识到集成管理理论重要性的是著名科学家钱学森。之后,国内学者陈国权、华宏鸣、李宝山等从集成管理的概念、组织方法与形式等方面对集成管理进行了研究,产生了相对完整的集成管理理论。马士华和陈荣秋通过对计划时间的细化,在研究各级生产计划和控制系统集成的基础上,提出了三级生产计划与控制系统的集成计划模式。现阶段,我国已有学者把供应链管理、集成管理思想用于房地产开发成本的研究。

三、供应链集成管理的相关概念

(一)供应链集成管理的概念

供应链管理本身是一种集成化管理理念,它以信息技术为依托,资源共享为保障,将供应链上所有的节点企业视作一个可管理的内部部门,以核心企业为中心,从战略、管理、信息等方面统筹兼顾、综合管理,将各自为政的单独企业形成一个指令统一、步调协调的有机体,从而达到最优的供应链全局布置,快速、有效地提供市场所需要的产品和服务,同时也避免了产能过剩带来的库存压力。

(二)供应链集成管理的组织架构

如同每个单独的企业都有各自的组织结构一样,由供应链上各个节点企业所组成的"联盟"也需要一个特殊的组织结构,这种跨行业的组织流程管理有其自身的特点,且建立这样一个组织结构是供应链集成的最基本一步,而作为供应链上的核心企业,在组织结构中的领导性、协调性有重大的作用。

(三)供应链集成管理的工作流程

供应链集成管理的工作流程是以其组织架构为基础的。由于供应链集成管理是核心企业对供应链各节点的整合,所以核心企业必须制订统一开放的工作流程。开放的流程有利于供应链上的企业共享信息,了解每个企业所承担的责任,职权分明;有利于加强企业之间的联系、相互协调,实现链上资源的优化配置;有利于发挥供应链上企业的整体效应,提高项目建设效率。而工作流程标准化的建立对于整个供应链效率的提高具有更重要的作用。虽然标准化流程的形成需由核心企业和多数企业促成,建立起来相对困难,但标准流程贯穿了整个供应链,有利于使链上企业融合更加紧密,使链上各企业形成一个有机整体。[3]

(四)供应链集成管理链上合作伙伴的选择

工程项目建设涉及的合作伙伴主要包括材料供应商、总承包商、分包商、项目业主等。作为合作伙伴,各方在供应链范围内分享信息、共同承担风险、分配利润。由于每个参与项目者分布在整个供应链的不同环节,因而参与者之间相互合作的关系是长期的。目前国内外通常采取的合作伙伴挑选法有:直观判断法、招标法、协商法、采购成本比较法、ABC成本法等。[4]

最后,在建筑供应链集成中,除了统筹组织、合理安排、谨慎选择伙伴之外,需要给链上每个节点企业以相应的保障机制,比如,利益分配机制、信任机制、激励机制等。通过这种机制的建立,不仅可以使链上的企业协作一致、发挥各自专长,也有利于防范集成过程中的风险。

四、结论

由于现代市场环境的变化,企业的正常运转需要加速资金周转、快速传递与反馈市场信息,只有建立敏捷而高效的供应链系统才能达到提高企业竞争力的要求。而企业供应链集成管理是一种先进的管理模式,本文通过对供应链集成管理思想的分析,认为将这种思想移植于工程项目建设中,有利于提高项目建设的管理水平、减少成本、增加企业利润。

参考文献

[1] 宋强. 协同供应链集成管理对产业链形成的促进作用研究 [J]. 现代商业,2009 (17):147-148.
[2] 门峰,刘子先. 产品保证成本集成管理模式与方法 [J]. 计算机集成制造系统,2009 (9):1854-1859.
[3] 王国贤,陆惠民. 基于供应链管理思想的工程项目管理模式研究 [J]. 项目管理技术. 2009(10):23-27.
[4] 李蔚. 建设项目的供应链集成管理研究 [J]. 基建优化. 2005(2):16-19
[5] 郭京福. 电子商务与供应链集成管理 [J]. 现代管理科学,2004(3):35-37.

招远市阳光老年公寓项目风险管理研究

姜　华*

摘要　本文结合招远市阳光老年公寓项目,通过德尔菲法识别出了该项目潜在的所有风险因素,并借助 AHP 层次分析法对招远市阳光老年公寓风险因素进行定量评价,根据风险评价分析结果,结合招远市阳光老年公寓项目的实际情况制定具体的解决措施。

关键词　风险识别;风险评价;风险应对;层次分析

一、招远市阳光老年公寓建设项目介绍

(一)项目概况

招远市辛庄镇政府在相关部门的指导下,以为老年人提供优质的住养、生活、护理等服务为原则,依托民营资本对现有建筑物进行改造建设,建设招远市阳光老年公寓项目。项目总投资为 1 800 万元,其中 1 700 万元投入为建设投资;项目正式运营期投入 100 万元作为流动资金。融资方式为企业自筹资金。该项目拟定建设期为半年,包括 6 个月施工建设期、11 年运营期。主要技术经济指标如表 1 所示。

表 1　招远市阳光老年公寓项目主要技术经济指标

序　号	项　目	单　位	数　量	备　注
一	规划总占地面积	m²	9 000	约 13.5 亩
1	其中:一期占地面积	m²	4 345	本项目用地面积
2	二期占地面积	m²	4 655	
二	一期改造建筑面积	m²	2 293.19	
1	老年公寓	m²	2 006.32	
1.1	老年人居室	m²	1 926.32	
1.2	服务室	m²	30	
1.3	医务室	m²	50	
2	餐　厅	m²	150	

---

* 姜华,中国海洋大学工程硕士在职研究生。

序　号	项　目	单　位	数　量	备　注
3	办　公	m²	50	
4	活动室	m²	86.8	
三	室外活动场	m²	1 000	
四	一期规划总床位	张	200	
五	建设期	月	6	
六	能源消耗			
1	年用电量	万 kW·h	25	
2	年用水量	万 m³	1.3	
3	年用液化气量	m³	8 261	合 19 000.3 kg
七	劳动定员	人	40	
八	总投资	万元	1 800	
1	建设投资	万元	1 700	
2	流动资金	万元	100	
九	年均营业收入	万元	360	
十	年均税后利润	万元	15.9	

（二）招远市阳光老年公寓建设项目风险评价

通过邀请专家,采用德尔菲法对该老年公寓建设项目存在的风险进行识别,并结合层次分析法原理,建立招远市阳光老年公寓建设项目风险评价指标体系,如表 2 所示。

表 2　风险评价指标体系

目标层	准则层	指标层
招远市阳光老年公寓建设项目风险 A	资金风险 A1	资金组织不及时 A11
		资金使用计划出现偏差 A12
		通货膨胀风险 A13
		投资回收风险 A14
	建设风险 A2	建设成本超支 A21
		工程质量风险 A22
	管理运营风险 A3	人力成本上升 A31
		管理风险 A32
		日常维护风险 A33
	技术风险 A4	项目规划设计风险 A41

目标层	准则层	指标层
招远市阳光老年公寓建设项目风险 A	技术风险 A4	施工风险 A42
		配套风险 A43
	政策风险 A5	产业政策风险 A51
		税收风险 A52
	市场风险 A6	市场需求风险 A61
		市场认知风险 A62

通过运用层次分析法计算得出各风险因素权重值,为了形象直观,本文分别对一级指标和二级指标进行排序,如表 3 所示。

表 3 各因素权重总排序

准则层	权　重	指标层	权　重	权重排序
资金风险	0.225	资金组织不及时	0.257	0.058
		资金使用计划出现偏差	0.159	0.036
		通货膨胀风险	0.132	0.030
		投资回收风险	0.452	0.102
建设风险	0.086	建设成本超支	0.75	0.065
		工程质量风险	0.25	0.022
管理运营风险	0.153	人力成本上升	0.074	0.011
		管理风险	0.640	0.098
		日常维护风险	0.283	0.043
技术风险	0.067	项目规划设计风险	0.500	0.034
		施工风险	0.333	0.022
		配套风险	0.167	0.011
政策风险	0.053	产业政策风险	0.333	0.018
		税收风险	0.667	0.035
市场风险	0.416	市场需求风险	0.75	0.312
		市场认知风险	0.25	0.104

根据权重总排序的结果,针对不同的风险分别采取有效的措施进行风险应对。

二、招远市阳光老年公寓建设项目风险应对策略

投资方和建设方按照风险的严重程度采取不同应对策略,本项目风险应对策略详见表 4。

表4　招远市阳光老年公寓建设项目风险应对策略

风险分类	风险因素	应对策略
资金风险 A1	资金组织不及时 A11	风险控制
	资金使用计划出现偏差 A12	风险控制
	通货膨胀风险 A13	风险控制
	投资回收风险 A14	风险控制
建设风险 A2	建设成本超支 A21	风险转移
	工程质量风险 A22	风险转移
管理运营风险 A3	人力成本上升 A31	风险控制
	管理风险 A32	风险控制
	日常维护风险 A33	风险自留
技术风险 A4	项目规划设计风险 A41	风险转移
	施工风险 A42	风险转移
	配套风险 A43	风险控制
政策风险 A5	产业政策风险 A51	风险自留
	税收风险 A52	风险自留
市场风险 A6	市场需求风险 A61	风险控制
	市场认知风险 A62	风险控制

1. 市场需求风险、市场认知风险

针对此问题,建议实施措施如下:① 根据老年人入住生活标准的差异,实施差异化服务。② 根据老年人的生理特征,进行合理的设计规划。③ 加强宣传,提高知名度。

2. 管理风险

完善人员的选拔机制,严格考查管理人员的职业道德、个人履历、个人素质、职业素养等因素。对于基层员工的聘用方式,用签订长期合同的方式取代简单的短期聘任和雇佣方式。在人员考核上,进行综合的关键绩效指标考核法(KPI)考核,建立员工奖惩机制。

3. 建设成本超支、工程质量风险

首先要保留一定的预备流动资金,应对项目运行中的突发情况。其次,在与项目承建方签定合同时,明确合同细则和责任,避免因工程质量问题和工资拖欠问题带来的项目损失。

4. 资金组织不及时的风险

本文建议老年公寓应实现融资的多元化,合作开发融资、股东进行融资、提前预售融通民间资金等。

5. 资金使用计划出现偏差的风险

公司应该通过建立严格规范的财务管理制度;保证专款专用;其次,通过申请银行贷款与申请政府的立项支持等多渠道筹措资金。

6. 项目规划设计风险、施工风险

为了确保阳光老年公寓建设项目的建设质量,可以将设计任务交由专门的建筑设计公司负责,并根据老年公寓的特殊性,再进行特殊规划。如人车分流,人行路要坡度平缓,尽量避免台阶,应有防滑措施;车行路限速措施,车辆缓慢驶进,使老人们有安全感。

7. 施工风险

加强对施工人员的培训。对于施工时出现的各种特殊情况,从给排水、用电、保暖、地质、消防等各个部分进行进度管理和风险控制。此外,为了保证现场施工的安全,施工人员必须根据规定佩戴相关的安全设备才能进入。

8. 配套风险、日常维护风险

随着居民生活水平的提高,老年人物质需求以外的需求也越来越高。因此,老年公寓应该满足老年人居住、娱乐、健身、度假、交友、医疗等各项需求,要求招远市阳光老年公寓具有完善的配套设施和日常维护规划。

9. 通货膨胀风险

为了应对该类经济风险,需要招远市阳光老年公寓相关负责人做好项目资金预测等相关工作。为此,投资人应该与承包人进行事前谈判,对工程所需要的原料,如水泥、钢筋、石沙等采用可调价方式签定合同,当价格上涨或者下调幅度超过某个限额时,对超出的部门进行调整。

10. 产业政策、税收政策风险

老年公寓项目属于房地产行业范畴。必须紧跟国家房地产政策,特别是专门针对老年公寓建设项目的政策,认真研究,使国家政策切实落实到本项目中来,避免出现与政策相悖的建设或者运营项目,保证项目可以持续经营和盈利。

11. 人力成本上升风险

老年公寓项目运营时要建立一套合理的薪酬体系,保证员工薪酬不会因为通货膨胀而给项目带来压力。建立健全的员工KPI考核机制,在保证员工积极性的同时,又不会因人力成本的上升带来压力。

12. 投资回收风险

老年公寓项目属于房地产项目,在项目运营前期,以较低的价位出售床位,打开市场。获得市场认可后,提高服务的质量和水平,同时提高床位销售的价格。在较短的时间内回收资金并保持正常运营。

[1] 林汉兵. 老年公寓项目风险评价与控制研究 [D]. 浙江大学硕士研究生论文,2013.

[2] 王璐．经营性老年公寓的经济评价研究 [D]．西安科技大学硕士研究生论文, 2010.

[3] 艾永前．老年公寓项目投资方案优选研究 [D]．西安建筑科技大学硕士研究生论文, 2009.

[4] 陈演生．独立式老年人公寓建筑计划及总体规划设计研究 [D]．西安建筑科技大学硕士研究生论文, 2011.

[5] 王文桂．深圳市老年公寓项目可行性研究 [J]．企业导报, 2012 (10): 143-145.

[6] 孙晓飞．我国未来老年公寓模式的研究 [D]．山东大学硕士研究生论文, 2010.

金地格林世界市场营销环境和策略分析

崔海涛 *

摘要 金地格林世界是金地集团进驻烟台市场的力作,背后折射出的是一线品牌开发商转战二、三线城市的发展策略。形成这样的局面,一方面是政府宏观政策调控的结果;另一方面是一线城市竞争激烈造成企业的成本增加。由此,金地等一线品牌开发商为烟台的房地产市场带来了新的活力和影响,促进了烟台城市和经济的发展。

关键词 营销环境;品牌开发商;策略分析

一、前言

房地产已成为我国经济发展的主导性产业,研究烟台房地产市场的现状以及未来发展可以使我们深入了解烟台乃至我国未来城市发展的状况和趋势。金地格林世界作为烟台建城以来规模最大的五村联合改造项目,体现了烟台市政府对未来发展的全新规划。

金地格林世界是政府和金地集团合力打造的城央生活大盘,是烟台建城以来规模最大、投资最多、距城市最近、政府最重视、涉及面最广的项目。它的诞生与烟台城市发展的需求密不可分,也是借助一线品牌开发商进入契机的结果。

二、营销环境

(一)项目优势

金地格林世界以中央生活区的标准模式,打造烟台的人居典范。金地集团"曼哈顿"式的金地格林世界满足以下标准:第一,保护自然景观——树木、草坪、河流、青山,让它们与社区、城市融为一体;第二,小区配套完善能满足居民的需要,设置尽可能多的商业设施,满足居民舒适生活的需要;第三,产品丰富,住宅规划适合各种收入阶层;第四,小区物业要能满足居民的各种需要,并增加新的服务项目,便于社区内进行思想与信息的交流。

---

* 崔海涛,中国海洋大学工程硕士在职研究生。

（二）项目劣势

作为一个亟待开发的区域，金地格林世界周边配套并不完善，项目周边缺乏完善的生活配套。同时，千亩大盘的规划也决定了金地格林世界在充足的资金支持和强大的市场关注之下，需要一个长期的开发周期。房地产开发商的开发进度一方面离不开雄厚资金的支持，需保证整个项目资金运作的流畅性；另一方面，具有强大的市场关注度，占据更大的市场份额，才能不断支撑项目开发，实现整个金地格林世界的发展和成熟。

（三）项目面临的机遇与挑战

金地格林世界项目位于莱山区市政府南侧3千米，属于城市主力发展方向。莱山区在政府的支持下，正在飞速发展和变化。未来一段时间，伴随着商务活动的不断发展，莱山区将面临人口激增。金地格林世界也将在这样一个大的发展趋势下，迎来全新的机遇。烟台的城市发展中心一直在芝罘区，相对于芝罘区，莱山区作为一个新的城市中心发展得相对不够成熟，区域认知能力有限。许多市场客户认为位置偏远，交通不便。在市场环境下，项目竞品比较多，竞争将变得更加激烈。

三、营销策略

（一）产品品牌策略

产品品牌效益对提升企业的市场占有率有着巨大的推动作用。金地集团的金字招牌已经成为金地格林世界项目开发过程中的一把"利剑"。

（二）产品价格策略

对于消费者来说，价格是影响其购买的主要因素，金地格林世界在产品定价上根据空间差异来制定价格，有利于企业增加销售量，获取更多的利润。

（三）产品渠道策略

在整个宣传期，金地格林世界项目动用各种资源增加其项目信息的传播范围，扩大影响力。宣传的主要渠道分为两种，一种是线上推广渠道，如报纸、短信、高架广告牌、烟台各大房地产网站、公交车站点宣传栏、公交车视频宣传等。另一种是线下推广渠道，如拓客和发放宣传单页。

（四）产品促销策略

现阶段金地格林世界项目的促销主要体现在宣传方面。促销主要是宣传项目的暖场活动、烟台各大房地产网站组织的线下活动。

四、营销策略建议

一是培养客户对产品的忠诚度。利用其良好的资源整合能力,通过各种渠道和方式加强品牌宣传,增加烟台市场客户对金地品牌的认可。二是结合团购优惠等多种优惠措施吸引客户。通过关注享受优惠和联合烟台房地产网组织团购的方式,以及缴纳订金抵房款等多重优惠的累计吸引更多消费者的注意。三是考虑到微博与微信具有传播信息及时、操作简单方便、成本低等特点,利用微博、微信等方式建立全新的产品传播渠道。

五、结论

随着环渤海经济圈的形成,烟台已经成为山东地区环渤海经济圈的龙头。从烟台的城市发展过程中不难看出"城市向东"是烟台城市发展的趋势。烟台提出了东部城市化、北部都市化的城市发展战略。在城市发展战略的引导下,大量房地产企业纷纷入驻烟台,为烟台房地产市场带来活力的同时也形成了激烈的竞争。金地格林世界作为莱山区的唯一城央大盘,以其成熟的产品和完善的生活配套,将对整个烟台房地产市场造成极大的冲击,改变港城市民的生活环境、生活方式、生活文化,进而改变烟台现有的市场格局,成为烟台最具影响力的品质生活社区。

[1] 李然. 房地产项目的整体营销策划 [J]. 企业改革与管理,2012(4):74-75.

[2] 夏苏娜. 浅析房地产市场营销策划 [J]. 中国电子商务,2011(5):332.

[3] 许燕. 浅析万科房产的体验营销策略 [J]. 无线互联科技,2013(1):199-201.

[4] 张庚全. 论房地产营销策划方案的设计与实施 [J]. 商业经济,2011(5):30-31.

[5] 田建华. 谈房地产的营销策划 [J]. 现代商业,2011(8):248.

[6] 张晓东. 试论我国房地产市场的营销策划 [J]. 中国科技博览,2011(24):217.

全寿命周期的房地产项目成本控制

崔国梁*

摘要 本文从房地产项目决策、设计招标、建设、竣工这四个阶段全面探讨了房地产项目全寿命周期的成本控制措施,并在此基础上建立保障体系,以期在房地产项目整个寿命周期内全面控制成本,最终达到提高经济效益的目的。

关键词 全寿命周期;房地产项目;成本控制

一、引言

进入 21 世纪以来,随着我国住宅体制和住房政策的不断改革,房地产市场蓬勃发展,房地产价格日益升高。在很多地区,房地产成为了当地的支柱产业。受到高利润的驱动,大量资源争先涌入房地产行业,竞争愈加激烈。我国加入 WTO 后,越来越多的外国企业也看到了中国房地产行业的广阔前景,大量国际资本流入我国房地产行业,加剧了房地产企业之间的竞争。为了在竞争中获得一席之地,对房地产项目进行成本控制显得尤为重要。本文将从全寿命周期角度,探讨房地产项目各个阶段的成本控制。

二、项目各阶段的成本控制措施

(一)项目决策阶段的成本控制

1.做好项目"定位"

起草项目建议书是项目全寿命周期的最初阶段,建议书是对项目的总体性设想。房地产开发企业应当在项目开始之前充分了解市场环境并作出合理的前景预测。根据现实的市场状况对项目进行比较准确的定位,尤其是价格的定位。

2.重点调研土地

房地产开发商在拟定项目建议书时要做好分析考察工作,选址时要综合考虑土地价格、自然环境、交通等因素。在综合考虑土地取得方式和影响土地价格因素的基础上,科学评判土地的市场价值。

---

* 崔国梁,中国海洋大学工程硕士在职研究生。

3.拟定目标成本

根据建设方案和建设计划进行成本估算,并依据估算的成本确定拟建设项目的目标成本。随着房地产项目开发的不断进展,项目成本会越来越呈现出动态性和多样性的特点,关注目标成本与实际成本之间的差异并分析原因可以有效防止项目成本失控。

(二)项目设计招标阶段的成市控制

1.项目设计阶段的成本控制

房地产项目设计阶段对房地产开发总成本具有决定性的作用,设计方案的选择关系到建筑物质量的好坏和费用的多少。设计阶段是房地产商控制成本的关键阶段。

第一,确定设计限额,实行限额设计。设计人员在进行图纸设计的同时要考虑拟使用建筑材料的价格等问题,对设计方案进行估算并相应调整方案,以免超出限额。

第二,进行设计方案竞标。通过招投标可以征集多种设计方案,通过专家评审对比,从众多方案中选出最优的设计方案。

2.项目招投标阶段的成本控制

第一,提前进行考察。参与招标的工作人员提前对施工单位和市场情况进行考察,杜绝凭感觉打分的情况,在学习中完成招标前的准备工作,间接实现成本控制。

第二,房地产开发商在招投标过程中要秉着公平、公正、公开的原则。企业应认真审核招标企业和招标文件。不可一味地追求低价,要考虑建筑质量以及合理性,尽量选择信誉好的施工单位。

第三,招标结束后,与中标施工单位详细洽谈合同内容,明确双方的职责。减少出现施工过程中由于职责不清而产生纠纷等情况,尽量把成本降到最低。

(三)项目建设阶段的成市控制

1.项目采购的成本控制

第一,对需采购物资进行分类。房地产开发商需采购的物资复杂多样,为了事后更有效地进行成本控制,需要对其进行分类。针对不同类别的采购物资,采用合理的项目采购管理模式。

第二,招标选择供应商。房地产开发商可以通过招标的形式选择信任的优质低价供应商,并签订采购合同以保证供应商可以保质保量按时交货。

第三,制定物资采购预算。科学合理的预算不仅能保障项目的正常运转,也能有效提高资金的利用效率对项目进度进行有效控制。

2.项目施工的成本控制

第一,采用动态成本控制。房地产项目施工阶段时间长,不确定性因素增多,应对目标成本进行动态控制,及时发现问题,将成本控制在最低。

第二,严格控制材料使用。房地产开发商要严格监管材料领取、使用等环节,避免出现施工人员发生长料短用、优料劣用等现象,将材料消耗降到最少。

（四）项目竣工阶段的成本控制措施

1. 严格控制工程验收

第一，严格审查竣工验收的相关文件，只有符合竣工验收依据的工程才能通过验收。

第二，在验收工程项目时，要仔细检查工程质量、工程的完整性，必要时要对一些设备进行试验以检查其功能，避免遗漏。

2. 严格审查已竣工验收工程的价款结算

严格按照合同规定的结算方法、计价原则、材料价格等对竣工工程价款进行审核。依据竣工图、设计变更签证对竣工工程数量进行核查。由于房地产项目工程结算时需要核算的项目多而复杂，因此应认真核算多次，避免计算失误造成损失。

三、结论

目前一些房地产项目仍然存在只重视建设阶段成本控制的问题，极易忽略项目建设前的成本控制，这导致了房地产项目总成本的增加。将全周期寿命成本控制思想应用到房地产开发项目，有助于企业进行更全面的成本控制，最大限度地降低房地产项目成本，提升经济效益。

[1] 李明友. 中国建设项目全寿命成本管理现状分析与实践研究 [J]. 建筑经济, 2007（3）: 33-35.

[2] 凌杉. 浅谈房地产开发项目中的成本控制要点 [J]. 经济视角, 2011（12）: 69.

[3] 邓程燕. 浅谈房地产企业的成本控制 [J]. 金融经济, 2013（6）: 190-191.

[4] 李定荣, 李开孟. 建设项目可行性研究 [M]. 天津: 天津大学出版社, 1995.

[5] 张传吉. 建筑业价值工程 [M]. 北京: 中国建筑工业出版社, 1993.

工程项目质量管理问题与解决方案

胡新男 *

摘要 本文利用质量管理 5M1E 因素分析,从人员(man)、机器(machine)、材料(material)、及环境(environment)四方面分别阐述了工程项目质量管理中存在的问题,并提出相应的解决方案。

关键词 质量管理;5M1E

对建筑工程而言,保证质量是管理工作的重中之重。如何采取有效途径建立起科学合理的运行机制,是保证工程顺利进行并达到预期目的的关键所在。

工程项目质量管理旨在通过为项目的用户和其他项目利益相关者提供高质量的工程和服务,从而实现项目目标,使用户满意。项目的质量管理是综合性的工作,项目质量管理过程围绕项目目标和范围,适用于所有项目管理的过程,包括项目决策、计划、保证、控制的质量,以及战略策划、综合性管理、范围管理、工期管理、成本管理等过程。

一、工程项目质量管理问题

(一)人员方面

作为工程建设的主体,无论是负责管理决策的领导者还是负责具体施工的操作者都是影响工程质量的重要要素。虽然现行建筑行业在不断进行专业化改革,但人毕竟不是机器,无法做到完全的标准化,这就导致许多建设项目在决策和建设过程中出现不同程度的失误。

(二)机器方面

"生产力决定生产关系,生产关系反作用于生产力"。有了好的设备,却没有与之相配的技术创新或应用理念,可能会导致机器使用率偏低,生产效率低下。所以,应根据工程的实际情况合理安排施工机器,根据机器的使用条件和适用范围对机器正确操作,从而确保项目工程质量。

---

* 胡新男,中国海洋大学工程硕士在职研究生。

（三）材料方面

材料是影响工程项目质量的基本因素。这里所指的材料主要包括投入到工程项目中的原材料、成品、半成品、构配件及水电暖通设备等，材料是否符合标准，直接影响到工程质量是否达到要求，对施工材料的质量控制是保证工程项目质量的首要任务。

（四）环境方面

施工质量责任制流于形式，现场工作人员质量意识薄弱。有些施工单位缺少严格的质量保证与控制体系，质量责任制浮于表面，没有切实落实。工作人员，包括实际操作者与管理者都没有将工程质量当作首要问题对待的观念，片面追求速度与美观。尤其是我国现有建筑业一线操作者大多来自农村，文化素质偏低，受到的施工训练不够，技术及操作水平有限，在施工中不能严格按照标准规范来执行，这就需要将质量要求具体化、直接化、可视化。这些都在根本上影响了施工阶段的施工质量，致使这些企业产生了许多工程质量、安全问题。这种不规范行为如果长期没有得到有效解决，必将给工程质量留下不可逆转的隐患。

二、工程项目质量管理措施

（一）人员方面

工程项目是通过项目用户及其他利益相关者共同参与进行的，要想加强项目质量控制，就必须重视对"人"的控制，要加强工程参与者的质量意识。在工程质量控制中，在人力资源的使用上，应该从人员的政治思想、业务水平、心理素质和身体健康等多方面综合考虑，取长补短。这样做不仅可以减少工作中的无谓失误，也是为了使人员的工作积极性得到充分调动，从而更好地发挥"人"的主导作用。

（二）机器方面

施工机械的选择，首先应从项目的施工条件、建筑结构、施工工艺、外部环境、人员素质、经济能力等多方面综合考虑，从中选定适合工程项目的机械设备和施工方案。此外，也应从设备性能、生产情况、安全使用、操作方便等方面综合分析，就以下几方面加以监管，使其充分发挥出机械的优势。同时，完善机械设备的保养和维修制度，实现机械设备操作人员持证上岗制度。设备管理部在制订维修及保养计划时必须根据设备的实际应用情况，针对其特点，采取相应的保养及维护措施，做到"一机一法"。

（三）材料方面

工程材料的好坏直接影响施工建设的质量控制，对工程质量起着举足轻重的作用。所以对于材料的质量要严格把关，把不合格产品坚决消灭在施工前。做好材料控制工作要从材料的采购、运输、储存、发放等每一道环节入手。我国现在的建筑材料良莠不齐，要求采购人员要有专业的素质，对不同材料的使用和要求有一定了解，对同一种材料的不同生产厂家有一定的了解,对材料质量有一定的识别能力,这样才能在同等价格下优选原材料,做到货比三家。材料采购入场后,建设方应派专门的质检人员对进场材料进行检测并实现检测全程跟踪,除此之外,在存放过程中应严格按照国家标准,避免材料二次受损。

(四)环境方面

在管理环境控制方面,应完善健全的质量管理体系,不但要有完整的质量控制自检系统,还要有确实可行的质量责任制,在相关规范及标准的指导下采取相应控制措施,做到责任到人,有理可依。

在技术环境控制方面,工程项目的技术环境包括地质、天气以及水文等环境,施工方在对工程项目进行施工时,应根据建筑工程项目及其技术环境的相关特点来制订施工方案,在对施工进度进行合理控制的同时,充分考虑建筑物防水情况,从而有效避免工程完工后出现漏水现象。

三、结语

质量保证是建筑企业立足于行业的根本。建筑工程项目施工管理,要站在企业生存与发展的高度来认识工程质量的重大意义,坚持以质取胜市场、赢得市场的经营战略,科学管理,规范施工,以此推动企业谋求更大发展。这是对我国建筑施工企业自身做大做强、生存和发展的要求,也是建设和谐社会所应承担的历史使命。

参考文献

[1] 李辉.JG房地产项目施工过程中质量管理研究[D].吉林大学硕士研究生论文,2013.

[2] 周荟.泛海国际居住区项目施工质量管理研究[D].中南大学硕士研究生论文,2013.

[3] 欧伟豪.基于精益思想的建筑项目质量管理研究[D].华南理工大学硕士研究生论文,2012.

[4] 孙霜.熙景温泉别墅三期东区工程项目质量管理研究[D].中国海洋大学硕士研究生论文,2013.

[5] 王珂.基于精益建设的工程项目质量管理模式研究[D].哈尔滨工业大学硕士研究生论文,2012.

混凝土多孔砖墙体裂缝问题探究

崔文海*

摘要 通过对裂缝的普查和裂缝规律的总结,结合建筑四角垂直度观测、建筑沉降观测、墙体砂浆强度检测等检测方法和手段,对出现的裂缝进行原因分析。同时,作者结合自己的经验,提出了防治墙体裂缝的措施。

关键词 混凝土多孔砖;墙体裂缝;防治措施

一、引言

墙体裂缝是指建筑结构墙体部分产生的开裂现象,是商品房交付后被业主投诉最多的质量通病之一,也是开发商不得不面对的焦点问题。在高山小区项目中,业主投诉的焦点也集中在房屋渗漏和墙体裂缝上,占业主投诉的60%以上。其中墙体裂缝主要集中在5、6号楼这两栋多层住宅,由于裂缝普遍存在,业主对房屋结构情况不甚了解,纷纷质疑房屋的安全性,一致认为房屋地基结构出现问题。同时,为给开发商施压,业主团结起来多次投诉甚至集体上访质量监督站,造成负面的社会影响。

高山小区5、6号楼为五层(带储藏室)砖混结构住宅楼。该工程以强夯后的人工地基为基础持力层,地基承载力按 fak = 200 kPa,基础采用筏板基础和钢筋混凝土条形基础结合形式,属于建筑抗震的不利地段。砌体材料设计使用混凝土多孔砖。

二、裂缝情况普查及裂缝规律总结

为彻底了解裂缝情况,查明裂缝原因,消除广大业主对房屋安全性的疑虑,我们委托并组织了专业队伍对两栋楼共计55户房屋进行了裂缝普查。通过普查及对所查裂缝的分析总结,发现各单元、各楼层墙体裂缝的大致规律如下:

(1)根据裂缝出现位置不同,各户裂缝主要分三种类型:室内门洞上角斜裂缝、个别墙体施工洞封堵周边裂缝、墙体内部裂缝。

(2)裂缝宽度为 0.05~1.2 mm。

(3)由底层往上墙体裂缝情况逐渐明显,顶层(四层和五层)墙体裂缝情况最严重。

---

* 崔文海,中国海洋大学工程硕士在职研究生。

（4）下部楼层裂缝方向无明显规律，上部楼层除水平裂缝和竖向裂缝外，墙体倾斜方向主要为两侧向中间倾斜，类"八"字裂缝。

三、裂缝原因分析及探究

（一）混凝土多孔砖特性

5、6号楼为五层砖混结构，承重墙采用混凝土多孔砖，目前我国尚未对混凝土多孔砖砌体结构制定专门的设计、施工及质量验收标准，根据有关试验及工程应用资料，混凝土多孔砖有以下裂缝有关特性：

（1）混凝土多孔砖是由碎石或卵石为粗骨料制作的混凝土，具有混凝土的特性，因此易发生裂缝。

（2）用于混凝土多孔砖的水泥、砂、石等材料来源很广，其性能不够稳定，也会影响混凝土多孔砖的质量，造成裂缝的发生。

（3）根据生产经验，混凝土多孔砖在出厂后一个月内释放的热量较大，存在着反复的化学反应过程，实际上一时难以完全反应，因此体积不稳定，而这样的混凝土多孔砖用在墙体中就难免不发生裂缝。

（4）该砖比实心黏土砖大，相应灰缝少，砌体抗剪能力差，受水平力或其他因素影响容易产生水平裂缝、阶梯裂缝、砌体周边裂缝。

（二）建筑四角垂直度观测

为排除业主对地基安全隐患的疑虑，我们委托专业鉴定机构青岛理工大学工程质量鉴定中心，采用经纬仪对5、6号楼外墙阳角处墙体垂直度进行测量，经比较分析，未发现与建筑倾斜显著相关的倾斜规律。

同时，在两栋楼布设了24个沉降观测点。根据鉴定中心6个月共计7次沉降观测记录，各测点在此期间的沉降差基本为零，故可以推定5号楼、6号楼建筑沉降基本稳定。

（三）墙体砂浆强度检测

5、6号楼储藏室、一层设计为M10混合砂浆，其余采用M7.5混合砂浆。鉴定人员在未入住的住户和楼梯间选取典型墙体凿除抹灰层露出砂浆，采用回弹法和点荷法抽检该部分砂浆强度，检测结果详见表1，所检砂浆强度达到设计强度要求。

表1 砌筑砂浆抗压强度检测结果（MPa）

单元号及楼层	构件位置	检测方法	强度推定值	备　注
六单元二层	主卧西墙	回弹法	8.3	
	次卧西墙	回弹法	7.8	
	书房南墙	回弹法	7.5	
八单元一层	楼梯间北墙	回弹法	10.0	

续表

单元号及楼层	构件位置	检测方法	强度推定值	备注
八单元一层	楼梯间西墙	回弹法	10.2	
储藏室	东墙	回弹法	10.5	
五单元四层	书房南墙	点荷法	8.0	
五单元二层	主卧东墙	点荷法	7.6	
八单元四层	次卧东墙	点荷法	8.5	
八单元二层	主卧西墙	点荷法	7.8	

＊检测依据:《砌体工程现场检测技术标准》GB/T 50315-2000

(四)裂缝原因分析

根据以上情况汇总,通过初步分析,裂缝原因如下:

(1)本工程墙体裂缝规律与建筑不均匀沉降引起的裂缝现象相关性不明显,通过建筑四角垂直度观测和建筑沉降观测,基本排除了建筑物不均匀沉降导致墙体裂缝的原因。

(2)墙体中部的垂直裂缝原因分析:青岛冬夏温差大,且本工程交房第一年未供暖,混凝土多孔砖线膨胀系数较大,砂浆强度较高,砂浆中水泥含量的增高使砌体干缩变形增大,加上施工中砂浆厚薄控制不均匀,由于干缩造成砌体产生的约束拉应力与温度应力联合作用增大了砌体中主拉应力的水平,使得墙体中部的主拉应力最大,从而引起自上而下的竖向贯通裂缝。

(3)混凝土梁板柱与多孔砖墙之间由于膨胀系数差异产生收缩变形差,故而在接触面产生剪力,该剪力与墙体所受楼屋盖压力构成双向应力状态,当主拉应力大于砖砌体抗拉强度时,就会出现墙体斜裂缝和圈梁下方水平裂缝。

(4)本工程屋顶施工为夏季高温施工,由于太阳光的长时间照射,使得屋面板和楼板的温度很高,比墙体温度高许多,混凝土梁板和多孔砖墙收缩变形差加剧,使建筑上部楼层墙体裂缝情况较为明显。

(5)门窗洞口角部斜向裂缝是由于上方和侧面墙体收缩变形,在角部形成应力集中而导致开裂。

四、裂缝维修方案及修复后效果

经过青岛理工大学工程质量鉴定中心出具鉴定报告,基本排除了地基不均匀沉降的原因,消除了业主对房屋结构安全性的疑虑,对该裂缝基本确定为温度应力裂缝。对此我们针对已经出现的裂缝制订了如下维修方案:

(1)在墙体两侧沿裂缝两边各 20 cm 宽进行切割,把抹灰砂浆层凿出,露出混凝土多孔砖。

(2)沿墙体裂缝方向挂 0.5 cm×20 cm 的钢板网,用钢钉固定。

(3)按照原设计要求分层抹水泥砂浆,与原抹灰层平齐。

(4)待抹灰层充分干燥后(一般 5～7 天),再刮弹性腻子两遍,最后粉刷涂料。为保证粉刷效果,让业主满意,最好整个墙面要满刷,以保证不出现色差。

五、墙体裂缝的预防措施

如何避免在新的项目中出现类似问题更应引起大家的重视。产生墙体裂缝的原因是复杂多样的,但主要原因是温差变化,为防止温差裂缝的发生,主要应从设计与施工方面采取如下措施:

(1)按标准设置伸缩缝,以减少屋面热膨胀的累积值。砖混结构设计规范对有保温层的屋面规定每 60 米设伸缩缝,无保温层的屋面每 40 米设伸缩缝。按规定设置伸缩缝,整体结构一般不出现异常情况,但屋面温差裂缝仍会发生。

(2)选择符合要求的屋面保温材料,适当增加屋顶保温层的厚度,有效控制屋面板的温升速度。

(3)要严格控制砌体材料的进场时间,在其完全释放内部热量后方能上墙,避免上墙后出现较大的体积变形。

(4)改变屋顶做法,尽量建造坡型屋顶,既可以改善顶屋的使用条件,又能够减少温差裂缝。

(5)适当提高顶层砌体砂浆标号,在砖砌体水平缝内增设一部分拉通锚固筋(对裂缝多发部位宜隔缝设置 2 根直径 6 mm 的水平钢筋),也可适当加大端部纵墙的窗间墙及边垛宽度。

[1] 李辉. 混凝土多孔砖裂缝防治措施 [J]. 河北建筑工程学院学报,2006(25):39-40.

[2] 陆笑旻. 多层住宅混凝土多孔砖墙体裂缝控制 [J]. 工程建设与档案,2005(1):73-74.

[3] 宋显锐,钱伟. 混凝土多孔砖砌体房屋裂缝调查及原因分析 [J]. 墙材革新与建筑节能,2010(26):19-22.

[4] 李静. 混凝土多孔砖砌体干燥收缩性能的试验研究 [D]. 郑州大学硕士研究生论文,2011.

工程项目成本控制的研究综述

郝炳金*

摘要 建筑企业必须全面加强成本管理和成本控制工作,提高效益,走可持续发展道路,才能提升核心竞争力,不被市场淘汰。本文对国内外工程项目成本控制的研究现状、发展动态进行回顾以及评述,期望通过文献综述,对项目成本控制予以指导,探索出切合实际、切实有效的成本控制方法和措施,进一步优化工程项目的成本管理方案。

关键词 文献研究法;成本控制

工程项目中成本、进度、质量三项控制是施工项目控制的"三要素",其中,成本控制最为关键。企业采用科学合理的成本控制策略和措施,尽最大努力降低目标成本,提高企业盈利空间。国内外理论界对此问题进行了深入研究。

一、国内研究现状与发展动态

当前,我国施工企业在工程项目成本控制方面,存在着诸多问题。究其原因,一是我国目前施工项目成本管理是粗浅型的,没有把成本控制管理贯穿于工程项目全过程。二是工程项目部没有依据投标价研究制订目标成本控制计划,没有结合施工项目进程付诸实施。三是工程一线生产班组对项目消耗缺乏有效控制措施。四是部分工程项目管理层缺乏成本管理意识和知识,随意加快施工进度,提高工程项目质量等级,较少研究进度与成本、质量与成本的关系。以上问题很容易造成成本管理失控,所以有效的成本控制应贯穿于项目决策、投标、施工、竣工等各个阶段。

工程项目成本控制的方法和技术很多,在我国,经常采用的成本控制方法主要有挣值分析法、偏差控制法、费用分析表法、费用计划评审法、因果分析图法和落实纠偏措施的费用控制表法等。其中应用最广的是挣值分析法,这是一种非常有效的成本控制法。

在工程项目成本控制的原则上,首先要设置合理的成本控制目标,兼顾质量控制与进度控制。其次在设计阶段,重点控制投资。再次,在施工过程中,要变被动为主动,采取经济与技术相结合的成本控制手段,研究建筑经济学,把握住每个环节,追求成本控制最优化。

---

* 郝炳金,中国海洋大学工程硕士在职研究生。

由于国内工程项目成本管理是近几年才兴起的,我国学者对成本控制管理的探索起步较晚,研究的基础较差,项目成本控制管理先后经历了潜意识成本控制管理、传统意义上的成本控制管理和现代意义上的成本控制管理等三个发展阶段。改革开放以后,随着我国市场经济的不断发展和经济全球化、经济一体化的发展步伐加快,国内建筑企业逐渐认识到要降低成本就必须加强成本控制管理,逐步借鉴了国外比较成熟的成本控制理论和思想,结合我国国情,形成了一些成本管理方法。

二、国外研究现状与发展动态

国外成本控制研究大体经过了四个阶段:第一阶段是 20 世纪 30 年代之前,表现为产品制造的成本控制阶段。第二阶段自 20 世纪 30 年代至 50 年代期间,表现为责任成本控制阶段。第三阶段是 20 世纪 50 年代至 80 年代期间,表现为综合性目标成本控制阶段。第四阶段是 20 世纪 80 年代以后的作业成本控制阶段。

在成本控制管理因素的研究上,根据美国建造业协会(CID)提供的研究数据表明,工程行业的浪费高达 57%,隐藏在工程项目质量成本中的损失则更惊人。奥波伦德尔在 1993 年提出,在一个固定承包工程里,工程变更费用占总合同费用的 5.4%。考克斯研究表明,设计变更费用占总费用的 4%～7%,因此建议从项目的设计图纸就进行成本控制,并制定具体的措施。Mansfield 等在 1994 年对尼日利亚工程建设项目的成本超支研究发现,影响项目成本控制的最主要因素是进度款支付延误、合同管理不善、场内条件改变、材料短缺和计划不当。

从成本控制技术与方法应用上,国外研究比较突出,比如价值工程、全生命周期管理理论、挣值理论等先进的具有代表性的理论也在不断地发展与完善。一般施工中,多种方法联合使用,选择科学合理、具有针对性的成本控制理论体系,已经成为一个新的研究方向。

最近几年,工程项目多要素集成管理的研究开始盛行,其主要是对施工项目控制目标优化问题进行研究,最早是对工期的优化,后来逐渐扩展到工期—成本优化、工期—资源优化的研究。在项目集成管理理论和模型方面,P. D. Rwelamila 提出基于 PERT 技术的施工工期、费用、质量控制模型及风险分析方法,扩展了该模型的应用范围。E. l. Choum (1995)提出了将项目的任务、材料、设备等综合进行管理,使资源的分配和控制更有效。Nam 和 Tatum 提出了日益增长的项目参加者协作和管理集成的要求,指出施工项目集成管理中需要全过程的投资,扩大了集成化的概念和范围。

总的来看,国外对于项目成本控制的研究起步早,研究成果非常多,成本控制理论体系完备,并被广泛应用于工程项目成本管理之中。国外众多学者对建筑工程项目成本控制情况做过调查研究,其目的是帮助建筑企业确立竞争战略,并采取与企业实际情况相适应的成本控制管理方法,促进企业科学发展。

三、小结

基于国内外研究现状的差别,我国迫切需要建立比较完善的成本控制管理体系。成本控制管理水平决定着建筑企业的生存与发展,特别是当前国内建设项目众多,建设投资巨大,建筑市场竞争激烈、机会与挑战并存,成本控制显得尤为重要。

[1] 郭培培. 基于关键路径挣值法的工程项目成本控制研究 [D]. 太原理工大学硕士研究生论文, 2013.

[2] 赵燕. 工程项目成本控制体系的构建 [D]. 沈阳工业大学硕士研究生论文, 2012.

[3] 李彩霞. H 工程公司项目成本控制研究 [D]. 吉林大学硕士研究生论文, 2012.

[4] 刘阳. 电力施工企业工程项目成本控制研究 [D]. 华北电力大学硕士研究生论文, 20012.

国办高职院校 BOT 项目财务评价体系构筑

●●●●●●

张仁良 *

摘要 本文就国办高职院校相关的 BOT 项目进行财务评价体系构筑设计,同时就该评价体系在应用中所应注意的问题做一些必要的说明。该体系具有三大功能:一可作为项目本身清偿能力评价的依据;二可作为投资方财务盈利性的评价依据;三可作为融资方防范规避项目风险的依据。

关键词 BOT 项目;现金流量;清偿能力分析;盈利能力分析;不确定性分析

一、财务评价的依据

高职院校 BOT 项目财务评价通常包括两个环节:首先对项目建设期内的收入和支出作出预测;其次对项目在营运期内的收入和支出作出预测。根据这两个环节预测出来的数据汇制现金流量表,对照现金流量表分析预测项目未来可能发生的财务情况,从而判断出该项目未来的盈利情况和所具备的偿债能力情况。

下面以烟台工程职业技术学院学生宿舍 BOT 项目为例,按照时间的先后顺序,项目拟将发生的现金流量主要分以下三类:

(1)原始资金流。项目投资方——烟台慧力置业公司投入的资金包括:宿舍楼地基勘探费用;宿舍楼设计费用;宿舍楼建安工程费用;宿舍楼工程监理费用;宿舍周边环境绿化费用;宿舍内部设施购置费用;宿舍网络、电视、电话、空调、暖气安装费用等。

(2)宿舍营运期间发生的现金流。包括现金流入和现金流出。现金流入主要有:学生住宿费收入、学生上网费收入、公寓日常维护费收入;现金流出主要有:水电费、宿舍管理人员和公寓保洁人员费用、公寓设施日常维修费用等。

(3)终结点现金流。当宿舍达到约定使用期限时,通常设定该宿舍资产的残值为 0。投资方烟台慧力置业需无条件、完整地将宿舍楼及其附属设施、设备让渡给学院。当然,当学院取得该公寓楼的完全物权后又对其价值重新进行评估并评估出新价值,是另外一回事。

---

* 张仁良,中国海洋大学工程硕士在职研究生。

二、财务评价构筑框架

BOT 项目财务评价的主要目的是评价拟建项目的财务可靠性,以便为投资主体投资决策提供依据。投资者在重点关注项目盈利能力的同时,也要充分考虑到项目可能要面临的风险因素。由于各高职院校 BOT 项目的情况不同,特许经营协议约定的内容也不同,因此做投资决策要因事而论、因校而论。

(一)财务盈利性分析

高职院校 BOT 项目投资贷款本息的偿还以及项目投资者的投资回报都是要通过项目的盈利性来实现的。评价某 BOT 项目的财务盈利性指标按是否考虑资金的时间价值可分为静态评价指标和动态评价指标两大类。静态评价指标主要包括静态投资回收期、全部投资利润率和全部投资收益率等内容。动态评价指标包括财务净现值(FNPV)、财务内部收益率(FIRR)和项目动态投资回收期(Pt)。

(二)偿贷能力分析

偿贷能力分析就是分析、计算偿还项目的固定资产投资借款本金及利息所需要的时间。评价 BOT 项目偿债能力的指标主要有借款偿还期、流动比率和速动比率等。通常 BOT 项目 50% ~ 80% 的建设费用需通过银行贷款筹措,因此贷款银行特别重视项目投资方的偿贷能力。

(三)财务评价的不确定性分析

目前,纵观各高职院校 BOT 项目投资案例,其不确定性往往集中表现为:项目的实际建设费用超过项目预算费用;项目不能按照预算工期按时完工;估算的学生数、每生收费标准与实际的学生数和收费标准不相符;项目实际运营成本与预算成本不相符等。财务评价的不确定性分析主要包括盈亏平衡分析法、敏感性分析法、概率分析法。

三、使用评价体系应注意的问题

评价指标宜采用:投资回收期;净现值;内部收益率。

分析方法宜采用:盈亏平衡分析法;敏感性分析法;风险分析法。

提出上述建议的依据如下:

(1)《建设项目经济评价方法与参数》,取消和新增了部分财务评价指标,保留了净现值、内部收益率、投资回收期等指标,进一步推动了项目财务评价体系的完善,标志着我国以贴现现金流量指标为主、非贴现现金流量指标为辅的多种指标并存的投资项目财务评价指标体系已经建立。*[1]

(2)BOT 项目作为一个新生事物引入我国,我们对其消化吸收的功课还做得不足,在

---

* 国家发展改革委建设部《建设项目经济评价方法与参数》,第 3 版(2006 年)。

具体操作过程中往往只会定性分析,而不善于定量分析。特别是有些高职院校迫于扩招带来的基础设施匮乏压力,易于仓促拍板,发起 BOT 项目,其关于项目的财务评价分析显得不够严谨,其评价的准确度和可信度较低,缺乏实际可操作性。

四、结论与展望

高职院校 BOT 项目的财务评价往往只是孤立地研究项目本身的财务状况,使用几乎全部来自于预测的数据评判项目投资的可行性。投资人一般不考虑该院校的整体发展布局,更不会考虑项目运营后可能对周边社区产生的影响。通常,一个 BOT 项目在财务上可行,只能说该项目满足了投资人的投资需求,至于能否满足政府和周边居民的发展愿望,还需对该 BOT 项目进行国民经济和社会环境的综合评价。

[1] 陈芳. 高校后勤 BOT 项目财务评价体系设计 [J]. 大众商务,2009(18):112-113.

[2] 潘新元. BOT 建设项目的财务评价 [D]. 南京理工大学硕士研究生论文,2010.

[3] 曹红. BOT 项目可行性的财务评价研究 [D]. 西安理工大学硕士研究生论文,2008.

[4] 沙鲁川. 高校 BOT 项目风险管理研究 [D]. 西南交通大学硕士研究生论文,2013.

[5] 廖桂侠. BOT 项目可行性的财务评价研究 [J]. 财经界(学术版),2011(8):153-154.

房地产企业工程造价风险管理浅析

马永健*

摘要 房地产项目的开发周期相对较长,其中存在的不确定性因素较多,面对这些不确定性,房地产企业应实施有效的工程造价风险管理,来有效控制工程成本。本文通过分析我国房地产企业工程造价风险管理和控制上存在的问题,提出工程造价风险控制和预防的措施,以此来推动房地产企业在建设期间进行有效的工程造价风险管理。

关键词 房地产项目;工程造价;风险管理

由于房地产开发项目周期相对较长,整个建设期涉及的资源因素较多,在土地、拆迁、规划设计、施工等阶段都存在不可控事件,面对各种风险因素,工程造价风险管理逐渐凸显出其在房地产企业成本管理中的重大作用。房地产企业对工程造价的风险管理及控制水平将直接影响到整个工程建设和企业的经济效益。如果能对工程造价风险进行有效的控制管理,就能提升产品的竞争力,进而降低企业成本,提高收益。

一、我国工程造价与风险管理概述

国内工程造价管理和造价风险研究落后于西方国家,对于风险管理的理论研究还处于起步阶段。然而,要想很好地完成建设,控制好成本支出,就必须进行工程造价风险管理。虽然我国目前对工程造价管理和风险管理的研究取得了一些成果,但对于二者的结合的研究尚处于空白,有待研究。

(一)建设工程造价管理

房地产工程造价管理是一个全面的动态管理过程,包括了房地产开发全过程的综合成本管理。一般来说包括前期土地成本、勘察设计费、建筑安装工程费、配套费用以及税费、财务管理费用等。这种工程造价管理是随着开发项目的建设推进而不断变化的,可以说房地产企业造价管理在整个开发过程中起着举足轻重的作用,重视并且做好造价管理对项目的成本管理至关重要。

---

* 马永健,中国海洋大学工程硕士研究生。

（二）建设工程造价风险管理

风险管理的目标是把风险降到最低，风险管理包括风险的量度、评估和应变策略。通过对项目工程造价风险合理管控，采取一定的措施、方法、技术以及手段，从而对建设项目整个开发过程进行有效的风险控制，以降低造价风险带来的成本，是房地产工程造价风险管理的核心。通过造价风险管理，可以有效地预防项目风险带来的造价变化，使房地产项目具备较强的抗风险能力，提高市场竞争力。做好造价风险管理可以从宏观上减少成本超支、减少浪费，对整个行业也是非常有帮助的。建设项目工程造价风险管理既可以减少和预防意外损失，也可以增强项目的抗风险能力。

一般来说，房地产企业的工程造价风险管理正是基于以上可能出现的各类风险因素，例如项目建设期市场人工费、材料费、机械费等的涨价，特别是政府造价管理部门出台的定额计价调整政策、不可预见的停工损失费等，在项目造价风险管理中进行识别，制定预防措施，以最低的成本来应对可能发生的风险因素。这也是房地产企业造价风险控制的意义所在。

二、房地产企业工程造价风险管理问题分析

（一）工程造价管理观念落后，对风险管理认识模糊

随着房地产产业日趋激烈的竞争，企业在追求利益时，通常不会关注造价管理。多数房地产企业在工程造价管理上投入的资源较少，缺乏理论支撑，在开发各个阶段没有健全的造价管理机制。这些因素造成了我国房地产行业工程造价管理相对落后的局面。行业中造价管理水平参差不齐、资源不均衡是一种很普遍的现象。从项目预算到竣工决算很难形成有效的造价动态管控机制，绝大多数工作仍停留在"三性一静"（定额的统一性、综合性、指令性和工料机价格的静态性）的状态。多数企业对造价风险管理认识甚少，对实际发生的风险事件没有系统的分析研究，导致风险管理落后。

（二）工程造价管理水平低，技术落后

建设行业中工程造价的现代化管理水平低，技术手段落后，很难形成系统的工程造价管理控制体系，难以反映建筑市场的变化或者跟不上市场变化的节奏，造价与市场有所脱节，起不到全过程动态合理控制工程造价的作用。

（三）项目实施过程中的工程造价安全风险管理

管理层过分追求经济利益，在项目造价管理上对安全造价缺乏足够重视，形成了安全风险管理因素。对于房地产企业来说，项目出现安全风险因素，就意味着项目的停工、施工方索赔的增加、工期拖延等不良后果，直接造成工程造价成本增加，导致工程造价成本管理失控。从这样的角度来说，足够的安全风险管理投入是保证项目安全风险管理的关键。房地产企业要具备必要的安全管理意识，才有可能从根本上解决安全生产问题，从而降低安全方面的工程造价风险。

三、房地产企业工程造价风险管理应对措施

(一)营造良好工程造价风险管理的人文环境

人文环境在工程造价风险管理环境因素方面直接影响着造价风险管理团队成员的控制意识和可控的主观能动性。最重要的可控环境因素就是造价工程师的管理素质。因此房地产企业要把精力放在管理者的素质培养上,提供高素质的造价管理人员,营造有利于项目造价风险管理的控制环境。当今房地产企业的发展不仅体现在企业经济实力的壮大,还包括专业人才的发展与竞争,要做好企业工程造价风险管理,保证风险管理的顺利进行,首先要建设一支专业化的工程建设项目管理团队,这就是项目风险管理中的"人"的因素。

(二)善于使用财务杠杆分担工程造价风险

资金的筹集与使用是房地产企业能够顺利开展项目的基础,如何使用财务杠杆来降低和回避工程项目风险,将成为工程造价风险管理的一个新的思路。通过财务杠杆来平衡和分散工程项目风险的产生,这将是工程造价风险管理的一个新的研究方向。

(三)全面的安全风险预防控制意识

人是安全风险控制的主体,全面的安全风险预防控制意识是降低安全风险因素的有效手段。从企业的领导者到各个层面的执行者都是安全风险防控意识的主体,应该在日常的工作和培训中、甚至是工作奖励上来精耕细作,在安全生产上不节省成本,将安全风险意识灌输到全员,形成一种常态的安全意识,杜绝安全风险因素的出现。

四、结束语

本文通过对房地产行业的造价风险管理进行系统研究,阐述了工程造价风险管理的特点,针对相关的风险问题提出了工程造价风险管理的应对措施。随着我国房地产行业的不断发展与规范,把握并研究好工程造价风险管理,对房地产企业提升经济效益和整个建设行业的健康发展都将产生积极的意义。

[1] 隆青玲. 施工项目工程造价风险管理研究 [D]. 中南大学硕士研究生论文, 2012.

[2] 郭嘉, 邹继雪. 工程造价风险管理浅析 [J]. 山西建筑, 2009 (5):243-244.

[3] 闫瑞娟. 工程造价风险管理方法研究 [D]. 重庆大学硕士研究生论文, 2003.

[4] 马永健. 房地产企业开发建设中工程造价风险控制及管理 [J]. 中小企业管理与科技(上旬刊), 2013 (3):16-17.

工程项目投资风险决策评价指标研究

李庚宸*

摘要 随着科技与时代的蓬勃发展,我国工程项目也随之增多,在工程项目建设过程中,分析工程项目中存在的风险因素并采取有效方式进行风险规避,具有很强的现实意义。本文从现阶段工程项目投资决策中存在的问题入手进行分析,探讨了工程项目投资风险评价指标,并以此为基准,研究出健全的工程项目投资风险决策指标体系。

关键词 工程项目;投资决策;风险评价;评价指标体系

我国大型的建设工程项目,因为施工周期比较长、投入资金较多、建设面积广、技术过于复杂等问题,在建设期间存在较大的风险。建设工程项目的风险远高于其他经营活动的风险,所以在工程项目建设的过程中,要通过分析不稳定的风险因素,判断风险大小,尽量规避不稳定风险的投入,然后采用有效的方式进行防范,将风险带来的损失降至最低。

一、现阶段工程项目投资决策中存在的问题

项目投资决策将会直接决定项目的固定投资计划。现阶段我国投资决策体系还不适应工程项目投资的发展形势,工程项目投资活动中还存在着许多亟待解决的问题,如工程项目投资往往只注重固定资产的盲目投入,而不关注实际带来的效益,导致经济效益过于低下。这些问题需要进一步调整与控制管理。

工程项目投资的方向要符合工程项目的特点,如果没有按照正确的方向投入资金,将会不利于产业的发展,导致工程项目生产结构不科学、不合理。目前我国工程项目的建设与其经济规模还存在不匹配的情况,产业资金投入过于分散,没有确立正确的投资方向,无法实现经济的集约化管理,有些工程项目单位急于求成,盲目引进工程技术,投入大量的人力、物力、时间,却没有达到预期的经营效益,造成巨大的浪费;项目基础建设过程中频繁使用技术改造,在一定程度上制约了技术的发展。从上述情况来看,我国工程项目投资决策还存在着诸多问题,缺乏科学正确的投资决策将会直接影响工程项目的建设,同样也不利于经济与社会的发展。因此,建立完善的项目投资决策体系,是目前首先要解决的问题。

---

* 李庚宸,中国海洋大学工程硕士在职研究生。

二、对评价指标的要求

为制订出合理的工程项目投资决策方案,实现理想的经济效益,需要通过技术手段计算出与风险经济相关的指标,为项目投资决策提供前提依据,进而通过这些指标进一步评价方案的合理化,而这些相互作用的指标就构成了工程项目投资决策中的风险评价指标体系。合理的工程项目投资决策中,风险评价指标体系的建立要求评价指标真实完整。一套完整的评价指标体系最好能体现出投资效益、投资风险,并直观反映出工程项目投资方案的实际情况与具体效果。评价指标体系的建立应不受人为因素的干扰,尽量采用定量的指标,可以量化的指标最好用数字的形式表现出来,这样便于数字模型的构建。评价指标的结果应具有客观性、真实性,可通过检验的形式了解到评价指标体系的客观和科学,评价指标体系的构建要注重结构层次的分明,突出重点。

三、构建工程项目投资风险决策指标体系

在实际的工程项目投资过程中,往往会因为各种不稳定因素而加大投资风险。从风险产生的原因出发,应学会识别和判断风险量的大小及危害,以便作出合理的投资决策。风险分析是指对于各种稳定与不稳定因素进行估算与分析,判断出风险的大小以及对工程项目效果产生的影响。在工程项目投资过程中,要重点分析工程项目建设的抗风险能力。投资风险可分为市场、技术、环境、资源、管理五个方面。

(一)市场风险

市场是由生产者、消费者共同构建的供需活动,工程项目能否发挥出最佳的效益,市场在其中占据了关键位置。目前我国市场经济体系日益完善,建筑市场的竞争也越来越激烈,工程项目能否获得最大经济收益,将取决于市场竞争力度。没有竞争就没有市场动力,人们对工程项目成品需求量不高,项目也就失去了原动力,前期投入的资金也得不到回收,因此,市场风险是工程项目风险中的重要内容。工程项目投资决策要考虑的市场风险包括原料质量、业主喜好、人们需求、竞争对手等因素。

(二)技术风险

工程项目投资决策中技术风险包括技术内容、技术规范、技术标准、安全、原料、工艺以及设备等因素,在项目实施前充分考虑施工方案的合理性与规范性,保证原料的供需与质量,设备的安全,尽量减少不必要的人为风险,将技术风险降至最低。技术风险具体可分为原材料风险、设备风险、预算技术风险、决策技术风险、评估技术风险等,其中原材料风险由供货、材料数量、材料规格等问题引起,设备风险由不配套的施工设备、设备故障、安装等问题引起。

(三)环境风险

投资环境对项目成果有着直接作用,研究投资风险时首先要对投资环境进行评估,可

从社会、经济、自然、政策等方面出发,考虑投资环境的安全。投资环境的变化将严重影响到工程项目的建设与经营效益,环境风险也是项目投资决策中无法规避的一项风险,工程项目决策方只能被动接受环境的改变。因此,在项目投资决策前期就要确立正确的投资方向,对环境风险进行综合评价。

(四)资源风险

资源风险占据了工程项目投资决策中很大的份额。资源的有效利用,可降低项目成本,使工程项目发挥出最佳的生产效益。现阶段资源风险主要是资源利用率与其回报率之间的差异,项目所投入资源成本的多少与企业获得利润的多少呈抛物线状,投入资源成本少而获得最佳的利润,则代表资源风险的最小。因此,获得及时、准确的信息,是企业作出正确的工程项目投资风险决策的关键。信息能否发挥出效用,与资源风险存在莫大的联系。时间资源也是一种潜在的风险隐患,只有抓住时间,才能为企业争取更大的利益。

(五)管理风险

管理风险是一种软性的风险,其中存在极大的人为干扰,可通过有效的控制来规避此类风险。优化配置将使风险降至最小,从而使经营利润得到最佳。管理风险首先要学会识别,然后进行估算,这也是一种控制风险的能力。项目投资过程中会因为各种因素的影响而致使决策风险加大,通过对项目投资风险决策评价指标的研究,形成科学合理的项目投资风险决策评价指标体系,可有效规避投资风险。

综上所述,制订科学正确的投资决策方案有助于作出合理的投资判断,使工程项目投资取得最佳效益。上文所阐述的工程项目投资风险决策评价指标体系可适用于普通的工程项目,在一些特殊的工程项目当中,还需对其特定的风险指标进行估算,才能作出合理的评价指标。因此,企业要根据实际的工程项目建设,来分析与其对应的指标因素,作出正确的投资决策。

参 考 文 献

[1] 张平. 企业项目投资风险决策研究 [D]. 华北电力大学(北京)硕士研究生论文,2009.
[2] 邓丽. 项目投资决策评价指标分析及比较 [J]. 商业会计,2010 (20):17-18.
[3] 王宏. 浅谈项目投资决策评价指标的分析与优化 [J]. 财会通讯,2011 (11):18-19.

房地产项目融资模式浅析

郑　晖 *

摘要　作为资金密集型产业,房地产业融资是其生存和发展的关键,因而开展有效的项目融资对于房地产项目的顺利开展就显得极为重要。本文分析了房地产行业的集中融资方式,并对如何更好地进行项目融资提出了几点看法。

关键词　房地产;项目融资;融资渠道

　　房地产项目的开发需要大量的投入资金作为支撑,并具有投资规模大、投资回收期长的特点。因此,资金问题,历来都是开发商最为关注和最费心思的问题。房地产开发公司要想在激烈的市场竞争中占据一席之地,除了要具备过硬的技术能力、丰富的管理经验以及良好的企业美誉度之外,还应该具有娴熟的资金筹措和有效运作的能力。

　　与传统融资方式中公司利用自身的资信能力及综合还款能力安排融资相比,房地产项目融资因为还款保障为实体房地产及其收益权,因而还款的保障基础更为坚实,更能获得资金的支持。其实质就是充分发挥房地产的财产功能,为房地产投资融通资金,以达到尽快开发、提高投资效益的目的。

一、房地产融资的特点及现状

(一)特点

　　目前我国房地产融资的特点主要有:① 对于资金的需求量大,很大程度上依赖于外源性资金;② 大多通过抵押土地和房屋获得贷款;③ 由于受国家宏观政策和金融体系的影响,造成房地产融资面临的风险较大。风险分担是项目融资的突出优点,应该在投资者、贷款银行以及其他与项目利益有关的三方间有效地划分项目的风险

(二)现状

　　虽然我国房地产企业开展项目融资已有一段时间,但仍存在一些问题,其中表现最突出的就是融资渠道单一。长久以来,我国房地产企业大多靠银行贷款获得项目建设资金,融资途径单一,造成企业的平均资产负债率居高不下,依靠公开市场这一途径筹措的资金

---

* 郑晖,中国海洋大学工程硕士在职研究生。

所占份额却很少;而国外的房地产企业资金来源却与之形成鲜明对比,在国外房地产资金中,来自于银行的贷款仅占20%,剩余的80%则来源于房地产基金和私募资金。

二、新兴项目融资模式

除了银行贷款、发行企业债券、上市融资、房地产信托融资、海外融资等传统的项目融资之外,一些新兴的项目融资模式也开始逐步发展起来。

(一)投资者直接安排项目融资模式

这种模式的特点就是项目的投资者直接进行项目融资,融资过程中的各项风险和责任也由项目的投资者一并承担,因此这种融资模式的结构比较简单。如果房地产投资者自身的信誉度高,企业的财务结构也不复杂,则可以选择这种融资模式。特别是对于资信状况良好的企业,该模式也更有利于其获得低成本的贷款。

(二)投资者通过项目公司安排项目融资模式

这种模式的特点是在进行项目融资之前,房地产项目中的各个投资者首先要共同出资组建一个具有法人资格的项目公司,之后再通过这个项目公司直接进行融资,其投资结构一般为公司型合资结构,主要信用保证来自项目公司的现金流量、项目资产以及房地产投资者所提供的与融资有关的担保和商业协议。

(三)以"产品支付"为基础的项目融资模式

在以"产品支付"为基础的项目融资模式中,提供资金的贷款银行先购买项目中一定份额的产品,再通过提取这部分产品的收益来获得企业偿还债务的资金,因而保证贷款银行或融资中介机构购买融资项目的全部或部分未来销售收入权益是开展该模式的基础。在这种项目融资模式中,贷款银行不是通过企业的抵押或权益转让来实现融资的信用保证,而是通过直接拥有项目产品的收益或租金收入来获得偿债资金。

(四)ABS项目融资模式

ABS(Asset-Backed Securitiation)即以资产支持证券化。房地产ABS项目融资模式以企业所拥有的资产为基础,以房地产项目资产的未来收益为保证,通过在国际资本市场发行高档债券来筹集资金。该项目融资模式的优势在于,即使原本的项目信用等级较低,也可以通过其特有的提高信用等级的方式将项目带入国际高档证券市场,利用该市场信用等级高、利率低、债券安全性和流动性高的优势,大幅度降低发行债券筹集资金的成本。

三、房地产项目融资的优势

（一）以项目为信标，使开发商更易从银行获得资金

在传统融资渠道中，贷款银行一般通过考察房地产开发商的实力和资信状况来决定是否贷款及贷款额度的多少。但通过项目融资的模式，使得贷款银行的考察重点从企业本身转移到项目上来，以项目为主体，地产项目的经济强度成为银行贷款的主要考量依据。相比传统的融资方式，项目融资有利于企业获得更多的贷款资金并延长资金的还款期限。对于那些实力有限的房地产企业，也有利于它们打破自身资信的限制，得到更多的银行资金支持。

（二）实现追索和无追索融资

传统融资方式，更侧重于保证银行的利益，贷款银行拥有完全的追索权，借款人的所有资产都可用于还债。而项目融资则更多的是从投资者的角度出发，资金偿还情况更多取决于项目的经济强度。在无追索项目融资中，即使房地产开发项目达不到完工标准或在后期的经营过程中难以产生足够的现金流量，造成项目无法继续进行时，由此造成的债务清偿责任也不需要开发商直接承担。在有限追索项目融资中，贷款银行的追索权也往往会受到一定的限制，贷款银行不能随意追索，除了房地产公司属于该项目的资产、现金流和担保以外，其他的资产均不在银行追索的范畴之内。

（三）实现风险分担

风险分担是项目融资具备的突出优点之一，有限追索和无追索的项目融资模式有效地实现了项目开展过程中所有项目参与者之间的风险分担，按照各参与方在项目中的利益比重，在房地产企业、贷款银行和其他与项目利益有关的第三方之间进行有效的风险划分，从而确保项目中不会有一方单独承担全部风险的情况存在。开发商应当充分分析项目可能存在的各种风险因素，利用与项目有关的各种优势，确定出各参与方所能承受风险的最大限度，设计出对开发商最有利的、最低追索的融资结构。

（四）实现资产负债表外融资（ off-balance Finance ）

多数情况下，企业在银行取得的贷款金额需要记录在财务资产负债表上，造成公司的负债率上升，容易加大企业未来的融资成本，不利于公司良好形象的树立和自身长远的经营发展。在遵守相关会计法规的前提下，若第三方的项目公司与贷款银行签署融资协议并负责开展项目，只要房地产企业在该项目公司中所占股份在一定数量以下，项目公司的融资情况就可以不用反映到房地产企业的资产负债表上，为房地产企业进行资产负债表外融资提供了空间。

（五）实现信用结构的灵活多样

成功的项目融资，其贷款信用结构也不会是一成不变的。可以将信用支持分配到与

项目有关的各方面。例如,在房地产建设过程中,为了达到降低风险的目的,可以要求建筑承包商给出一个包含固定工期、固定成本预算的工程合同;可以让参与项目的设计方提供项目开工的技术保证;还可以与供货方签订供货合同以保证原材料和能源方面的稳定供应;在项目招商方面,房地产企业可以与入驻的零售商签订长期的租赁合同,从而实现项目信用结构的多元化,降低融资对企业本身资信和其他资产的依赖程度。

现阶段,国内项目融资的环境与外国相比尚存在一定的差距,相关法律法规和担保机制也不完善,容易为项目融资的顺利开展带来阻力。但我们要坚定信念,努力为其创造条件,相信随着我国体制改革的不断深入和政府管理能力的增强,房地产项目融资的前景一定会更加光明。

[1] 刘华成. 我国房地产融资结构分析 [J]. 中国新技术新产品,2013 (7).

[2] 齐牧. 论我国房地产融资障碍与创新 [J]. 辽宁经济管理干部学院学报,2013 (2):15-16.

[3] 柳阳. 房地产融资逐步多元化 [J]. 中国地产市场,2013 (11):45-46.

[4] 王爱国. 浅析房地产融资现状及发展趋势 [J]. 现代商业,2014 (3):64-65.

招远市人民医院临床教学楼建设规划的分析与评价

付新法 *

摘要 随着医学教育的发展,招远市人民医院临床见习和实习教学的任务不断加重,综合教学楼的建设有利于该医院在培养合格医学人才的同时,提升医院诊疗和科研、教学水平。本文主要对临床教学楼建设项目进行总体分析,从立项的必要性、项目功能定位、建设目标与规模、设计原则、社会影响分析、风险评价及应对风险措施等方面入手,分析总结出立项的可行性。最后得出结论:该项目具有显著的社会效益,存在实施的条件和价值。

关键词 项目规划;风险分析;风险管理

一、临床教学楼建设的必要性

(一)契合国家及地方相关产业政策

临床教学楼建设符合《产业结构调整指导目录(2014 年本)》第一类"鼓励类"第三十六条"教育、文化、卫生、体育服务业"中第 29 款"医疗卫生服务设施建设"的有关要求,属于鼓励建设的项目。《山东省国民经济和社会发展第十二个五年规划纲要》主要内容中指出:推进医疗体制改革创新,认真落实基本公共卫生服务项目,加强城乡医疗卫生服务体系建设,加强医学人才特别是全科医生培养。

(二)满足高等医学院校教育发展

临床教学是高等医学教育的特有阶段,是医学生从学校走向临床的关键时期。加强临床教学管理,开展临床教学研究与实践,深化教学环节改革,对提高教学质量具有重要意义。作为教学医院,不仅要完成基本医疗任务,还需要履行教学医院的职责,尽职完成学生的临床见习和实习教育。首先,该项目的建设有利于医院诊疗水平的提升,便于医学研究的进行,使医院的发展更长远;其次,针对临床教学资源不足限制医学人才培养的现状,临床教学楼的建设能改变这一困境,使见习和实习流程更加完善,使医院更好地完成教学任务。

综上所述,项目的建设完全符合国家、行业发展政策,为全面改善招远市医疗卫生服

---

* 付新法,中国海洋大学工程硕士在职研究生。

务条件,提高服务质量和水平,加强医疗团队建设,培养合格医务人员,有着积极的促进作用。

二、项目目标定位及原则

工程依据国家建筑设计规范,满足各种功能要求,为各高等医学院校的医学生提供一个功能完善、设施齐全的临床实践场所。建筑设计考虑充分利用土地,与环境相协调。教学楼功能充分满足医学生实习、见习等实用要求,有效进行项目资源配置,使其达到效用最大化。

在满足国家有关规程、规范的前提下,项目目标要强调功能的合理性以及主要标准层设计的合理性,同时兼顾与城市和建设规划的统一。统一协调的室内外环境设计,结合地方气候条件,注重可持续发展,强调生态环保、节能建筑的设计理念。

三、社会影响效果分析

本项目的实施,有利于完善教育体系,为大学生提供良好的实习平台,推动教育事业和医疗事业的快速发展。项目的实施与项目的社会发展将会产生良好的适应性,也将形成良好的社会环境。该项目的实施不占用耕地,不存在移民拆迁等问题,产生的污水得到有效处理后达到排放标准。该项目在实施及运营过程中不会产生利益受损者。

综上所述,该项目的建设是社会经济发展的必然趋势,是推动社会经济发展的一个重要力量,能够被人们积极接纳。因此,项目的建设具有良好的社会适应性。

四、风险分析及对策

(一)项目用地风险

该项目用地性质为服务性用地,该医院已交纳土地征用费,故本项目的用地风险不存在。

(二)项目施工风险及对策

该项目选择的用地虽然不在居民区附近,扰民事件的发生概率比较小,但施工时仍存在其他风险。因此,对于可能存在风险的防范具有如下建议。

在环境方面,严格遵守国家相关环境法律制度要求,严格控制各种施工废弃物的处理,尽可能减少由于建设施工造成周边自然生态环境受损;在注意对施工现场附近环境保护的同时,关注施工区域内的施工环境,减少施工污染对施工人员的损害。

在安全方面,严格控制施工操作的规范性,使每项操作按制度规定的安全流程操作;提高施工现场的安全设施建设,设置消防器材定期检查制度;对于施工设备及施工材料定期检查,定期修理完善;加强对施工人员的安全培训,提高施工人员对安全问题的认识。

（三）财务风险及对策

本项目实施的前期,承建公司将为基础设施建设投入大量的资金和设备,大量资金的投入可能会因为收入的不确定性引起现金流危机。为此,企业将在合理范围内降低财务成本,在运营政策的制定方面注重对现金流量的分析,建立资金的多渠道筹措备用体系,以最大限度规避财务风险。

五、结论

本项目符合国家教育改革与发展的相关政策。从建设条件和工程技术角度看,项目区无不良地质条件,水、电、建材供应优越,工程技术成熟可靠,不存在建设条件影响和工程技术风险。从资金筹措方案看,资金渠道多,自有资金充实,建设资金有保证。从社会效益看,该项目的建设,为学院未来扩大招生指标、提高教育质量、培养职业人才创造了有利的条件。综上所述,该项目具有显著的社会效益,存在实施的条件和价值。

[1] 李红举,林坚,阎红梅,等. 基于农田景观安全格局的土地整理项目规划 [J]. 农业工程学报, 2009, 25 (5): 217-222.

[2] 李英杰,陈庆新,陈新度,等. 多属性虚拟企业部分并行协商项目规划 [J]. 计算机集成制造系统, 2005, 11 (6): 810-817, 850.

[3] 王众托. 项目管理中的知识管理问题 [J]. 土木工程学报, 2003, 36 (3): 1-6.

[4] 傅淼成. 建筑施工企业项目管理问题探讨 [J]. 建筑技术, 2005, 36 (3): 231-233.

工程项目建设中的进度管理研究

施　鹏 *

摘要　工程项目建设中,工程进度管理直接决定了工程项目建设的质量,对其有促进作用。本文结合笔者工作实践经验,就工程建设中工程进度管理问题作出了分析研究,并提出了个人的一些看法和建议。

关键词　工程建设;工程进度;管理措施

工程进度管理与各项管理工作之间有着千丝万缕的关系,要想加快工程进度就要加大资金投入,但是可能会降低工程质量;要想保证建筑工程的施工安全和质量,又要维持资金投入不变,只能够对工程进度进行调整,以达成工程建设的目标。因此,工程进度管理在工程建设中的地位十分突出,优质的管理执行能够对建筑单位的发展起到积极的促进作用。

一、对工程进度造成影响的几大原因

(一)工程建设条件了解得不充分,导致工程进度管理不便

这一管理现象的具体表现主要有以下四种:① 工程建设相关手续办理得不完善:当政府相关的建设管制部门对正在施工的建筑项目进行审查时,手续办理不完善可能会被要求在相关手续办理齐全前强制停止施工,进而使得工程进度有所延误。② 工程建设后期资金投入得不到保障:当建筑工程的资金后备呈现为无保障状态时,施工作业单位的工作积极性会受到严重的打击,造成了工程进度拖延的消极局面。③ 建筑工程建设现场环境受到限制:建筑施工的现场作业环境是对施工进度管理造成影响的核心因素,施工作业前必须要完成定位点和测量点的确定,当一些施工准备条件都得不到满足时,自然会对工程进度的管理造成一定的困扰。④ 建筑施工中突然发生项目调整变更:项目调整变更分为两种情况,一种是用户施工前提交的设计条件不完善,突然提出设计变更要求;另外一种就是施工单位在施工过程中不科学、不合理的施工方法导致工程项目变更。

* 施鹏,中国海洋大学工程硕士在职研究生。

（二）不及时的工程建材供给，造成工程进度的延误

建筑行业曾专门针对建材供给是否及时给工程进度管理造成的影响这一问题做过调研，分析结果发现，常规性建材相对于特殊建材而言，采购渠道较宽，施工单位放松了常规性建材的供给。而工程项目施工建设过程中需求量最大的就是常规性建材，有许多工程进度延期完成都是因为忽视了建材供给问题。而特殊建材因为采购获取不够便利，施工单位会对此给予高度重视，反倒不会对工程进度造成影响。

二、消除工程进度拖延状况的建议

（一）加强工程施工特点的认知，以科学的管理措施来规范施工操作

工程管理阶层的管理和决策的执行是规范施工操作的关键。由于建设工程的管理对象是整个建设团队，因此工程建设管理人员要具备一定的管理资质，在建筑项目实施前，应该组建好工程进度管理部门，接受并适应团体协作的工作环境。团队组建完成后，由管理阶层制定相关的工作管理制度，保证工程进度管理能够井然有序地开展。除此以外，行政部门还可以结合工程进度管理工作内容，构建严谨的评价考核体系，对工作表现优秀的员工给予适当的鼓励，激发管理人员的工作热情。项目经理是项目进度管理工作的主要负责人，由主负责人分配进度管理工作，明确每个人的工作职责，便于贯彻落实责任制度。在管理工作的执行期间，既要保证进度管理目标的实现，也要注意营造积极向上的工作氛围，为提升工作效率打好基础。

（二）项目经理责任制的建立和完善

建筑工程项目与项目经理之间权、利、责可以通过项目合同书来加以明确，各道施工工序的优化配置和施工过程中妨碍建设进度的问题，项目经理都有权力干涉，明确并履行自己的工作义务和职权，保证工程建设任务高效完成。明确责任主体是项目经理责任制度构建的主要目的，缩短的项目管理指挥空间和层次能够促进施工质量、安全、费用和进度等关键环节管理工作的控制具体化，施工单位与管理部门之间的协调整合也会更加自然。项目经理起到组织、指挥的领导作用，有效保证施工现场的管理秩序。

（三）建设项目设计招投标程序制度的严格执行，避免越级设计状况的发生

工程设计时间要以国家设计作业要求为标准，不得因为工程进度的赶进而随意压缩。一方面可保证设计方案的质量，另一方面也可以减少设计文件中出现的遗漏和错误。建筑工程施工的授权承包要严格按照工程招投标程序进行，招投标工作开始前，要对参与招投标承包单位的资格进行核查，并对其技术指标进行预审，杜绝弄虚作假的承包单位参与工程建设，为工程进度管理的顺利实施奠定环境基础。施工交底会中必须要对设计文件进行细致分析，发现问题及时提出，及时更正。

参考文献

[1] 张钧 . 电力建设工程进度管理研究 [J]. 科学与财富, 2013（12）.

[2] 李君 . 浅析工程进度管理 [J]. 才智, 2012（13）:67.

[3] 谢宏辉 . 监理在工程进度控制中大有作为 [J]. 建设监理, 2014（4）:36-38.

烟台电信 4G 发展探讨

吕世田[*]

摘要 2013 年 12 月 4 日,工业和信息化部根据相关企业申请向中国移动通信集团公司、中国电信集团公司和中国联合网络通信集团有限公司颁发"LTE/第四代数字蜂窝移动通信业务(TD-LTE)"经营许可,三大运营商均获得 TD-LTE 牌照,中国电信和中国联通还获得 FDD-LTE 牌照。本文结合目前通信技术及市场发展形势对烟台电信 LTE 发展进行研究探讨。

关键字 4G;LTE;电信发展

目前,全球有 70 个国家部署了 175 张 LTE 网,126 个国家的 424 家运营商计划部署 LTE 网络。在已经部署的 LTE 网络中,16 张为 TD-LTE 网络,其余全部为 FDD-LTE 网络,FDD-LTE 网络占比超 90%。在中国,三家运营商的技术演进路线已经向 4G 快速迈进。

一、电信 LTE 发展面临的挑战与竞争

(一)LTE 带来电信网络的重大变革

系统、终端产业需要支持多频多模。2G/3G/4G 网络共存带来系统和终端多模需求。LTE/第四代数字蜂窝移动通信业务频段规划中,中国移动、中国联通、中国电信获得的频谱资源不同,势必带来网络系统和网络终端的多频化。多频、多模将成为 LTE 网络建设趋势,同时将是运营商的选择难点。

(二)微覆盖,硬切换

CDMA 以传统宏覆盖为主,采用软切换技术,曾经是电信的一大优势,信号覆盖广,基站成本节省,通话软切换。LTE 多为高频,损耗大,覆盖范围减小,峰值速率提高但是边缘速率差异大。LTE 微覆盖特征明显,硬切换小、覆盖数增加,带来大量切换边界问题,基站需求增加,短时间内投资成本迅速上升;小区间同频干扰,宏微干扰日益严重。覆盖小、切换多、边缘速率问题给 LTE 组网维护带来严重挑战。

---

[*] 吕世田,中国海洋大学工程硕士在职研究生。

（三）网络指标与用户感知

传统网络设计只关注了网络KPT指标,4G网络承载数据,KPT关注点与语言需求完全不同。大数据、流量爆炸式增长,信令风暴*压力持续增大;LTE阶段,带宽资源大量丰富,真正进入关注核心用户感知的精细化管理时代。如果没有应用,没有内容,运营商将无法避免沦为通道商的下场,无法获取更好的盈利。

综上所述,我们发展4G变更对电信4G发展提出了明确需求:

（1）增强覆盖,弥补基站数量不足,支撑多模多频的灵活网络部署;

（2）创新性技术改善宏微干扰;

（3）强化信令风暴的应对措施;

（4）集约化的管理维护,精细化的管理方案;

（5）更加良好的服务意识,服务能力和服务产品。

二、烟台电信4G发展计划及实施

（一）烟台电信4G网络部署

自2012年中国电信开始进行小规模4G测试网至中国电信正式获得4G运营牌照,烟台电信已经基本完成技术验证,2014年开通4G业务。

（二）烟台电信部署策略

（1）CDMA仍是语言业务的主要载体,EVDO作为LTE的补充,提供全网覆盖保障。

（2）LTE作为高品质移动宽带的主要载体,在重点区域实行连续覆盖,逐步扩大覆盖范围、覆盖区域和目标对标竞争对手;实行LTE与CDMA之间的互操作,保障用户体验。

（3）WIFI网络作为移动网补充,承载低移动性、低价值、大流量业务。

（三）烟台电信业务策略

（1）快速铺开网络。中国电信获得的40 MHz频谱资源,分别为2 370～2 390 MHz、2 635～2 655 MHz。这个频段的网络覆盖能力较之前的800 MHz有较大差距,需要更多的站址,也就意味着更大的投资支出,更多的网络基站部署。

（2）丰富终端品类。中国电信获得的频段算不上目前全球LTE部署的主流频段,终端支持方面也会稍有不足。业务推广上需要对LTE终端进行补贴,降低市场终端价格。

（3）培育CDMA生态产业链。要联合系统设备的产业链,确保网络建设的技术及设备供给;联合终端产业链,增加智能移动终端供给;联合推广渠道,增加渠道卖场,保证市场供给;联合应用内容供应商,提供完备的应用供给。

（4）精确定位侧重群体。电信发展的重点应侧重企业业务,主推有较强安全保障的音

---

* 信令风暴:由于网络收到的终端信令请求超过了网络各项信令资源的处理能力,引发网络拥塞以至于产生雪崩效应,导致网络不可用的现象。

视频多媒体业务,同时加强与内容提供商或互联网公司合作,开发独家内容或定向流量等措施吸引客户。与普通消费者相比,企业用户对网络覆盖和可靠性等指标有更高的要求,LTE 的高速率、高安全保障可更好地支持移动环境下的企业云计算等未来发展,势必对企业有较大的吸引力。

(5)实现混合组网。在手机上,推出 FDD 模式,部署 C + W + G + FDD 四模 9 频产品;数据终端为 TDD + WIFI 及 TDD + FDD + WIFI 组合,推出数据卡、MIFI 和 CPE 产品;在卡方面,新卡将采用 LTE + NFC。手机主要采用 FDD-LTE 手机,但数据卡则会大量利用 TD-LTE 网络。

(6)创新套餐方案。强调联网应用,引入资费创新举措,让用户真正地使用起来,培育用户使用移动互联网的习惯,在资费架构上进行调整,向流量倾斜优惠。例如采取“移动分期计划”,即购机用户在每月的业务套餐基础上额外支付部分较低的费用;根据终端机型的不同缴纳的费用从 30% 到 50% 不等,同时分期时间延长,例如 2 年或者 3 年期购买终端。这一举措可以减轻电信对终端补贴的巨大资金压力,同时也能吸引更多消费者加入到对 4G 的体验行列中,对 4G 数据业务的开展起到推动作用。在资费体系改革方面,设计一些包含免费语音和短信的数据业务套餐,引入数据流量共享套餐,允许同一账户下的多部联网终端共享数据流量等可以进一步激发用户的联网需求。

(7)提供增值应用服务。推广“翼支付”等手机钱包新业务,提供低价自助移动服务等。

参考文献

[1] 黄海峰. 中国电信应明确 4G 发展思路对话 Strategy Analytics 无线运营商战略高级分析师 [J]. 杨光. 通信世界,2013,24:26.

[2] 刘岩. 4G 网络发展对我国电信运营商带来的挑战及应对 [J]. 中国新技术新产品,2013,24:17.

[3] 李显红. TD-LTE 关键技术及发展趋势探讨 [J]. 电脑知识与技术,2014(6):1189-1190.

[4] 申海洋. 4G 牌照终揭开“面纱”5000 亿商用热潮在即 [N]. 民营经济报,2013-12-05004.

[5] 赵雷. 中国电信产业正式进入 4G 时代 [N]. 中华工商时报,2013-12-05001.

工程造价控制方法的研究分析

吕 健*

摘要 在工程建设过程中,造价确定和控制始终贯穿于整个过程,在每个阶段都要予以重视。在建设工程项目的时候,主要就是将技术与经济进行融合,在应用一些施工技术的同时,也可以取得相应的经济效益,控制工程项目的实际投资。由此可以看出工程造价在工程建设中所发挥的作用。本文主要对工程造价的确定与控制方法进行分析与研究,以促进工程建设的可持续发展。

关键词 工程造价;造价确定;控制方法

随着社会经济的快速发展,建筑行业在国民经济中的作用越来越突出,相应的造价控制工作得到了人们的广泛关注。在工程建设过程中,每一个阶段都需要进行造价控制,这样才可以实现整个工程的造价控制。在开展造价控制工作之前,一定要先确定造价,这样才可以有效开展工作,提高整个工程的效益。

一、工程造价确定

(一)指导价

指导价就是指工程中各项资源的价格,主要有材料预算价格、机械台班费、人工费等。从经济层面上而言,这些价格足以反映我国市场经济的发展特征,所以,不要将其只是固定在某一价格上。假如对这些价格进行随意的规定并且一直不变的话,就会影响未来市场的发展,出现一定的动荡。一般而言,市场价格只有指导价,不存在确定价。因此,在确定工程造价的时候,相关工作人员可以结合指导价、价格指数、实际情况等内容,明确工程造价,这样才可以对不同工程资源的价格进行合理确定。

(二)控制量

控制量主要分成两部分,一是对整个工程中各项资源的消耗量进行控制,主要有材料、机械设备、人工等。这里的"量"就是指可以根据社会平均水平确定的消耗量,同时也是对完成整个工程所必须消耗量的反映。假如实际施工超出了这个"量",就说明企业处

---

* 吕健,中国海洋大学工程硕士在职研究生。

于亏本状态；相反，如果小于这个"量"，工程质量就达不到标准。二是对分项工程中工程量的控制。

（三）量价分离

量价分离是指将资源消耗量与资源价格分开。定额可以对资源消耗量进行确定，却不能对资源价格进行确定。事实上，不同的工程项目，在建设时间、地点、资源价格等方面都存在着很大的差距，均会对量价分离产生一定的影响。在采购材料的时候，大多数价格均低于造价部门公布的价格，然而结合调整价给出的造价又会偏高，这也是利用定额预算工程造价出现偏差的主要原因。

（四）竞争费

竞争费就是指造价部门公布的统一费用标准。实际上，这个标准只是一个指导标准，并非指令标准，主要是根据竞争原则确定施工费用的标准。在某种程度上而言，竞争费就是一种在什么情况下都不确定的费用，当然，不包括一些税金、规费等费用。

二、工程造价的控制方法

（一）策划阶段造价控制方法

因为决策阶段的不确定性，导致其造价控制为定性控制。在工程项目建设紧急的时候，可以应用神经网络法，快速对工程造价进行估算，同时，也可以利用效用理论定性、多准则模糊决策数学模型控制工程造价。在一些工程造价较高的工程中，一定要慎之又慎，注重细节的控制，完善决策阶段的造价控制。由此可以看出，在决策阶段进行造价控制的时候，一定要充分考虑业主和项目的实际情况，最后明确投资方向与项目造价。

（二）设计阶段造价控制方法

1. 模糊综合评判法

在工程项目管理中，造价作为一种非常重要的指标，需要对其进行量化，明确其在众多指标中的权重。此种方法就是一种可以有效解决这一问题的重要手段，通过精确的数字分析与研究模糊的问题，给出明确的结果。

2. 灰色预测法

在预测设计阶段工程造价的时候，可以参考以往此类工程的造价。灰色预测法是一种时间序列的预测方法，是将造价历史时间的数列，利用一定的统计分析或者数学模型，展开外推定量的一种预测方法。

3. 价值工程法

设计质量综合评价指的是对工程设计的社会、经济、技术这三个方面展开综合评价，进而对设计方案进行制定、调整、优化。通常情况下，其指标可以分成两种：经济性指标、技术性指标。所以,在利用价值工程法对设计质量展开评价时,一定要从这两个方面出发。造价控制是整个工程的核心,在计算两个指标平均值的时候,进行加权平均值的处理,在开展工作的时候,主要将重点放在经济性指标上。在评价的时候,可以分别对这两个指标进行综合评价计算并择优选取。

(三)招标阶段造价控制方法

招标阶段造价控制主要是对工程标底的确定。在此阶段开展造价控制工作的时候,一定要对图纸设计、招标文件编制、工程标底确定、评标定标、确定工程合同等环节予以重视。但是在实际工作中,经常存在着设计图纸不全、材料变更、市场价格变化等问题。一般利用模糊聚类分析法、模糊模式识别法、计算机模拟技术进行数学计算,准确确定工程造价。

1. 模糊聚类分析法

此种方法主要是利用采集相似模糊样本的方式,对样本进行分析的模糊数学法。在实际工作中,一般都需要对历史统计资料进行采集,之后对待测事物和采集样本展开一定的分类,进而实现待测事物的有效估算。

2. 模糊模式识别法

此种方法也是一种利用采集相似模糊样本的方式,对样本进行分析、识别、分类的模糊数学法。在实际工作中,通常都需要对历史统计资料进行广泛的采集,之后对待测事物和采集样本的相似性展开一定的识别,进而实现待测事物的有效估算。

3. 计算机模拟技术

在工程招标阶段的造价控制工作中,应用计算机模拟技术,可以对各类不同的因素进行模拟,同时消除一些不必要的因素,实现造价的准确预测。在使用此种模拟技术的时候,一定要保证其设计图纸的完整、有效。因此,在使用此项模拟技术之前,一定要对相关图纸进行检查与修改,才可以使用此种模拟技术对造价进行预测。除此之外,通过此种模拟技术的应用,还可以对工程量与工程标底进行计算,为工程造价控制工作提供便利条件。

(四)施工阶段造价控制方法

在工程造价控制中,施工阶段的造价控制非常重要,在整个工程造价中占据着非常重要的位置。可以从以下三点出发:一是正确理解工程的设计意图,并且对工程设计变更进行严格的控制,及时改正设计中不合理或者不符合实际情况的地方,对工程量进行严格的控制;二是强化对定额的合理运用,明确各项工程量,进而完善现场签证工作;三是在开展具体工作的时候,一定要对施工组织设计进行相应的审查,选用最佳的施工方案,强化施工阶段的造价控制。同时在实际施工中,一定要加强对施工材料、机械设备等方面的关注,避免出现不必要的浪费,并对工程建设进行一定的统筹管理,完善工程造价控制工作。当然,在开展工作的过程中,也可以利用概预算定额法对施工阶段的造价进行控制,加强每一个环节的控制,以将造价控制在最佳范围内。

三、结束语

总而言之,随着工程建设项目的增加,工程造价确定与控制的工作越来越重要。而工程造价确定和控制工作主要就是利用科技原理与经济手段,处理工程建设中的一些经济、技术、管理等方面的问题,促进造价控制工作的全面落实。在开展造价控制工作的时候,一定要加强对整个工程建设过程的控制,利用科学、合理的控制方法,对投资估算、设计概算、施工预算等方面进行合理的控制,促进工程效益的提高。所以,一定要加强对工程造价控制方法的分析,在促进造价控制工作全面展开的同时,提高工程建设的社会效益与经济效益。

[1] 曾红. 浅谈工程造价在建设项目中的控制方法 [J]. 城市建设理论探究(电子版),2010(25):17-18.

[2] 刘晓丹. 基于价值视角的建设项目设计阶段工程造价控制研究 [D]. 天津理工大学硕士研究生论文,2009.

[3] 针伟. 基于全过程造价管理理念下的施工阶段工程造价的研究 [D]. 长春理工大学硕士研究生论文,2011.

[4] 张竞楠,杨爽. 关于建筑工程造价管理方法的研究与分析 [J]. 现代装饰(理论),2011(2).

项目管理理论在高校图书馆管理过程中的应用研究

徐　妹*

摘要　根据项目管理的概念,论述高校图书馆实施项目管理的可行性,分析在高校图书馆中应用项目管理的实际意义、要注意的问题及项目管理对高校图书馆产生的影响。

关键词　高校图书馆;项目管理;应用研究

高校图书馆发展创新越来越多地受到信息技术和市场经济环境的影响,项目管理也逐渐渗透到图书馆管理模式之中,将项目管理理念与图书馆固有理念融合,可以更好地促进图书馆可持续发展。

一、高校图书馆运用项目管理的可行性分析

(一)"项目"概念适合应用于图书馆各分支工作

从基本性质考量,一切有确定目的、具有单独性且必须使用固定资源完成的任务都可以被看作项目,因此图书馆方方面面的专业技术工作、科研工作、举办的数据库使用培训、专题讲座等一系列活动都隶属于项目概念范畴。

(二)图书馆工作属性与项目管理相符合

1. 一次性

因为项目目的各有差别,与项目对应的各相关问题也不尽相同,因此图书馆项目管理也明显具有一次性的特点。馆内所有运用项目管理机制运行的工作,在项目完成时项目组就会即时解散,项目成员也会返回各自隶属部门进行本职工作。

2. 复合性

在图书馆完成各项目需抽调各部门不同专业、学科人员组建团队,通过互相协作实现预定目标。如滨州医学院图书馆与滨医附属医院合作开发的"眼科、神经细胞、呼吸循环专题数据库"就是项目管理体式下的典型代表。参与成员是图书馆各个部门的工作人员及临床医学专业的导师、研究生,采取强强联合的形式集纸质和电子资源、现代信息设备、

---

* 徐妹,中国海洋大学工程硕士在职研究生。

技术优势及临床本科医学优势于一体,合作开发建设专题数据库,为医学院校师生服务。

3. 新颖性

图书馆项目达到预期目标,除依靠先进的信息科学技术,也与项目组成员创新性思维和主观能动性的发挥紧密相关。所以,在项目管理进度中首先要加强信息管理组织工作与情报信息技术工作;也要充分鼓励项目组成员具有积极的开拓性思维与创新实践。

(三)图书馆传统业务管理与项目管理比较

图书馆业务设置以业务流程为中心,包含文献信息资源采编、典藏、流通、报刊管理、参考咨询等业务环节。由于数字化、网络化发展,在业务管理中必须调整自身、建立一种自我调节及自我发展的机制,才能取得良好发展,而项目管理的内涵为此提供了可能性。图书馆组织机构设置来源于传统管理模式,而现代图书馆经常要进行一些突然性、临时的活动任务,这在传统管理框架中难以进行。因此可以借助项目管理方式组织开展。项目管理与传统图书馆业务管理相比可概括如表1所示。

表1　图书馆传统的业务管理与项目管理的比较

	图书馆传统的业务管理	项目管理
管理周期	经常性、周期性的管理	有生命周期,一次性、临时性的管理
管理目标	以实现图书馆职能为目标	以完成项目任务为目标
管理对象	图书馆业务流程	图书馆运行过程有明确目标、独立性的任务
组织形式	组织机构设置固定	多为矩阵组织,人员临时抽调
工作流程	业务流程单向、固定	流程因项目各有差别
管理方法	行政管理方式	多重计划、控制、调整方法
资源供应	资源周期性供应	人力、物力、财力、时间等资源受限
管理工具	数字图书馆自动化系统	多类项目管理软件系统

二、图书馆实行项目管理的积极意义

(一)提高工作效率

高校图书馆在确立数据库建设项目时可继续运用传统模式,召集采编、情报、技术部确定任务内容而后再划分具体工作。但如果多重项目一同进行,原先管理方法由于时间紧、任务多,工作目的不清晰,成员工作交叉,会造成进程拖延、彼此推诿责任,项目难以完成或完成效果差。而项目管理实施可依照不同环境采用不同组织模式。当项目需要时将有关成员组成小组,由临时负责人计划、安排和控制并充分授权给小组,在项目工作完成后,各员工又回到原部门。这样的扁平式组织结构呈现出多项目并头进行、跨职能部门的解决方案。

（二）促进组织实现扁平化管理

在项目管理中,不管项目规模如何,都需要一套科学知识体系和方法来展开,以保证培养和锻炼基层管理人才。每一个项目的完成对项目责任人的组织、协调、控制、归纳概括能力和业务能力都是一次全方位的考验。把项目交付给一位普通工作人员安排,也许就会逐渐培养出一位称职的业务管理人员。多项不同任务的确立完成,或许能发掘出一批基层技术骨干。

（三）推动图书馆管理体制创新

将项目管理理论应用于图书馆管理体制是一项很有意义的改革,还能降低运营成本。项目实施需要一定的人力、物力资源,营运资源管理在行政管理体制下呈现为粗放型;而项目管理实质是集约化管理,它需要集中项目成本进行核算,综合管理项目中的人力、物力,可以增进项目资源分配效率。

三、项目管理在图书馆中的应用

（一）在回溯建库中的应用

回溯建库涉及采编、技术、情报、流通等多个专业技术部门,业务工作多、规范性强,原有管理模式往往对这种多项合作工作感到有难度,各部门之间的摩擦会提高建库成本,延长项目进度。而项目管理的长处在于它能较好地处理跨领域工作中的交叉问题并提升工作效率。项目管理强调在一个既定时间范围内,为完成目标而建立一个开放式的临时性运行机制,以项目小组为临时结构,抽调相关业务人员协调整理相互关系,整合各方资源,缩减回溯建库时间。

（二）在数据库建设中的作用

数字图书馆信息资源建设对外需要与馆外机构合作,对内需要多部门共同协作,同时电子资源建设需要充足的资源支持。项目管理有一套科学完善的动态与静态联合管理模式,可以保证数据库建设的连续、完整。通过把一项渐进、单独而连续的任务看作项目来考量,运用项目管理方法来解决问题。对高校图书馆来说,自建数据库和特色数据库无疑是重点业务项目。

（三）在信息咨询服务中的运用

对用户提供文献研究与咨询服务是图书馆的一项传统业务,每次咨询服务都是在独立时间内完成,每次用户咨询内容都不相同。信息咨询能够通过项目管理方法对科研信息咨询服务方式进行创新以提高服务质量。

（四）图书招标采购中的应用分析

图书招标采购活动既是为了维护学校利益,又是为了维护图书馆与读者的合法权益,使书刊质量、数据质量、书刊到馆的时效性得到保证。高校图书馆书籍采购招标就是一项项目工程。

（五）在图书馆社区活动、文化服务中的运用

图书馆在社区开展阅读活动、举办读者宣传周以及用户培训、开办展览、举行系列知识讲座等活动都可以看作独立的项目,都需经过项目的开启、计划、控制运行、归纳管理等过程,运用项目管理模式可以保证这些阅读文化活动进展顺利。

总之,高校图书馆的许多工作任务都可被视为项目管理,运用科学方法在较短时间内付出最低成本,达到最好的效果。在当前图书馆数字化、网络化高速发展的现状下,引入项目管理理念以适应信息社会环境发展变化,有助于提高工作效率,有针对性地解决问题,在某一工作范围及时间段内确保项目目标明确、分工合理,并能避免因任务范围梳理模糊带来的项目进度延缓。

[1] 杨德贵. 项目管理在科研项目管理的作用探究 [J]. 中国电子商务. 2014（4）: 32-33.

[2] 张笑品. 论项目管理在公共图书馆中的应用 [J]. 黑龙江史志. 2014（3）: 239-240.

[3] 刘淑萍. 图书馆项目管理应用研究 [J]. 江西图书馆学刊. 2012（1）: 35-38.

[4] 刘斌. 高校图书馆管理创新思考 [J]. 北京电子科技学院学报. 2014（1）: 93-96.

建筑工程项目成本管理的问题及对策分析

王群馨[*]

摘要 本文从项目成本管理的角度出发,阐述了在建筑施工过程中成本管理的必要性,以A城市老商业街改造工程项目为例,分析当前在建筑工程项目中成本管理所面临的问题和困境,并进行相关对策的研究。

关键词 建筑工程;成本管理;对策建议

工程项目成本贯穿于整个施工项目的寿命周期,是从设计规划到完成全过程中所耗用的各种费用的总和。为了确保项目能够在成本预算内高效地完成预定目标,使得花费的实际成本不高于预算,项目成本管理的存在很有必要。本文针对A城市老商业街改造工程项目过程中产生的问题,进行项目成本对策分析。

一、现状和问题

A城市老商业街原是该城市最繁华的商圈,是A城市最重要的餐饮、文化休闲场所。随着A城市日新月异的变化,消费市场扩展,商业圈东移,该商业街年久失修,逐渐萧条,通过对比表显示如下:

表 1 老商业街商铺对外出租状况对比

店铺名称	位 置	面 积	20 世纪 90 年代租金价格	现租金价格
A 公司	X 路 182 号	123 m²	12 元 /(天·平方米)	3.56 元 /(天·平方米)
B 公司	Y 路 1 号	114 m²	4 元 /(天·平方米)	不出租
	X 路 30 号	20 m²	13.7 元 /(天·平方米)	1.64 元 /(天·平方米)
C 公司	X 路 52 号	360 m²	11.42 元 /(天·平方米)	2.28 元 /(天·平方米)
	Y 路 157 号	140 m²	4 元 /(天·平方米)	0.78 元 /(天·平方米)

---

[*] 王群馨,中国海洋大学工程硕士在职研究生。

表 2　老商业街商铺不同时期销售额对比

房屋面积	20 世纪 80 年代销售额	20 世纪 90 年代销售额	现在销售额	备　注
12 m²	2 000 元 / 天	3 000 元 / 天	—	歇　业
20 m²	1 000 元 / 天	1 500 元 / 天	500 元 / 天	
30 m²	2 000 元 / 天	3 000 元 / 天	—	无进账
40 m²	3 000～5 000 元 / 天	3 500～5 500 元 / 天	—	歇　业

该老商业街以目前的状态已经无法追赶 A 城市经济发展的脚步,通过实施工程改造,打造有特色的商业街是提升商圈形象的主要途径。

二、对策

(一)更新理念

(1)发动全员挖掘各种降低成本的方法,分析实际情况,制定切实可行的最低成本水平,保质保量完成项目各个环节。

(2)重视实际成本的计算与分析,健全原始统计工作,实现全面成本管理。

(3)层层分解、落实各项成本,并有对应的负责人承担责任,奖罚分明。

(二)建立合理有效的管理制度

1.建立标准制度

建立项目成本标准有利于把控整个项目预算,降低经济损耗,提升经济效益。首先,该标准可依据香蕉曲线图来判断实际成本是否可控,而后可用挣值分析法判断实际进度和实际项目成本是否有偏差。这样可以较为简易地建立工程项目里各环节、各周期的判断标准,及时监督完成进度和把控成本支出,使项目保质、保量、按时完工。

2.明确成本的权、责、利,奖惩兑现,体现利益与风险共担原则

针对之前提出的分解工期以及小工作包,落实到各个负责人,让所有的负责人领养项目,领养人有一定权力把控自己的项目以及各项费用,只要在规定时间完成便可以享受奖励,否则予以惩戒。用这种方法,各个负责人的利益与项目成败相关,便可调动责任人的积极性,提高施工效率。

3.建立财务管理核算体制

(1)在工程项目分解的基础上进行责任划分,建立决策人、管理层、作业层以及作业班组的施工组织管理体系。

(2)工程决策层、管理层、作业层都要制定规章制度和审核流程;管理层执行决策层的各项规定,进行成本的全部收支核算;作业层需按照价格标准进行成本核算。内部分别建立验工收入和核算价格支付资金两个不同的负责人,均对决策层负责。

（3）从项目准备阶段就将各项费用进行估算，根据市场趋势进行费用预算，最后将各项费用的控制作为一项单独的项目拿出来找专人负责跟进。这样可以减少成本支出中出现的失误，更加及时方便地把控各项成本，进而作为提高经济效益的重要手段之一。

三、进一步研究管理规划，查漏补缺，挖掘深层次经济效益

（1）借鉴新技术成果，采购质优价廉的物料资源，提高成本的有效利用率，在此基础上引进真材实料、名副其实的项目管理人才进行管理，提高项目管理水平，保证该项目的经济效益最大化。

（2）分析市场趋势，把控好采购成本管理环节。工程项目上的主要材料、大宗物资和设备的采购在原则上采取招标方式，加强供应链渠道管理，并在适当范围和场合进行采购价格公示。

四、严格履行合同，把控"进度、质量、安全"三要素

（1）避免因为施工方案与投标方案不符造成的进度拖延，组织最优化的方案方便施工，提高进度而不对造价产生影响。

（2）避免因为提前完工收回资金催促施工而造成的缩水工程；同时避免因为提前完工出现增加成本的可能性。因此在具体施工过程中，要根据实际情况来合理规划工期。在条件允许和不影响工程质量的前提下，可以适当加快施工，如果条件不允许，需要坚决拒绝发包方加快施工的要求。

（3）重视环境影响评价工作的作用；使项目符合环保政策，避免因环境破坏造成经济损失。环评可以避免工程项目开始动工后，由于施工对自然环境以及居民环境造成的直接不良影响，做到早发现、早预防，尽早提出防止污染的对策和措施，节省后续修复及维护的成本。

五、优化企业资源配置，合理支出

（1）依据科学方法，将人员物力结合，组织合理的培训和调配，将人员和物资配比达到最佳，使人员能够主动并且积极地投入工作。

（2）依据物料计划，对物料的申购、收货、发料及使用进行监督、管理。建立物料申购的审批流程，建立收货负责人负责制度，建立物料存发放专人负责制并且提出按时盘点要求，建立物料使用监控制度，安排专人负责监控物料使用是否合理，最大化节省物料成本支出。

（3）管理者应在管理和沟通工作上投入较多的时间，在初期建立完善的流程和健全的管理制度，减少工作环节和无效沟通，这是减少管理时间的最佳途径。

[1] 王振华. 对建筑工程项目成本管理的探讨 [J]. 甘肃科技, 2010（10）: 120-123.

[2] 王瑞梅, 谢卓. 建筑工程项目成本管理问题及对策分析 [J]. 中国商界（上半月）, 2010（8）: 59-60.

[3] 冯芳. 建设工程项目"三控"管理研究 [D]. 南京邮电大学硕士研究生论文, 2012.

[4] 徐飞. 建筑企业项目成本管理信息系统的研发 [D]. 中国科学院大学（工程管理与信息技术学院）硕士研究生论文, 2013.

工程项目管理现状分析与改革建议

王文胜 *

摘要 近年来传统的工程项目管理发展缓慢，与我国建筑行业所处环境越来越不相适应，陆续暴露出的问题已经开始影响我国建筑企业的生存发展。本文分析了我国建筑企业工程项目管理的现状及主要问题，并简要探讨了今后的改革方向，以期对我国建筑企业的进一步发展提供有益的帮助。

关键词 工程项目管理；建筑企业；管理模式；人员素质

20 世纪 80 年代初工程项目管理相关理论引入我国后，借助经济建设飞速发展的大环境，国内的建筑企业探索、吸收、施行工程项目管理并不断改进，取得了巨大的工程成绩与理论进步。但另一方面，建筑工程的项目管理由于仍然受传统管理体制的影响，与高速发展的国内经济和管理机制不断革新的建筑市场脱节愈发严重，已经不能很好地发挥其对建筑工程的强力推进作用。

一、发展现状

与美国、日本、德国等工程项目管理理论和实践都趋于成熟的国家相比，我国建筑企业的项目管理水平仍处于比较低的层面，存在管理模式不合理、管理方法落后、人员素质较低等问题。

（一）管理模式不合理

管理模式不合理是我国建筑工程项目管理面临的最主要问题，随之而衍生的管理方法落后、项目组织缺乏科学性等问题，直接影响了工程项目的经济效益。我国建筑工程的管理模式带有较强的计划经济色彩，以行政和硬性指令来代替科学的管理方法，这一点在国内大型企业体现得尤为明显。

工期制定方面，我国建筑企业普遍存在对总体规划不够重视的问题，进而导致各阶段子计划不科学、不符合实际，造成前期进展慢、后期赶工期等不良效应。工期不确定导致的被动变更不仅会造成整个项目成本的提升和效益的损失，更会直接影响到工程质量和

---

* 王文胜，中国海洋大学工程硕士在职研究生。

安全,造成难以预计的后果。

控制方面,建筑企业往往对企业内部控制缺乏足够的重视,尚未建立完整合理的企业内部控制体系。对于企业内部检查出现的问题,大多只是简单凭借经验积累和主观臆断进行定性考核,而不进行统计分析和量化计算。另一方面,各个工程项目的事前控制和事中控制也都没有得到足够的重视。

材料采购方面,目前我国建筑企业多采用大批量集中采购的方式,缺乏灵活性。在项目接到手后再联系供货商,又与供货商缺乏一种长期稳定的合作关系,既增加了采购成本又不利于企业长期发展。而大宗材料一次购入量过大,占用资金、场地,不利于工程项目的机动调整,也给仓储管理带来较大的压力。

(二)人员素质较低

我国的建筑业属于典型的劳动密集型行业,劳动力队伍整体素质较低,尤其是一线的操作工人技能水平低下,其中绝大部分劳动者在上岗之前未经过任何技能培训和安全培训。这不仅影响到工程质量,而且导致建筑行业安全事故频发。

我国建筑业的结构层次也不尽合理。首先,高等教育以上的学历人员不多,而大、中专学历者占据绝大多数;其次,存在着重工程技术人员、轻管理专业人员的倾向,在缺少高素质的工程技术人员的同时,合格的项目经理等企业经营管理人员更为缺少。我国的项目经理资格认证工作已经纳入企业资质就位管理,体现我国建筑项目的规范化和制度化,但普及程度远不能满足行业的需求。

二、几点建议

(一)改革管理模式

管理模式主要由管理观念、管理技术和管理体制三种管理要素构成,改革建筑企业的管理模式就是要改革建筑企业的这三种管理要素。

1. 管理观念的改革

一个建筑企业的管理观念取决于其经营理念,而经营理念对一个建筑企业的生存发展至关重要,只有经营理念适应新的经济形势要求,相应的管理观念才能促进企业科学决策、创新发展,企业才能够不断发展壮大。因此,不断改革建筑企业的管理观念使之与先进的经营理念相匹配,是管理模式改革的首要任务。

2. 管理体制的改革

建筑企业应致力于建立具有弹性生产力、刚性产业结构和贴近市场等特点和科学合理的组织体系,使生产力组织方式符合其自身的活动规律。例如,项目经理部作为项目生产经营过程的管理层,依据施工承包合同和企业经济责任制,在项目经理责权利统一和生产要素优化配置、动态管理的前提下,对项目承担全面的管理责任;劳务、专业分公司作为向项目经理部分包的作业层,其共同的职能是按分包合同,确保项目总目标的实现;以周转材料、设备租赁核算为内容的分公司作为项目的市场服务层,其职能就是为项目正常施工所需的物化劳动要素提供有偿服务。项目管理层、作业层、市场服务层形成总包与分包合同为纽带的分工协作与核算关系。

3.管理技术的改革

采用先进的、科学的和量化的管理技术。例如，利用网络计划技术来编制建筑工程项目进度计划，以便于工程管理，保证工期进度；利用数据统计技术对工程的资金利用、效益的最大化程度进行分析，以节约控制成本；建立绩效评价指标体系来评估项目是否达到预期目标，为以后的工作起借鉴和指导作用。

（二）提高人员素质

建筑企业管理人员在上岗前应经过企业的专业培训，掌握基本的专业知识、网络技术以及相应的应用能力，才有能力依据项目总体目标对所承揽的工程进行进度和质量控制；一线操作工人也应该经过工作技能培训和安全培训，使得技能水平有明显提高，从而安全有效地完成施工任务。基于此，建筑企业可以设立专门的人员素质培训部，专门对企业人员进行必要的岗位培训，以提高企业员工的业务素质。

三、可行性方案

根据我国建筑行业的实际情况，工程项目管理的可行性方案有两种：一是建筑企业自身进行项目管理改革，提高工程项目管理水平，施工企业在整个工程实施过程中要做好充分的防预风险的准备，以技术水平、管理水平、社会信誉和合理报价等展开竞争，业主也应规范自身的管理，依法照章办事，与施工单位实现双赢；二是专业化项目管理公司的引进，这有助于提高项目管理的水平，保证项目目标的实现，监理公司、设计院、招标代理公司等工程咨询公司要明确工程项目管理公司的定位以及其在建筑供应链中的地位和作用。

参考文献

[1] 汪比兰.论建筑工程项目（施工）管理及对策创新[J].中国城市经济.2012（3）：317-318.

[2] 白明爱，叶小忠.浅析加强项目管理的主要措施[J].建筑.2011（8）：40-41.

[3] 何琪，陈李斌.国内外工程项目管理现状比较与探讨[J].石油化工技术经济.2004（4）：39-44.

[4] 黄有亮，成虎.工程项目管理理论与实践新进展综述[J].江苏建筑.2003（1）：100-104.

国内外视频会议系统项目进度管理评述

王续鹏　单锦宝 *

摘要　近年来,随着我国改革开放的深入,国际著名公司开始参与我国视频会议系统项目的构建与实施,将国际先进的项目进度管理模式引入到管理中,使得国内的工程项目管理也在朝着工程总承包和项目管理承包商管理的方向快速发展。本文通过对国内外视频会议系统项目进度管理的发展历程进行分析,认为对视频会议系统项目进度管理的研究不可忽视。

关键字　风险分析;项目进度管理;政策建议

一、项目管理理论的发展

(一)传统的项目管理阶段

现代项目管理理论体系开始的标志事件是第二次世界大战期间美国研制原子弹的曼哈顿计划。20 世纪 50 年代后期,美国出现了关键路线法(CPM)和计划评审技术(PERT)。而粗具模型的视频会议系统出现在 1976 年,爱立信研发推出了可以横跨大西洋基于 LME 的视频电话。美国成立的国际性组织 PMI(Project Management Institute),即美国项目管理学会,提出了制定项目管理标准的设想。1976 年,美国项目管理学会提出了制定项目管理标准的设想,并于 1987 年推出了项目管理知识体系指南(Project Management Body of Knowledge),简称 PMBOK,这是项目管理领域又一个里程碑。项目管理专家们把 20 世纪 80 年代以前称为"传统的项目管理"阶段。而在 20 世纪 80 年代,AT & T 的 Compression 实验室发布了第一款真正的视频电话系统,由于有了比较完善的项目管理理论的指导,视频电话系统的实施比较顺利,视频会议开始走向成熟,在基于专线的系统政府、军队等保密性要求较高的单位使用推广。

(二)新的项目管理阶段

在 20 世纪 80 年代以后的"新的项目管理"阶段,项目管理理论有了新的进展。项目管理更加注重人的因素,注重顾客,注重柔性管理,力求在变革中生存和发展。现代项目管理的任务已不仅仅是执行任务,还包括开发项目、经营项目以及为经营项目完成后形成

---

* 王续鹏、单锦宝,中国海洋大学工程硕士在职研究生。

的设施、产品和其他成果。随后 H. 323 协议的正式发布标志着视频会议系统进入了 IP 时代,视频会议系统成本逐渐降低,得到了实质性的推广。

二、视频会议系统项目管理的实施

视频会议系统项目的构建与实施,集人事管理、资源管理以及信息管理等于一体,是一个综合性比较强的项目,项目本身的计划与实施相对比较复杂,所以项目必须有项目管理科学理论的指导才能达到顺利实施的目的。

视频会议系统项目如何在计划时间内、使用什么方式完成,是视频会议系统项目高效实施的关键问题。视频系统在实施过程中一定会受到方方面面的主观和客观因素的干扰。通过对突发状况与潜在风险的分析,在项目进行调研、规划以及实施之前,结合实际采用项目管理理论中的技术和方法,实现项目实施过程中科学合理的安排。在项目实施阶段,对于在执行过程中出现的进度偏差,采取科学合理的有效措施,最大限度地消除偏差,以保证各项工作按照预定的进度目标计划执行,最终达到视频会议系统正常运行,满足客户需求。

三、国内外项目管理理论在视频会议系统中的应用

国外的项目进度管理与视频会议系统都经历了相当长的一个历史阶段,其管理的模式相对成熟。项目管理公司在管理过程中的主要职能是检查项目是否符合各项规定。在视频会议项目的实施过程中包括三方对象:投资方、项目管理公司、承包商。三者以 FIDIC合同为纽带建立关系。投资方将项目委托项目管理公司进行管理,日常管理经营由后者承担;项目管理公司将该项目承包给承包商,承包商直接对项目的具体实施进行操作,而投资者与承包商并不存在直接关系。

我国在视频会议系统的构建与实施中采用项目管理理论相对国外较晚。20 世纪 80年代后期,基于统筹法和网络技术的项目管理软件首先在全国的建筑工程项目中推广。随后,中国项目管理知识体系 C-PMBOK 与国际项目管理专业资质标准及相应的中国专业认证网络得到了研发建设。20 世纪 90 年代中期,邮电局搭建基于专线网络的视频会议系统,视频会议正式进入中国。此时,项目管理理论和项目进度管理理论才开始被应用于我国视频会议系统的构建与实施中。但是由于传输网络的使用费用较高,视频会议系统发展的范围和深度受到一定的限制,这也使得视频会议项目的构建和实施在我国经历了瓶颈期。但是,随着光纤在我国的铺设、通讯资费的降低、企业网组网高潮期的到来,许多企业应用互联网召开视频会议,这就使得各大商家需要借助科学的项目管理理论来进行视频会议系统项目的构建与实施,国内项目管理理论也得到了实质性的发展。

四、结论

在我国视频会议系统项目的构建和实施中,首先要结合我国现阶段的国情,在提高业

主方项目管理水平的前提下,将现代化的项目管理理论融入视频会议系统项目的构建与实施过程中,通过不断的实践总结出适合我国视频会议系统项目构建与实施的项目进度管理和项目管理方案。同时,借鉴国外相关经验,深化对视频会议系统项目管理的改进与完善。

[1] 赵伊瑟. 嵌入式产品项目进度管理 [J]. 管理学家,2014(10):306-306.

[2] 马国丰,陈强. 项目进度管理的研究现状及其展望 [J]. 上海管理科学,2006,28(4):70-74.

[3] 李英杰,陈庆新,陈新度,等. 协同制造项目进度管理 [J]. 计算机集成制造系统,2007,13(11):2145-2153.

[4] 马国丰,李磊. 项目进度管理柔性的模糊综合评价研究 [J]. 项目管理技术,2011,9(2):23-27.

[5] 席攀. 项目进度管理在企业IT项目中的应用 [J]. 计算机光盘软件与应用,2013,(21):127-128.

[6] 马国丰,吕影. 模糊关键链项目进度管理多目标优化研究 [J]. 项目管理技术,2013,11(12):17-23.

海上风电场选址影响因素研究

钟声*

摘要 通过总结海上风电场发展现状和趋势,综合考虑国内外选址影响因素研究成果,本文从社会、经济、自然、环境和规划等条件出发,全面系统地梳理分析了影响海上风电场选址的主要因素,为海上风电场选址和优选提供有效的手段,也为海洋管理部门在用海审批时提供参考。

关键字 海上风电场;选址;影响因素

一、引言

近年来,在能源消耗量迅速增长、价格不断走高和全球生态环境恶化等因素形成的压力下,世界各国都把开发利用可再生能源放到了重要位置[1]。在众多可再生能源中,风能以其巨大的优越性和开发潜力受到人们的青睐。积极地开发风能对于改善能源系统结构、缓解能源危机、保护生态环境具有深远的意义。因此,国家支持和鼓励对风电的开发,致使风力发电成为一个具有强大生命力的产业。早期的风电开发主要集中在陆上,其开发技术已经比较成熟,但受到资源条件、建设用地、电网条件、环境保护等因素的制约也越来越明显。从已建工程可见,陆上风电场存在严重的用地矛盾、噪声污染等问题,陆上优良场址已逐渐开发完毕,风电的开发正向海上转移[2]。

研究表明,海上风电场具有若干明显的优点:海上风况优于陆地,海面粗糙度小,离岸10千米的海上风速通常比沿岸陆上高约25%[3];海上风湍流强度低,可减少风电机组的疲劳荷载,延长使用寿命;在海上开发利用风能,受噪声、景观、鸟类、电磁波干扰等的限制较少;海上风电场不涉及土地征用等问题[4]。基于海上风电的独特优势,加之我国政府出台了大量优惠政策支持海上风电发展,我国海上风电事业的发展得到极大的推动。然而建设海上风电场,首先要选择合适的场址,选址的恰当与否,对海上风电场布局、规划、设计、运营都有重大影响,关系到电力企业的建设投资效益乃至风电场未来发展的大问题。一旦选址不当,可能会使得成本增加,造成不可估量的经济损失。世界上4个典型的海上风电场(Horns Rrv, Sams, Nysted 和 North Hoyle)在其建设和运行过程中都出现了不少问题[5],这些问题很大程度上是因为建设前期对风电场的选址影响因素研究不足、

---

* 钟声,中国海洋大学工程硕士研究生,现任职福建省海洋与渔业执法总队,主要从事海域管理等研究。

风电场规划布置不合理等造成。加上诸如海上风电场对鱼类、景观、海洋生态等的影响也越来越受人们的关注,因此海上风电场的选址影响因素,海上风电场选址优化,便成为目前亟须解决的问题。

二、海上风电场发展现状与趋势

海上有丰富的风能资源和广阔平坦的区域,使得近海风电技术成为近年来研究和应用的热点。基于海上风力发电的独特优势,世界各国正在纷纷发展本国的海上风电产业。目前海上风力发电的开发主要集中在欧洲[6]。自20世纪80年代起,欧洲就开始积极探讨海上风电开发的可行性。1991年,丹麦建立第一个海上风电场,安装11台450千瓦风电机组[7];2003年英国在爱尔兰海安装了美国通用公司7台3.6兆瓦的风电机组,标志着海上风电技术在欧洲已较为成熟[8]。据统计,目前欧洲建成的海上风电场的容量为2.75～165.6兆瓦,规划中的风电场容量为4.5兆瓦～1吉瓦[9]。欧洲风能协会2003年宣布,欧洲的目标是2010年风电装机容量将达7 500万千瓦,其中海上风电场为1 000万千瓦;2020年风电装机将达到18 000万千瓦,其中海上风电场将达到7 000万千瓦[10],占区域风电装机容量近40%。近年来,北美、亚洲各国也加入到海上风电的开发行列中,使得海上风电的研究和开发更加深入。北美地区2005年占据全球风电领域25%的份额,2006年美国以2 500兆瓦的新增容量高居世界之首,当年新装机组发电产值40亿美元,这主要归功于美国和加拿大两国的风电发展需求。此外,中国、韩国、日本、印度等亚洲主要风能大国也将目光转向了海上[6]。

我国近海可开发和利用的风能储量约为7.5亿千瓦,海上风力资源十分丰富,因此,近年来人们已将风电场的目光投向了风能资源更为丰富的近海海域。2010年7月6日,第一座海上风电场示范工程、亚洲第一座大型海上风电场——上海东海大桥10万千瓦海上风电场项目顺利投入运营,开始为40万户家庭提供用电。此外,江苏大丰、连云港,浙江岱山,山东长岛等已开展测风、选址工作。江苏响水、浙江慈溪等海上风电场已完成初步选址工作,进入工程可行性研究阶段。据统计,各地区规划建设的海上风电装机容量约1 710万千瓦,其中在建或已建项目约10万千瓦[11]。

根据国内外海上风电场的发展现状和趋势可以清晰看出,各国正在掀起海上风电场建设的高潮,这必将促进海上风电技术的进一步成熟,为促进风电行业的发展作出积极的贡献。

三、海上风电场选址影响因素研究现状

目前,国内外学者对风电场的选址有一定的研究,但大多数都局限在陆上风电场。陆上风电场前期工作中主要采用丹麦的风能资源评估软件WASP和英国的风电场优化设计软件Wind-Farmer来进行风电场选址。钱喜镇和崔秀兰(1995)旨在风电场已初选,并有一至几个月的短期测风资料为前提的情况下,研究出一种有较先进的方法、较高的精度、较快的速度推算场址风能参数的模式。朱瑞兆等人(1993)以风能资源和湍流度等气象因

素为技术标准,进行选址研究。于力强(2009)主要从风能资源评估参数、宏观选址和微观选址等几方面对影响风电场选址的因素进行综合分析,为风电场建设提供参考。顾婵等(2008)总结了风电场选址的影响因素,包括风能资源条件、自然地理条件和经济社会条件。云莉萍(2008)采用模糊综合评价法对风电场选址进行了优化研究。

由于海上风电场外部条件要比陆上复杂得多,风能资源、建设条件、施工及运营环境和陆上的都不相同,因此海上风电场的选址影响因素和陆上的存在较大的差别。但目前国内外对海上风电场的选址研究较少,即使是实际工程选址,也大多参考陆上风电场的选址标准和经验。Dan(2006)分析了海上风电场选址对海洋渔业资源的影响,总结选址和海洋环境之间的关系。Ian(2007)对几个离岸不同距离的风电场在不同的天气条件下作了分析和比较。薛清梅等(2007)指出了海上风电开发的选址条件:需风力强劲,保证航行、航空不受妨碍,生态环境不受影响,以及易于施工,考虑海滩沿岸景观等。姚兴佳等(2007)认为,近海风电选址需要考虑的主要因素有:可否获得海域使用权,附近电网的基本情况,场址基本情况,如范围、水深、风能资源以及海底的地质条件和环境制约因素,如是否对当地旅游业、水中生物、鸟类、航道、渔业和海防等造成负面影响。邢作霞等人(2006)则认为,海上风电场的选址除了需要考虑风能资源、水深和海底地质条件以外,在总体规划时对海上油田、军事设施、轮船航道、渔业生产和海洋动物的生态环境等因素也应考虑。河海大学的谭志忠等(2007)在海上风电场规划中,提到加强人们对近海风电场的了解是一个非常重要的问题,对海上风电场的评价要结合改善空气质量、解决能源危机以及增加就业等人类面临的重要问题,使人们看到利远大于弊,认识到风电场建设的必要性和紧迫性。

从海上风电场用海海域使用论证的角度来看[19],选址必须要符合海洋功能区划和岸线利用规划。对此,牛刚(2009)和姚兴佳(2007)在探讨海上风电场选址影响因素时也提出过类似意见。此外,在海域使用论证过程中,海上风电场的建设条件、风机并网条件以及工程风险等均是项目选址合理性分析的关键内容,项目用海是否能达到经济、社会、环境三效益协调统一,也是海洋管理部门在用海审批过程中关注的要点。

四、海上风电场选址影响因素分析

目前国内外未对海上风电场选址的影响因素进行全面、系统分析,已有研究成果对选址影响因素的分析或偏重于某一因素或过于笼统,以至于人们对海上风电场的经济、社会和环境的综合效益很难进行定量分析和综合比较。本文主要针对海上风电场选址影响因素,综合考虑已有的研究成果,从社会、经济、自然、环境和规划等条件出发,对影响海上风电场选址的主要因素进行了系统梳理和分析。

(一)社会条件影响因素

海上风电场的选址必须对社会条件进行评估,主要包括并网条件、对外交通条件和施工条件等进行分析。

1.并网条件

选址时,应根据接入电网可以容纳最大的容量,考虑风电场建设规模是否符合接入电网的要求,尽量靠近相应电压等级的变电站或电网,减少线路的损耗和对其建设的投资。

2. 交通条件

便利的交通能节约运输的费用,在建风电场应该充分利用现有的交通道路,减少对运输道路开发的投资。在利用现有道路时,要考虑现有道路是否便于大型设备的运输等情况[20]。

3. 施工条件

观察风电场选址区域周围,是否有利于工程建设,是否有工程建设所需物资,如水泥、钢材与油料等。

(二)经济条件

在市场经济条件下,风电成本和效益是影响其发展速度的重要因素之一。风电场建设的一次性投资比较大,以及我国大部分风电设备依赖进口,这是造成风电成本偏高的主要原因。但是,煤、石油价格由于市场的迫切需求而日益上涨,电力需求量又不断上升,国内风电设备研发力量不断增强,从而形成了对风电发展极为有利的外部经济条件,发展风电势在必行。因此,选址时必须要考虑该地区是否具有发展风电的潜力及必要性。

(三)自然条件影响因素

1. 风资源条件

风能资源是风电场选址首要考虑的因素,平均风速、风频及主要风向分布、风功率密度、年风能可利用时间是风电场选址中一定要考虑的几个风能评估参数。其中,平均风速是最能反映当地风能资源的参数,一般来说,只有年平均风速大于 6 米/秒的地区才适合建设风电场。

2. 气象、地质条件

海上风电场地处沿海海域,影响风电场安全运营的气象灾害主要为热带气旋、雷暴等,其中以热带气旋最为严重。一般情况下,影响风电场的热带气旋发生在每年的 5～12 月,热带气旋对风电场区域的影响以外围为主。当强度较小时,热带气旋的影响是有益的,可增大风速,增加发电量;当热带气旋强度过大时,会超过风机的极限荷载,造成风机损坏。风电场选址要求在工程地质条件和水文地质条件较好的地区,作为风电机组基础持力层的岩层或土层应厚度较大、变化较小、土质均匀且承载力强。另外,风电场的建设尽可能选择开阔、宽敞、障碍物少,粗糙度低,对风速影响小的地区,风电场的地形应比较简单,以便于大规模开发,且有利于设备的运输、安装和管理。

(四)环境条件影响因素

1. 水动力及泥沙冲淤影响

风电场工程建设一般会引起平均流速变化,导致工程区附近潮流场发生改变,由此引起工程区海域冲淤环境变化。因此,选址时应考虑工程建设后的水动力和泥沙冲淤变化影响。

2. 生态环境影响

海上风电场在施工期可能给环境带来的影响包括海上施工将对部分渔民渔业生产造成影响,海底电缆管沟开挖和风机基础施工将导致海底泥沙再悬浮引起水体浑浊,污染局部海水水质,造成部分底栖生物损失、降低海洋中浮游植物的生产力,给海洋生态系统造成影响。运营期间,陆上升压站对周围的电磁辐射造成一定的影响,风机的电磁辐射还会使海洋生物受到影响。

3. 鸟类影响

风电场施工期,陆上升压站施工会对施工区及周边栖息的鸟类产生一定的影响;运营期间,风机对迁徙过境及邻近区域鸟类存在碰撞威胁,并可能影响邻近区域鸟类栖息和觅食。

(五)规划条件影响因素

海上风电场选址涉及的规划很多,所涉及的部门从省级职能部门到各地市政府职能部门都需要协调。例如对于同一规划区域,海事部门建议尽量利用沿海滩涂区域靠近陆域,避免造成对大型船舶航线的干扰;国家能源局和国家海洋局联合印发的《海上风电开发建设管理暂行办法实施细则》中则规定"海上风电场原则上应在离岸距离不少于 10 千米、滩涂宽度超过 10 千米时海域水深不得少于 10 米的海域布局。在各种海洋自然保护区、海洋特别保护区、重要渔业水域、典型海洋生态系统、河口、海湾、自然历史遗迹保护区等敏感海域,不得规划布局海上风电场"。此外,海上风电场的选址还必须符合海洋功能区划,并与当地的规划协调统一,这些都是选址时应考虑的因素。

五、结论

海上风电场的选址是一个复杂的过程,需要综合考虑各种因素的影响,平衡各因素的作用,使海上风电场的开发利用效益最大化。本文在综合考虑国内外海上风电场选址影响因素研究成果的基础上,从社会、经济、自然、环境及规划等条件出发,全面、系统地梳理了影响海上风电场选址的主要因素,为海上风电场选址和优选提供有效的工具,也为海洋管理部门在用海审批时提供参考。

参考文献

[1] 顾婵,赵媛. 风电场选址的影响因素及我国风电场建设 [J]. 中学地理教学参考,2008(6):20-21.

[2] 谭志忠,刘德有,王丰,杨志. 海上风电场的规划 [J]. 上海电力,2007(2):125-128.

[3] Bernhard Langea, Soen Larsen, Jogen Hostrupb, Rebecca Barthelmieb. Importance of

thermal effects and sea surface roughness for offshore wind resource assessment[J]. Wind Engineering and Industrial Aerodynamics. 2004, 92(11):959-988.

[4] 姚兴佳,隋红霞,刘颖明,王晓东. 海上风电技术的发展与现状 [J]. 上海电力, 2007 (2):111-118.

[5] 邢作霞,陈雷,王超,等. 欧洲海上风电场及其运行经验 [J]. 可再生能源, 2006, 127 (3):98-101.

[6] 王旭东,曹燕. 海上风电技术现状及发展趋势 [J]. 科技创新导报, 2008(5):92.

[7] WSH Off-and Nearshore Wind Energy[EB / OL]. 2007, January April. [2007-1-12]. http://home. planet. nl/7Ewindsh/offshoreplans. html.

[8] 张蓓文,陆斌. 欧洲海上风电场建设. 上海电力 [J], 2007(2):129-135.

[9] BVG Associates and Douglas Westwood. Offshore Wind: At a Crossroads [EB/OL]. 2006, April. [2007-1-iz]. http://www. bwea. org/pdf/Offshore Wind At Crossroads. pdf.

[10] 牛刚. 开发海上风电场若干问题浅议 [J]. 中国工程咨询, 2009, 107(7):27-28.

[11] 吴佳梁,李成峰. 海上风力发电技术 [M]. 北京:化学工业出版社, 2010, 3.

[12] 钱喜镇,崔秀兰. 风电场选址模式化研究 [J]. 气象学报, 1995 53(4):495-503.

[13] 朱兆瑞等. 风电场选址技术研究 [J]. 风力发电, 1993(7):29-37.

[14] 于力强,苏蓬. 风电场选址问题 [J]. 中国新技术新产品, 2009(7):156.

[15] 云莉萍. 风电场选址优化的模糊综合评价研究 [D]. 华北电力大学(北京)硕士研究生论文, 2008.

[16] Dan Wilhelmsson, Torleif Maim, Marcus C. O. hman. The influence of offshore wind power on demersal fish [J]. Marine Science. 2006, 63(2):775-784.

[17] Ian D Bishop, David R Miller. Visual assessment of offshore wind turbines: The influence of distance, contrast, movement and social variables[J]. Renewable Energy. 2007, 32(5):814-831.

[18] 薛清梅,王金柱. 大型海上风力发电的开发 [J]. 发电设备, 2007(2):161-163.

[19] 上海东海海洋工程勘测设计研究院. 东海大桥海上风电场工程海域使用论证报告书 [R]. 2007, 12.

[20] 陈珍. 浅谈风电场的选址过程 [J]. 科技信息, 2014(2):226.

日本房地产现状对我国三线城市的启示

梁　慰[*]

摘要　随着日本城市化进程的完成以及人口减少问题的出现,日本的房地产市场正面临着前所未有的困境。与此同时,我国的房地产市场正处在高速发展的时期,但三线城市与日本有着类似的隐忧,我国房地产从业者不能被眼前旺盛的刚性需求所迷惑,要意识到可能发生在我们身上的结构性风险。本文从分析日本房地产市场所面临问题的根本原因出发,最终为我国三线城市房地产未来的发展提供启示和借鉴。

关键词　人口减少;房地产泡沫;三线城市

目前,我国的房地产行业正处在一个发展的高峰期,但三线城市由于面临人口流失、发展瓶颈等问题,其房地产行业面临的局面与已经完成城市化进程、但人口持续减少、老龄化严重的日本有着相似的情况。

一、日本人口减少是房价下跌的根本原因

在日本,不动产的价值是由一项叫作“收益还原法”的指标来决定的,不动产有多少价值取决于土地和房子的价值,特别是其中更为重要的土地。土地的价值主要体现在其被多少人所使用,人口减少自然而然会影响土地和房子的价值。人口持续减少,经济也会下降。随着年轻人远走到大城市工作定居,就业成为了制约中小城镇当地经济发展的瓶颈。经济的停滞不前、收入的疲软以及较低的人口密度势必会给房地产价格带来灾难性的打击。日本县级城市的基准地价下跌幅度连续2年扩大。同时,冈山、山口10年以上住宅区的价格也在下降。据日本瑞穗证券的估算,除东京圈、名古屋圈、大阪圈外,几乎所有地方的商业用地、住宅用地近10年来的价格都在持续下跌。

人口不断减少的现状,已经成为一部分房地产从业者之间经常谈论到的话题。出生率、死亡率和人口移动率等大量的统计数据、精密复杂的分析以及社会现状的佐证印证了人口减少给住宅市场造成供给过剩的不争事实。一旦一座城市的死亡率超过了出生率,城市人口减少的效应将会更快地显现出来。人口增减率和地价波动率的关系只会对其反应显著的地方起作用,人口减少问题的持续将会造成地价停涨的地区大量涌现。通过日

---

* 梁慰,中国海洋大学工程硕士在职研究生。

本历史上的例子不难看出,以日本的出生率和死亡率计算,人口的快速减少,每年将有 1 座拥有 20 万人口的城市消失。人口的不断减少将造成空置率的继续提升以及价格的持续下降。当住房贷款支付完成,住房价格可能已下降到不需要贷款的水平。3 年以内建成的住宅,现在难以原价卖出。购买用来投资出售的想法在小城市显然难以付诸实施。制止这种颓势的有效措施目前还没有出现,房地产行业在小城镇的发展只能战战兢兢前行。

二、生活观念的"两极分化"对房地产市场的影响

年轻人更加倾向于购买便利性高的中高层公寓、具有社区人气的智能化街区住宅,而高龄者则不愿意与年轻人共同居住在繁华的城市当中,他们的思想更为传统和恋旧,即使后代慢慢都选择离开,他们也不会从一直居住的地方搬走。从长期性的视点来看,这也是造成居住观念"两极分化"的初始原因。高龄化对于城市财政的影响在今后数十年也会继续恶化。各种居住政策会随之减少,而小户型公寓价格上升的可能性增加。实际上,城市对 30 ~ 70 平方米的住房需求最为旺盛,面积越大,销售也变得愈加困难。

日本全国的卫星城很多,在过去的几十年里,随着居民高龄化,年轻人不断往外流动,城市和近邻的经济持续衰退形成了一种恶性循环,有成为"陆地上的孤岛"的危险。若行政服务再进一步恶化,市中心剩下的富裕阶层放弃可以为其创富的经济资源,再次向周边流出的可能性会增加,人口流出所造成的税收恶化也将陷入恶性循环。进而导致市中心整体的贫困层集中暴露,购买力消失,房地产价格大幅下跌。实际上,在 20 世纪 70 年代,纽约市也面临过一次严重的政府破产危机,约 100 万人口向郊外流出,占人口总数的 13%。生活环境的恶化、富裕阶层过多地霸占社会优质资源等成为很多人选择离开的理由。在人口减少的社会中,各种各样的原因都会成为地价下跌的"触发器"。

三、房地产市场萧条对日本经济的反作用

在北海道,住宅的平均地价 1998 ~ 2013 年连续下跌,直至每 1 平方米的地价降到 19 600 日元。不动产大暴跌和土地继续贬值随时可能会发生。2005 年至今人口减少约一半(43.4%),其次减少幅度较大的是东北圈(39.8%)、四国圈(38.9%)。与此同时,郊外人口减少造成的缺口已经开始放大,以当前人口减少的速度发展下去,各种城市设施都将消失,对居民上班和日常生活的影响也不可小觑。从超市和日用品店到土地和住宅的商业需求都将大幅度下降,当地对铁路等交通运输的需求也随之减少,进而会导致航线缩短,起降成本增加,大量投资难以收回。由此而衍生出来的恶性循环是越来越多的人把房子卖掉,去大城市工作。经济泡沫时期买入的房子在人口问题显现之后才考虑卖掉为时已晚。若卖价不根据需求大幅降低,损失将会继续扩大。我们注意到,这个时候的房价已经被人口减少的"枷锁"死死束缚住了,原先贷款购买的房子,在正好结束支付的几十年后,随着房价的下跌,资产价值的损失早已超过了住宅本身的原始价值。

在人口减少、经济整体缩减的情况下,由于无利可图,大型房地产公司开发项目融资的机会和欲望也会随之减少。中小企业先于大企业逐个倒下,导致银行的坏账不断增加。

即使在中国这样的金融体系受国家严格监管的国家,银行在理论上也具备了破产的条件和可能。住宅供给已经过剩,开发商的销售额变得惨淡。雪上加霜的是,金融机构贷款不畅,财务状况更加窘迫,开发商和金融机构破产的可能性激增。房地产市场的急剧变化,对整体经济的影响也是不能忽视的。首先,房地产中介将面临毁灭性的打击,手中拥有大量房源却无法找到有能力购买的买家。经济形势恶化会产生大量的失业者,从而形成充足的闲置房和贫穷的失业者之间矛盾的局面。社会工资不断下降,失业人数持续增加,这样一来租赁住宅的需求却空前高涨。而房租上涨,国家财政却进一步被挤压,需支付的养老金迟早会出现断档,老年人付不起更高的房租,最终走投无路,街上的乞丐老人与日俱增,与出现经济萧条的资本主义国家极为相似。

四、日本房地产泡沫对我国三线城市房地产发展思路的启示

中国绝大多数三线城市的城市化进程远不能跟日本等邻国相比,东强西弱的格局也制约着人口的流向,这更加使得大量年轻劳动力从郊外涌向城镇、从小城市涌向大城市、从内陆涌向沿海。由于国内的农村土地产权属于集体所有制,若用作商业用途必须要通过土地国有化、拍卖、拆迁安置、补偿等一系列流程,利润空间尚不能达到开发商的心理底线,但随着一线城市房地产的逐年发展,可开发土地越来越少,相对于大城市高企的房价,三线城市土地储备充足,房地产市场仍将有广阔的利益空间。但如果人口流动问题始终存在,类似于日本的难题便迟早会出现,这不得不引起房地产从业者乃至政府部门的警惕与反思。

美国的城乡发展则为我们提供了非常长远的借鉴思路。随着经济实力的提升,许多中年美国人更愿意在远离市区的郊外购买房产。相比于大城市的喧闹与繁华,安逸的郊外成为了许多美国人心中居住的首选。然而,这必须以便利的交通以及完善的社区服务从而满足居住者生活上的基本需求为基本前提。只有缩小城乡之间生活圈的差距,解决人们对于医疗、教育等方面的后顾之忧,才能健康有序地引导人口流动,避免出现类似日本所面临的问题。

参考文献

[1] 陈露露,高伟. 日本房地产市场掠影 [J]. 中外房地产导报,2003(2):34-37.
[2] 刘振威. 我国房地产市场的现实选择——基于对日本房地产泡沫事件的探讨 [J]. 河北金融,2011(1):22-25.
[3] 阙亚冠. 中国房地产现状 [J]. 科学之友,2013(3):92-94.
[4] 马勇. 我国房地产经济发展现状与趋势 [J]. 全国商情(经济理论研究),2013(13):15.

基于"合同预估"的房地产项目成本管理的新模式

王　滨*

摘要　本文通过对房地产项目成本的研究,分析在预估方案版的目标成本编制后引入"合同预估"的概念,对预估方案版目标成本按照成本控制科目进行分解,预估每一个成本科目下发生的合同及合同的金额,从而最终通过合同的签定审批及合同的付款审批、变更审批等措施,真正有效地控制成本,提升企业利润。

关键词　房地产;成本管理;合约预估;目标成本

随着市场逐渐开放、竞争日趋激烈,企业为了使自己的产品在价格方面具有优势,在利润率保持不变的情况下,精细化的成本管理在现有企业中占据着越来越重要的地位。在售价和销量持续低迷,土地成本越来越高的同时,房地产行业正在逐渐告别暴利时代,各家房企都努力在成本管理上下工夫。房地产业已经开始进入一个新的时代,企业想要占据一席之地就必须获取更多的利润,而达到这一目标的前提必须是能够有效地控制住成本。因此,建立一个标准化、规范化、精细化的成本管理体系已经迫在眉睫。

一、合同预估的方法

合同预估是指将拿地阶段或规划设计阶段所形成的目标成本按照"自项向下、从粗到细"的方式分解到合同类别,从而指导房地产项目开发整个过程的合同签定、变更及款项支付的一种精细化管理手段。"合同预估"实现了只要将项目所签合同的审批、付款管好,成本自然就管好的高效管理。

合同的预估工作是由企业所有的业务部门来完成的,编制过程需要企业全体员工一起参与。由企业的成本管理部门主责,牵头各职能部门对拿地阶段和规划设计阶段的目标成本进行有效的拆解。

合同预估在开发过程的哪个阶段,主要取决于企业的管理能力和综合运营水平。如果企业的各个成本科目、成本管理体系相对成熟,则可以在拿地阶段的目标成本通过审批后,进行合同预估工作。如果企业的成熟度不够,则可以在施工图版的目标成本通过审批后再进行合同预估工作。

---

* 王滨,中国海洋大学工程硕士在职研究生。

目标成本分解为合同预估的方法有很多种,通常的做法是采用"过往项目经验法"和"开发量预估法",通过这两种方法编制出相对合理的合同及预计发生金额,并根据项目的开发计划,预估出每个合同的付款条件及付款时间。另外,出于某种原因不能将目标成本分解成合同时,可以将该目标成本的科目直接分解成某一合同的类别。在项目的开发过程中,这些合同的类别会因为费用的发生而进一步细化为合同。

在合同预估的过程中,碰到不能明确下来的费用时,应该增加余量预估来解决这一问题,余量金额伴随合同的签定而变化,从而能够反映出成本控制的边界余度。为每个成本科目设定一个控制边界,可为后续开发项目提供成本管理的基础。

二、进行合同预估后合同的签定和执行

(一)合同签定

在企业签定合同时,由合同相关的职能部门撰写合同,确定合同条款、合同总金额、付款时间、付款方式、付款条件等。合同在审批过程中,重点要审查该合同是否对应了正确的合同预估科目,防止科目对应错误从而导致成本过高、费用发生混乱的问题。

合同在审批过程中会有以下情况出现:

1. 合同总额＜合同预估额

这种情况出现后,需要相关职能部门对出现这种情况的原因进行仔细分析,找出偏差原因,对偏差金额后面的使用进行合理分析。

2. 合同总额＞合同预估额

这种情况出现后需要相关职能部门对发生原因进行仔细分析,找出偏差原因,对所要增加的金额要有相应的审批流程来控制。

(二)合同履行

如果在合同履行过程中出现变更,则变更金额要与合同签定过程中所预计的变更相对应,保证变更金额在预估范围内,从而使发生成本在可控范围内。在变更或签证施工完成后,需要成本管理部门核实其完成量与完成标准,在核实无误后才能进行有效付款。

(三)合同付款

根据项目工程的进度,对项目已经完成的工作量进行核定,从而计算出当前项目实际的产值,指导最后的付款工作。根据合同所约定的付款时间,结合已经完成核实的项目进度,对付款计划进行相应调整,并在其限定日期内完成付款申请工作。

三、动态监控项目成本的发生情况

地产企业都期望在项目进行过程中,能预测项目结束时的最终成本,以便对项目基准收益指标进行过程监控,一般由项目成本经理完成《项目动态成本汇总表》《成本动态回

顾报告》,并与基准目标成本进行比对,出具分析报告,向公司管理层进行汇报。

通常情况下,在每季度,由成本管理负责人向管理层汇报各个项目成本的发生情况。具体内容如下:

1. 项目的动态发生成本

从项目的宏观角度对动态成本与目标成本进行对比,主要观察动态成本与目标成本的偏差是否在公司制定的强控范围内。动态成本的构成即是已发生金额及待发生金额。

2. 预估成本的调整

通过对项目动态成本的实时观察,以及对后续项目计划执行情况的分析,发现:

(1)如果某一成本科目下的合同预估金额有多余的情况,将余量金额调配到其他科目下使用,这样不影响项目的总成本。

(2)如果某一成本科目下的合同预估金额不足,则走成本追加审批流程,追加成本,以期合同能够顺利签定。

四、结语

我国大部分企业的现有成本管理体系只是进行事后核算,而缺乏事前的预测和过程中的管控。大多数房地产公司亦是如此,仅仅在项目结束或进行到一定的阶段才对已发生成本进行核算,但到那时已经成为事实,采取任何措施都无法改变结果。在引入"合同预估"的成本管理方法后,能够有效解决地产项目开发全过程中成本管理的难点,从而使企业的成本能够估得准、控得住,最终实现利润的最大化。

[1] 申广平. 房地产成本管理突出问题及对策研究[D]. 上海:上海交通大学硕士研究生论文,2012.
[2] 郑海玲. 房地产项目成本控制过程与应用研究[D]. 天津:天津大学硕士研究生论文,2012.
[3] 武筵茸. 当前中国房地产成本管理控制的问题与对策[J]. 经济研究导刊,2012(25):99-100.
[4] 何战平. 房地产企业成本控制探析[J]. 合作经济与科技,2012(20):58-59.

水利工程质量管理分析

摘要 水利工程建设是基础设施建设的重要组成部分,水利工程质量不仅影响其使用功能,同时危及到人们生命财产安全,在水利工程施工中,应通过加强质量控制,提高建设水平,确保工程质量。本文对水利工程质量管理进行简单研究。

关键词 水利工程;水利建设;质量管理

一、前言

随着我国对水利资源的开发利用逐步增多,水利工程建设规模越来越大。面对越来越大的水利工程,如何有效进行工程质量管理,成为施工单位普遍关注的话题。

目前水利工程质量管理存在许多的问题。一是技术水平不高。基层员工常表现出懒散的状态,专业能力偏低,质量管理人员的松散管理也是一个主要原因。二是专业能力单一。设计单位按照他们的业务范围和资质等级承担设计任务。三是施工缺乏严谨性。小规模的项目几乎不进行论证活动,导致项目建设不顺利。四是监控方法无法与时代发展相融合。大部分基层单位没有形成合理的品质保证制度,也不具备一定的监控方法。

二、水利工程质量保证措施

(一)建立科学有效的质量保证体系

为了使工程质量得到保证和提高,建立质量保证体系就显得尤为重要,系统工程的概念以及方法将全过程的质量管理活动组织起来。为了使质量管理高效并且全方位,要做到任务明确、相互协调、相互促进。严格对施工单位各个阶段工作和工程质量进行把关,系统性地加强工程质量管理力度。

(二)增强施工质量管理意识

在水利工程刚开工建设时,施工人员工作热情都比较高,普遍存在着急于求成的想法;另外,参加水利工程建设的人员较多、施工的作业面较长等特点,会导致一些施工人员

出现质量意识淡薄,进而导致水利工程局部出现质量不达标的问题;施工管理单位应当对质量管理部门的相关人员进行必要的教育培训,增强部门人员对于施工质量管理重要性的认识,分析在水利过程中可能出现的质量问题,针对问题采取必要的措施;施工单位也可以通过召开返场现场会等形式,组织施工人员分析工程质量问题出现的原因,并针对出现的问题及时总结经验教训,通过这种办法使工程施工人员接受深刻的工程质量意识教育;除此之外,还可以利用下发文件、标语、报纸简报、口号等形式,提高每名施工人员的质量安全意识。

(三)对于材料、机械、设备等方面的质量要进行合理管控

施工材料的质量管理,不仅可以提高工程的效率,还能最大限度地降低施工风险,实现质量管理。工程的施工与施工机械设备和施工材料是离不开的,水利工程的材料不同于普通的建筑材料,它有着更高的要求,应该符合标准规定,选用的那些水泥、砂、石、钢筋等都要达到相关标准才可以进行施工。要注意通过检查材料的合格证和质量保证书,严格检验进场的材料,一旦发现不符合设计要求规定的材料,需要取样检测,合格后方可使用;其次是进口的材料,必须符合我国相应的质量要求和标准,并且持有商检部门签发的商检合格证书;再次是材料的合理选用,根据设计要求和施工实际,对材料进行理性采购,用不到的材料尽量减少采购,避免材料使用上的错位,降低施工质量。

(四)加强对施工方案、图纸的管理

第一,将设计单位、监理单位及施工单位组织在一起,对施工技术进行深入探讨,使相关人员能准确了解及把握自身的技术能力,并对施工图纸进行深入分析和研究,及时发现图纸中存在的不足,并采取相应措施进行解决,确保图纸的合理性及准确性,防止由于图纸的不合理而导致工程建设问题的出现。

严格按照相关报批程序进行,具体报批程序为:一是递交开工报告,二是制订施工方案,三是施工工艺。施工方要以相关文件及工程项目的实际情况为依据制订合理的施工方案,同时要将相关方案递交给监理工程师进行审批,在审批合格后再以其为依据进行施工,同时要避免出现随意变更施工方案的现象。特别是针对较为重要的施工环节,施工方要制订相应的、详细的施工工艺,避免其出现施工问题。

(五)加强安全管理

安全施工一直是施工单位及社会关注的重点,随着社会的发展及水利堤防工程项目的不断增加,人们对于安全施工的重视程度也不断增加。安全生产对于确保施工人员的人身安全及工程建设质量有着非常重要的作用。因此,在水利堤防工程施工过程中一定要加强对安全生产管理的重视,以安全第一为指导,以预防为主为原则,确保安全管理工作得到切实有效的实施。严格规定施工方必须要具备相应的安全工程师,使其和项目经理进行有效的合作,共同实现对工程建设的安全管理。工程部、监理人员等要及时地对施工现场的安全性进行检查,及时发现施工现场中存在的不安全因素,及时进行停工整改,在确保安全隐患完全消除后再进行施工。

三、结束语

水利工程项目涉及到建设点多、面广、量大以及工作难度较大,致使因为质量问题而导致的水利工程事故时有发生。在水利工程建设中,要严格按照技术要求和施工要求进行施工,严格进行质量控制,保证施工各环节的质量安全,进行严格管理,确保工程质量。

[1] 于萍,王勇,张慧琳,等. 水利工程质量问题及对策 [J]. 山西建筑,2008(33):355-356.

[2] 乔吉红. 试论基层水利工程质量的加强与提高 [J]. 科学时代,2012(15):57.

[3] 蔡鸿昆. 控制水利工程质量应以预防为主 [J]. 中国科技博览,2012(22):337-338.

[4] 曾庆玲. 当前水利工程质量存在的问题及对策 [J]. 中国新技术新产品,2010(13):83.

[5] 王世峰,吴学保. 浅谈基层水利工程质量的加强与提高 [J]. 商情,2013(44):330.

[6] 陈素慧. 怎样提高水利工程质量 [J]. 农民致富之友,2011(17):84.

浅析施工项目成本管理

周晓炜 *

摘要 施工项目成本管理是施工企业为获得更大的经济效益而对施工各个环节进行科学管理的过程。增强对其的管理研究不仅可以有效降低企业的施工成本,促进企业经济效益的提升,更能借此促进企业经营管理模式与管理水平的升级,为企业的长久发展提供保障。本文首先就项目施工成本管理的重要性进行了总结,随后就当前企业施工项目成本管理中的问题进行了论述,并就如何提升施工项目成本管理水平提出了自己的见解。

关键词 施工项目;成本管理;对策建议

一、施工项目成本管理的必要性

(一)成本管理能有效反映项目管理的综合水平

在市场化的今天,施工企业是以独立的市场个体参与到市场竞争中,在为市场提供大量需求的同时亦会不断追逐自身经济效益的最大化。因此,加大对项目成本管理的研究对于施工企业成本的缩减有着显著影响。企业施工成本的下降标志着企业项目施工中物化劳动与活劳动的降低。而物化劳动的降低表明施工设备使用效率及施工材料消耗水平的大幅降低,活劳动的降低则说明施工方劳动生产效率的大幅提升。由此可见,成本管理可以有效反映项目管理的综合水平。

(二)成本管理是促进施工方综合效益增长的重要途径

施工企业若想在日益残酷的市场竞争中得以长久发展,则必须能够持续地以较低的施工成本,制作出符合业主使用标准的产品。这亦是施工项目成本管理的根本目的,通过项目施工成本管理的实施,企业可以在施工中获得经济效益的最优化结果,从而实现企业整体收益的提升,为企业的长久发展提供保障。

(三)成本管理有助于工程社会效益与经济效益的共同提升

奖罚分明是成本管理的主要标志之一,这对于员工工作主动性的调动作用显著。此外成本责任的详细划分,相当于对企业所提供人、财、物等资源的有偿使用,有助于企业内

---

* 周晓炜,中国海洋大学工程硕士在职研究生。

部不同经济体间关系的协调发展,从而推动施工项目社会效益与经济效益的提升。

二、施工项目成本管理原则

(一)成本最低原则

施工项目成本管理的最终目标是有效降低企业成本,因此我们必须尽力实现成本缩减的最优化。但这并非要求我们肆无忌惮地随意缩减成本,而是应在施工项目达标的前提下进行,需要施工企业对其各个环节作出明确规范。

(二)责任明确原则

责任的明确划分是施工项目成本管理有效进行的重要因素之一。只有做到责任的明确划分才能有效提高员工工作积极性,使其各司其职,从而避免人员分配混乱的现象出现,并提高员工对施工项目成本管理必要性的认识。

(三)科学性原则

施工项目成本管理相关规章制度的制定与施行必须建立在科学分析的基础上,不可脱离实际,进行理想化的实施,而应积极吸取国内外成功经验,引进科学的管理理念与方法,实现规范化建设。

(四)全面化原则

全面化原则是指施工项目的成本管理应有着广泛覆盖率,不能仅限于某个环节或某一个部门,而应让其覆盖施工的所有环节,只有通过对施工各个环节的全面管理才能最大限度地实现施工资源的优化,从而促进企业效益的全面提升。

三、我国企业施工项目成本管理的缺陷

(一)施工成本管理意识不强

当前我国的诸多企业管理者对施工项目成本管理认识存在不足,又深受传统定式思维的影响,认为企业效益的提升必须依靠资产扩充等方式予以实现,而忽略了成本控制这一促进企业利润提升的重要因素。此外部分实现项目成本管理的企业对施工中责任的划分不够明确,致使很多项目施工时难以遵守成本控制的有关规定,施工各部门之间存在相互扯皮的现象。

(二)成本管理难度大

施工项目存在环境变化性强、施工周期长等众多特点,使得施工中成本的管理存在过多干扰,此外施工中施工材料、施工设备的费用及人工费等都会随着市场的变化出现波

动,进而对施工成本造成影响,使成本的控制管理难度增大。

(三)成市管理方式和理念陈旧落后

现阶段,我国许多施工项目的成本需在完成后才能完成统计,这种旧有的方法难以实现对施工过程中大量信息的实时搜集与处理,无法对成本信息进行准确的选择与使用,从而使得施工方很难适时发现成本管理中的不足及其根源所在,难以对症下药确保成本有效降低,导致项目成本管理阻力重重。

(四)缺少必要的资、权、利相结合的奖励体系

任何管理活动都必须建立在资、权、利相结合的基础上才能实现有效运行,成本管理亦是如此。作为施工项目成本管理主管者的项目经理及其他施工部门的各个主管都肩负着相应的职权与责任,但在现有的成本管理体制中,并未建立配套的责权利相互结合的体系,只有建立完善的奖励体系才能真正促进项目施工成本管理的有效运行。

四、增强项目施工成本管理的措施

(一)做好成市预估,确立成市控制目标

成本预估是成本控制管理能否高效进行的基础,是编制可行的成本控制目标的重要根据,对于促进成本降低、实现企业效益提升有着显著作用。因此,实现施工项目的成本管理,首先应进行成本的准确预测,通过对中标价格及其他施工影响因素的调查研究,对成本控制目标精准定位,从而实现成本控制目标的确定,为施工项目成本管理的有效施行奠定基础。

(二)创建施工项目的成市责任体系

施工方必须对施工成本的构成进行分解,实现成本责任到每个人的细致划分。施工的成本指标应由项目经理予以承担,成本管理的目标则应由各个部门及其职员予以承担,并对其进行考核评定。需注意的是项目成本责任制度建立的关键在于责任划分的清晰与否,同时应建立相应的奖惩制度,从而确保施工各个部门对施工成本控制状况保持高度关注。

(三)增强施工材料的成市控制

施工材料成本的控制是实现施工项目成本管理必不可少的重要环节。根据相关统计,材料成本往往高达施工项目总成本六成左右,只有确保材料成本的有效管理,才能真正意义上确保施工项目成本控制目标的实现。因此在项目中标后,施工企业必须组织专业的施工人员对施工项目的成本进行预测,并以预测的结果作为施工部门施工材料需求计划编制的重要依据及项目部对材料领取限额规定的依据。在施工中一旦出现施工材料的超额领取,材料管理员应立即对其原因进行审核。若由于工程施工变更所引起的,则应具备

工程变更的相关材料予以证明,从而实现材料领取的规范化管理。此外,施工项目的负责人还应定期对施工中产生的材料费进行核算校对,对由于材料市场价格波动引起的偏差予以及时修正,并对其后续变化进行适当的预测,并制定针对性的成本管理改善措施,从而实现后期项目成本管理的有效控制。

(四)促进施工人员管理意识的提升

人作为企业施工项目开展的基础组成,其在管理的实施中有着不可替代的作用,其工作效率的高低直接影响着企业项目成本管理的优劣。因此,企业必须建立科学的责任分配制度,对员工的工作形成有效监督与激励。此外,企业还应积极开展形式多样的宣传培训活动,提高企业员工自身管理意识,提升企业员工的思想素质与自身技能水平,从而为施工项目成本管理目标的实现提供保障。

五、总结

施工项目的成本管理是一个贯穿于工程建设始终的过程。施工企业若想确保项目成本管理的最优化,实现企业经济效益的最优化,就必须对具体的施工过程进行详细探索,对其中存在的问题进行针对性解决,并建立起完善的人员管理制度和施工操作规范,促成工作职员主动性的最大化激发和施工材料与设备的最优化使用,从而确保工程的低耗、高质完工,实现企业效益提升的同时促进企业管理模式的不断升级,为企业的长久可持续发展提供保障。

参考文献

[1] 李洪峰,单葆国.浅谈工程施工项目成本管理 [J].山东电力技术,2005(3):23-25,45.

[2] 沈良峰,汤桂香,李启明.施工项目成本管理体系的构建与优化 [J].施工技术,2005(12):1-4.

[3] 贾晓春,肖东生.浅析施工项目成本管理的原理、过程及要求 [J].价值工程,2012(3):67-68.

[4] 王建春.浅析施工项目成本管理中存在的问题及对策 [J].甘肃科技纵横,2009(2):121,123.

[5] 关一卓.施工项目成本管理 [D].吉林大学硕士研究生论文,2005.

[6] 王磊.施工项目成本管理问题研究 [D].国防科学技术大学硕士研究生论文,2004.

我国污水处理厂 BOT 项目风险管理及对策研究

任福华 *

摘要 BOT 作为 20 世纪 80 年代重新兴起的投资方式,被发展中国家广泛采用。本文在对 BOT 模式进行分析的基础上对我国污水处理厂 BOT 项目进行风险分析与总结,并从运营风险、完工风险、政府风险、经济风险和不可抗力风险等方面找出应对风险的对策和措施,从而为决策提供有力的参考。

关键词 污水处理;BOT;风险管理对策

BOT（build-operate-transfer）,即建设—经营—转让。一定期限内,政府将某一公用基础设施的特许专营权授予企业,允许企业投资建设并运营该公用基础设施,企业通过向用户收取费用或出售产品回收投资并赚取利润;特许权期限届满时,政府无偿收回该基础设施。

我国污水处理立法方面,自 2000 年左右开始论证。2011 年,住房和城乡建设部起草了《城镇排水与污水处理条例（送审稿）》,经进一步研究、修改,于 12 月份公布了《城镇排水与污水处理条例（征求意见稿）》。2013 年,《城镇排水与污水处理条例》正式公布,自 2014 年 1 月 1 日起施行,对于城镇排水和污水处理,从规划设计、建设直至监督管理,在立法层面上给予保障。对于污水处理厂 BOT 项目来说,政府一般通过公开招标,竞争性地选择有经验的投资商并签订特许经营协议。投资商承接的不仅有未来的收益,同时也包括风险。现对风险进行分析,并研究应对之策。

一、我国污水处理厂 BOT 项目的风险分析

BOT 污水处理项目属市政公用事业项目,一般具有盈利水平低、投资回收期长、项目政治经济环境变化大、涉及的参与方众多等特点,所以风险比较多,而且在项目建设、运营、移交各个阶段,风险重点不断变化,对资金投入及利润流出影响巨大。

（一）政府风险

主要包括国有化、强制收购和征用风险,政策变更风险,以及政府不作为或干预风险。

---

* 任福华,中国海洋大学工程硕士在职研究生。

（二）经济风险

如果通货膨胀率、利率超过了特许经营协议中的利润率，投资得不到有效的回收，经营利润减少，则会发生经济风险。

（三）完工风险

完工风险作为 BOT 项目投资的核心风险之一，主要存在于项目的建设期、试运营期。该风险主要包括：项目完工延期、项目追加工程超过预期；由于不明原因导致项目出水水质不达标等。

（四）运营风险

运营风险作为另一核心风险之一，主要存在于污水处理 BOT 项目的试运营及正式运营期，主要包括市场和收益风险。该风险将直接导致项目是否正常运营并带来预期的现金流量。一是实际进水量连续一段时间持续小于项目设计水量；二是运营成本上涨（如电费、人工费、药剂费等超过预期）或收费政策变化，都会使回收投资与增加利润产生风险。三是缺乏运营该类项目的经验或进水水质严重超标，导致对经济环境的严重影响。

（五）不可抗力风险

不可抗力风险主要包括：一是自然灾害；二是罢工、骚乱等社会异常事件；三是项目区内发现具有保护价值的古墓、文物等；四是进水水质严重超标等。

二、我国污水处理厂 BOT 项目的风险应对措施

对于运营风险，建设部于 2004 年颁布的《市政公用特许经营管理办法》明确规定承担 BOT 项目的运营商必须具备的条件，所以运营商一般对污水处理产业领域较熟悉，一定程度上可降低运营风险。对于进水水量及成本上升方面带来的风险，可以在特许经营协议中进行明确，一是设定保底水量，在水量较小时，仍按保底水量付费；二是建立水价调整机制，包括紧急调整和正常调整。随着物价自然上涨，当单位污水处理成本上涨超过一定幅度时，原则上每两年调整一次污水处理价格；当污水处理成本短时间内上升到一定水平或者超过一定时间后，即启动紧急机制，对污水处理价格进行紧急调整。对于收费政策的变更，如税收政策变化、土地费用政策变化等，若影响水价超过一定程度，也要在特许经营协议中予以明确。在项目运营期间采购设备时，对于关键设备可采用提前计划、充分调研、全球采购、公开招标等措施，降低采购成本的同时，减少提前更换设备的风险。另外，企业最好使用有充分把握的工作程序和成熟的技术，有新的工艺产生，在充分进行经济评价分析的基础上，来决定是否要提早更换设备。要足额购买运营保险以减少运营过程中不确定因素带来的风险。

（一）规避完工风险

一是通过严格控制招标工作,严查投标单位的资质及业绩,利用合理低价法,确定实力过硬的设计单位,使设计方案能在规定时间内通过专家评审;二是通过招标选择有资质和有实力的建设承包商及监理单位,同时选择有资质的单位做好详细的地勘报告,防止出现重大地质缺陷导致投资增大及工期延误,在保证工程质量的同时,尽可能地将造价控制在预算内;三是在签定合同时,可设置履约保证金、延期赔偿费等条款,将风险适当向建设中标单位转移。

（二）规避政府风险

应对政府风险的方法一是在谈判阶段即明确政府应承担的责任,且与企业就履约和违约方面建立对等的法律关系;二是在项目建设运营期,政府要减少干预,同时做好必要的监督,实现双赢;三是出台措施保证污水处理费能足额征收,并及时支付,保证企业的经济利益。

（三）规避经济风险

经济风险的发生概率高,后果严重,所以必须采取有效措施以控制与转移风险。对于因物价上涨导致成本的上升,短时间内是可以风险自留的,污水处理服务费可每两年或三年根据物价指数变化而调整。当短时间内超过一定幅度时,可随时调整,这也是政府可以接受的方法。

利率的风险比较大。我国是政府发布银行利率,经常变动,谈判时可适当提高投资回收率。

（四）规避不可抗力风险

特许经营协议一般要明确。对于能明确责任主体的,该方承担主要责任,负责向另一方提供补偿,如水质超标等;若不能明确责任主体,一是通过企业购买保险的方式适当转移风险,二是双方各自承担自己的损失。

三、结语

经过以上的风险分析及对策研究,可以看出目前我国污水处理厂 BOT 项目的风险是比较小的,属于稳定的投资项目;缺点是相对其他产业而言,收益较低,技术性较强。在目前的政策环境下,是个很有前途的阳光产业。

[1] 孙涛. BOT 模式下的风险管理研究 [J]. 商业研究. 2004(18):100-103.

［2］俞波,余建星,练继建. 污水处理 BOT 项目投资中的经济风险分析［J］. 水利水电技术. 2005（6）：97-101.

［3］俞波,余建星. 投资项目决策中的财务风险分析——以污水处理 BOT 项目为例［J］. 福建农林大学学报(哲学社会科学版). 2005（2）：41-45.

［4］李静. 污水处理行业实施 BOT 模式的优缺点与财务管理［J］. 财经界(学术版). 2009（3）：105-112.

浅谈领导者的素质及在团队中的作用

邢 杨*

摘要 本文简单地分析了领导者在团队中的作用以及作为领导者需要具备的能力。只有当个人能力的发挥和企业核心竞争力的发挥达到互相促进、共同发展的时候,个人、企业才能共同、全面地向前快速发展。

关键词 基本素质;领导者;核心竞争力

一、领导者的重要作用

作为一个领导者,其能力的发挥与一个企业核心竞争力的发挥是相辅相成的。只有领军人物发挥好应有的能力,才能带领企业发挥其应有的核心竞争力,不断引领企业向前发展。所谓核心竞争力,就是指在某一个时间段内能够拥有,而竞争对手却没有的、能体现效率的战略、资源、能力、优势等基础上持续学习创新、并能比对手更快速赢得顾客的竞争优势。从一定意义上讲,核心竞争力的发挥也就是一个企业所具有的能力的发挥。

在实际工作中,团队领导者最关键的是将自身的核心能力也即核心竞争力发挥出来。具体到某个企业或某个部门,本身有没有核心业务、核心竞争力体现在哪里、将来的发展靠什么样的核心竞争力,这是必须要搞清楚的。能否制定出符合本企业与本部门的核心竞争力战略最为关键。对周边市场的把握是否详细、是否正确,决定着企业的发展。而团队领导者发挥的作用在这个企业或团队中处于核心地位,最高领导者往往决定着整个企业战略发展方向。

二、领导者应具备的基本素质

作为领导者,既要发挥自己的长处,还应突破自身的性格弱点,不断提高个人自身的核心竞争能力。

(一)领导力和执行力

领导力和执行力的强度和韧度是核心竞争能力之一,需要后天的磨炼和学习才能得

---

* 邢杨,中国海洋大学工程硕士在职研究生。

到。首先从一个人的思想所达到的深度去理解,领导力和执行力从一定意义上决定着企业的健康发展,无论从知识层面上还是经验上都直接决定着领导力和执行力的强弱。

(二)自信心

作为一个领导所应具有的自信,是让所有员工凝聚在一起对未来充满信心的自信。要将企业的未来远景很好地展现给团队,让团队永远充满活力,这是作为一个团队领导所必须突破和改进的。一个企业在处于暂时的困难时,领导者的自信心表现得尤为重要。领导者必须具备自己的战略眼光,要看得更远,认知得更深,才能有所突破和改进。

(三)创新能力

创新就必须不断地去学习。领导者永远不能停止自身的学习。现在社会的发展变化很快,不学习就跟不上时代发展的脚步。领导者不具有创新能力,就不能用发展的眼光来实现企业创新,引领企业向前创新发展,就不能挖掘企业发展新的利润增长点。因此,领导者必须实现创新的突破,必须时刻鞭策自己,不断汲取新的领域知识,多走出去参观考察,学习他人的先进经验并为我所用。

(四)绩效管理能力

绩效管理是一个完整的考核体系,以目标为导向,以绩效指标为标准,使团队成员付出的努力及劳动成果能在物质及精神层面得到体现,才能最大程度地发挥这个团队的工作效率。

总之,只有挖掘出领导者的潜能、实现真正的突破并发挥出来,才能体现出作为领导者的价值,进而让企业拥有核心竞争力。只有当个人能力的发挥和企业核心竞争力的发挥互相促进、共同发展的时候,个人、企业才能共同、全面地快速向前发展。

参 考 文 献

[1] 王德胜. 企业文化与核心竞争力关系模型的构建 [J]. 统计与决策. 2009(21):187-188.

[2] 马敬民,谢振莲. 以提升民营企业核心竞争力为目标的内部控制设计 [J]. 财务与会计(理财版). 2010(2):61-62.

[3] 王松奇. 领导力也是大学问——推荐陈伟钢新著《奇正领导力》[J]. 银行家. 2014(7):144.

[4] 张华磊. 袁庆宏,王震,黄勇. 核心自我评价、领导风格对研发人员跨界行为的影响研究 [J]. 管理学报. 2014(8):1168-1176.

以近郊旅游推动产业转型升级问题研究

——以青岛市城阳区夏庄街道为例

历承恺 *

摘要 随着近郊旅游的快速发展,旅游者对于近郊旅游的配套设施、服务品质、体验内容要求越来越多。本文通过分析青岛市城阳区夏庄街道对旅游资源的开发、推广做法、存在问题和发展趋势,提出了今后一段时期内近郊旅游发展的具体措施,用于提升档次和规模,进一步体现集聚化、产业化的发展态势。

关键词 近郊旅游;发展现状;政策驱动

青岛市城阳区夏庄街道是青岛市近年来新兴的近郊旅游城镇,依靠得天独厚的旅游资源优势,同时借助政府政策的引导扶持,将近郊旅游发展得风生水起,吸引了青岛市区乃至周边区域的大量游客。夏庄街道近郊旅游业基本上可以作为研究城市近郊旅游发展的经典模式,现以其作为标本探讨近郊旅游发展所应具备的条件、存在问题及应对措施。

一、近郊旅游具备的优势

夏庄街道地处城阳区东南部,东倚崂山西麓,具备得天独厚的条件。在自然景观方面,夏庄街道山清水秀、风景秀丽,毗邻知名的毛公山景区,有石门山、梳洗楼等景点百余处。在人文资源方面,街道东部是龙山文化的发源地之一,有汉代童真宫、北魏法海寺、唐代玉皇庙和宋代百福庵等多处历史悠久的名胜古迹。在果蔬资源方面,城阳东部是水果之乡,有享誉岛城的岙岤樱桃、曹村草莓、少山红杏、宫家葡萄、杠六九西红柿等。这些宝贵而独特的自然和人文资源结合在一起,为城阳东部近郊旅游业快速发展奠定了丰富的物质基础。

二、近郊旅游发展举措

根据夏庄旅游现状,夏庄街道聘请专家进行了统一规划,将整个旅游开发大体分为近、中、远三期。近期(2011～2015)以完善基础设施、建设度假村和开发太和村观光园、郝家营生态农业园、云头崮千亩茶园以及崂山水库周边环境为主;中期(2016～2020)以

---

* 历承恺,中国海洋大学工程硕士在职研究生。

开发太和——石门山、岈峪景观、南屋石植物园等为主;远期规划(2020～2030)以完善景观、开发新的旅游景点和旅游产品为主。具体工作包括:

一是将旅游开发纳入全街道经济社会发展总体布局。成立旅游开发协调领导小组,并设立专门机构,配备专业人员,对旅游资源实行统一领导、统一管理、统一开发。

二是坚持高起点、高标准,科学规划。聘请国内外专家,准确地确定旅游产业在大崂山乃至全市、全国旅游产业链条中的位置,对域内资源景观进行统一规划设计,并确立发展以太和观光园、北部植物园、云头崮千亩茶园、郝家营生态农业园和前古镇高效农业园、沙沟—曹村畜牧养殖区为主的6大农业(观光)园,为发展观光旅游业积蓄后劲。

三是以生态资源为载体。按照寓于休闲的要求,结合各类农业园(其他)的综合配套,按照"林中有楼、住在山间"的思路,大力兴建各类旅游度假区,将观光、休闲、娱乐、居住、餐饮融为一体。如云头崮村结合千亩茶园建设,对周边山丘进行开发,新建盘山公路4千米,新修水库1座,并在半山腰建立多处小凉亭,形成了观光、品茶、垂钓、游玩为一体的新型休闲观光区。太和村投资700余万元,修建盘山公路7.2千米,栽植造型芙蓉、常绿龙柏、石榴、大枣等名优树种2.5万株,并新开发了"关公夜读""太和乐佛""神猴观海"等40余处景点。目前,太和观光园、云头崮千亩茶园与街道内的法海寺、霸王台等自然、人文景观互相响应,构成了一条集旅游观光、古迹揽胜、名果品尝等于一体的东部旅游热线。

四是在旅游开发资金上,破常规融资方式,采取股份制,合作开发,转让土地经营权等多种方式筹集资金,解决资金短缺问题。如北方植物园太和村观光园采取合作搞开发、利润共享的形式,分别与青岛建设集团和青岛中商房地产开发公司签署了投资1 500万元和1.5亿元的旧村改造、园区建设及旅游开发项目;云头崮千亩茶园采取社会融资方式,筹集资金300余万元等,促进了旅游业的发展。

五是结合旅游业的开发,积极加大生态林、经济林等山林建设力度,大力营造"满眼是绿色、到处是绿林"的和谐生态环境。同时,在做好六大观光园区建设外,还大力抓好其他农业园区的建设,先后又开发了岈峪千亩樱桃园、少山千亩红杏园、崔家沟高效农业园等,进一步扩大了旅游资源,并积极探讨召开岈峪樱桃节、沙沟葡萄节、源头法海寺庙会等具有夏庄特色的旅游文化活动。

三、存在的问题

(一)旅游项目缺乏特色

目前,夏庄推出的旅游项目基本上都是登山健身、果品采摘和农家宴品尝,虽然异于城市生活,但时间一长旅游竞争力和吸引力必然下降,不利于培养游客对旅游点的忠诚度。另外,旅游项目基本上都只是在原有生产基础上稍加改动和表层开发,缺乏创新和深度加工,特色不明显,从而影响了近郊旅游的发展后劲。

(二)旅游知名度有待提升

夏庄街道近郊旅游目前还是一种小而散的发展状态,农家宴多而不精,自然景观多但缺少知名度,水果采摘特色不突出,旅游资源等级不高,缺少系统的对外宣传体系,旅游知名度有待进一步提高。

(三)旅游服务水平有待提高

夏庄的近郊旅游在配套服务方面还较为缺乏。经营者缺乏必要的管理知识,服务人员也以当地闲散村民为主,未接受过正规培训,难以为游客提供高质量的服务,经常是菜品质量差、服务差、价格高,是游客投诉的"重灾区"。旅游售后服务体系缺乏,游客的投诉得不到及时回复和解决,致使游客流失。

(四)基础设施有待完善

由于缺少统一的规划和必要的投资,一些道路、停车场、公共厕所等必要的公共设施过于简陋且布局杂乱无章。同时,缺少像茶楼、土特产经营店、旅游用品专卖店等辅助性服务设施,影响到旅游产业链条的延伸。

四、近郊旅游业推动产业转型升级的对策建议

(一)加强政策驱动扶持

一是制定产业规划。以制定青岛市旅游城阳集聚区为例,在发展思路上要发挥城阳区临近市区、临近流亭机场和红岛旅游休闲度假村的独特优势,增添文化符号,加快文化创意、会议展览、商务、购物、美食、演艺和娱乐休闲、信息和金融服务以及城市生态等新型旅游要素集聚发展,培育形成集城市观光、休闲度假、养生康体、会展商务、美食娱乐等于一体的新型城市近郊旅游集聚区。完善配套设施,统筹旅游公路的规划和建设,完善旅游公共服务设施,全面提升旅游企业、景区(点)和重点旅游城市的旅游信息化服务水平,建立和完善城乡一体的旅游公共服务体系。

二是优化管理服务。尤其是在对导游的管理过程中,要提高对导游综合素质的要求,并建立健全相关的法律政策,采取有效措施,从提升导游的整体素质来优化管理服务。规范旅游市场经营行为,杜绝旅行社之间的恶性削价竞争,同时要充分利用各类博览会、运动会、节庆等活动平台,大力开展旅游形象推介。加强各类媒体对旅游业的宣传报道工作,加大旅游公益广告的刊播力度。推进各类媒体与旅游企业的合作,支持各类媒体设立和发展旅游节目。

三是吸引民间资本。经济发展与产业结构是相互依赖、相互促进的,产业结构是经济发展的结果,同时也是经济发展的动力,旅游的发展应与经济发展相联系,发挥其互补的优势,用经济的发展带动旅游业的发展,同时以旅游业的发展带动经济的发展,吸收民间资本提升旅游业的整体水平,促进经济所有制结构多元化发展,在国家提供的促进非公有制经济发展的条件下,促进民营和"三资"经济迅速发展。

(二)提高完善产业品质

一是丰富产品文化。民风古朴的农村保留着传统农业文化最原始自然的风味和精髓，与浮华喧嚣的现代都市文化形成鲜明的对比。乡村成为城市居民灵魂皈依、心灵休憩的乐园，乡村传统文化以它的封闭悠闲散发出对现代居民不可抗拒的吸引力。因此，乡村旅游可以从古建筑文化、森林植物文化等方面入手，提升乡村旅游的文化内涵。

二是增加体验项目。具有特色的近郊乡镇和旅游经营单位在编制景区规划时，就要深入挖掘自身的旅游资源，围绕特色农林产品主题和人文文化内涵，精心策划城市居民喜闻乐见的近郊游项目。以青岛市城阳区为例，目前正在建设面积5.6万平方米的四季采摘园、利用红色遗址开发真人CS，并筹划首届花卉节，增加插花体验，目的都是留住游客，把一日游、半日游变为两日游，实现旅游效益的成倍提升。

三是加强人才培训。要切实加强近郊旅游从业人员队伍的建设，特别是当地政府应当对经营业户进行有效的引导，发动志愿者帮助服务，组织他们到旅游业发达地区"取经"，并加强对旅游服务人员的培训，全面提升其服务水平及道德素养，杜绝一味追求利益而出现的违规行为。最后，通过积极引进专业的旅游人才，帮助地区对旅游资源进行整理、宣传、开发，制定管理制度和规定，从而实现近郊旅游的持续、良性、健康发展。

(三)延长拓展产业链条

一是培育优质农业旅游产品品牌，发展农业科技。这种农业旅游品牌集生态治理、新农村建设、民俗旅游业、观光农业发展为一体的区域经济发展新模式。研究新型农产品品种，培育出生长快、抗旱涝的瓜果蔬菜，为到近郊旅游的人们提供绿色的食品供人们采摘和食用。将生产、交换、消费等环节紧密联系，提高土地利用率，增加农产品商品率，打造自己的农业旅游品牌。

二是将传统的餐饮、住宿融入商贸产业大发展中，主动承接城区服务业态的外扩，创新产生一种全新、独特的服务形式和理念，比如近郊的演艺中心，使美食、住宿等融入多种文化形式中，结合文化创意、旅游度假、休闲娱乐、会展演艺、养老养生、医疗康体等多种手段打造综合性商贸服务项目，提高参与性、观赏性和娱乐性。人们来此消费不仅能吃到美食，还能娱乐、养生，观看演艺，独享饱满的假期，让人感到来近郊旅游玩得好、玩得尽兴、玩得充实；还提高了当地整个近郊旅游发展的档次和形象，提高了消费标准，带动区域经济快速发展。

(四)积极发展现代服务产业

打造具有规模的聚集区域，实现城区集中发展。以唐山经济开发区为例，他们根据实际情况，从农业、高新技术产业方面入手，进行循环经济建设，整合各方面的资源，不断促进唐山市县域经济的发展并取得良好的效果。青岛城区近郊旅游发展可以学习其成功经验，以自身地理优势和国家对蓝色海洋发展的支持打造属于自己的品牌，实现辐射带动的发展模式，设立免税店、酒吧、展览大厅、度假村等供游客观光、旅游项目，体验青岛风情。用蓝色文化打造长线自驾游线路，通过改善边境旅游基础设施建设，带动更偏远地区的发展,既促进中心城市的经济建设,又拉动近郊旅游业的发展,通过辐射带动作用实现经济体制的不断完善,人们素养的不断提高和经济增长量的提高。

[1] 胡长荣,胡玲. 依托现代农业,助推乡村旅游的发展——江苏省灌南县现代农业示范园探究 [J]. 中国乡镇企业, 2013 (8):71-73.

[2] 任春丽. 唐山市县域经济发展模式研究 [D]. 河北农业大学硕士研究生论文,2012.

[3] 陈艳红. 导游人员职业倦怠问题研究 [D]. 山东师范大学硕士研究生论文,2008.

[4] 饶悌亮. 关于三元区乡村旅游发展的理性思考 [N]. 三明日报,2010-11-28:A03.

[5] 吴兰书. 对云舍村乡村旅游发展的思考 [J]. 理论与当代, 2011 (8):16-18.

220 kV 输电线路跨越铁路施工跨越架封网方案的研究

解志鹏 *

摘要 本文针对在电力线路施工中常常遇到的跨越铁路施工问题,主要分析了某 220 kV 输电线路跨越铁路施工跨越架封网方案、施工步骤及施工注意事项,制订出详细缜密的跨越架搭设及封网方案,既满足铁路运行安全的要求,又保证了电力线路迁改工程的顺利实施。

关键词 输电线路;跨越铁路施工;跨越架搭设及封网

随着电气化铁路的快速发展,新建铁路、既有铁路改扩建项目越来越多,而铁路沿线有很多交叉跨越的电力线路。本文以 220 kV 输电线路跨越既有胶济铁路迁改工程为例,对跨越架封网方案、施工步骤及施工注意事项进行了分析研究。按照铁路局的规定,跨越既有运营铁路施工,施工方需提前制订跨越施工方案,经过铁路相关部门勘查现场,提出审查意见,施工方修改完善。

一、施工前准备

施工前提前与铁路局相关站段(工务段、供电段、车务段、电务段、通信段、维管段等)签订安全协议,并按铁路规章、规定施工。同时组织施工人员进行安全技术交底、危险点告知、交代安全措施和技术措施,并确认所有施工人员都已知晓。提前将地线和导引绳用人力在跨越架处两端放通,根据铁路相关部门意见,请其派员赴现场监督指导。

二、跨越架搭设

(一)施工时间安排

施工前提前与电务段联系,待电务段负责人到现场确认需动土位置无电缆时,方可动土施工。

---

* 解志鹏,中国海洋大学工程硕士在职研究生。

（二）跨越铁路贯通线、自闭线的跨越架

两侧架体分别距离 10 kV 带电线路 1.5 米。跨越架沿 10 kV 线路两侧搭设，中心应在线路中心线上，搭设时应准确测量定位。为防止导地线在展放过程中及在附件安装前的施工中意外下落，在跨越架顶端设置羊角外，上方铺设毛竹隔离。

（三）跨铁路两侧架体

跨越架长度、宽度及高度的计算：

1. 跨越架长度

跨越架的长度是由新建线路两边导线间的距离和跨越交叉角确定的，可按下式计算跨越架的长度：

$$L = (D + 4) / \sin \alpha \qquad \text{式（2-1）}$$

式中，L：跨越架长度（米）；D：线路两边线之间的距离；α：跨越物与被跨越物之间的交叉角。

对本工程跨越架：$L = (12 + 4) / \sin 80 = 16.25$ 米，考虑到风偏以及旧线拆除，跨越架准备搭 18 米长。

2. 跨越架宽度

跨越架的宽度是由被跨越物的宽度和跨越架与被跨越物之间的最小水平安全距离确定的，胶济铁路两侧护栏之间宽约 18 米，跨越架搭设宽度约 22 米。

3. 跨越架高度

跨越架的高度是由被跨越物的高度和跨越架与被跨越物之间的最小垂直安全距离确定的，应满足：

$$H = h_1 + h_2 \qquad \text{式（2-2）}$$

式中，H：跨越架高度；h_1：被跨越物的高度；h_2：跨越架与被跨越物之间的最小垂直安全距离。

本工程跨越架高度（考虑封顶绝缘网弧垂约 2 米）：由于胶济铁路为电气化铁路，按照铁路要求跨越架需保证对铁路接触网 4 米的安全距离，根据现场测量结果，胶济铁路跨越架高度为 18 米。

（四）安全监护和技术指导

跨越铁路施工跨越架受力验算：

为了防止跨越架在施工中倾倒危及行车安全，对施工过程中跨越架的受力进行计算，主要考虑跨越架在水平方向上的受力，该力主要来自两方面：风力对跨越架造成水平荷载和顺线路施工方向的水平力。张力架线跨越架按同时承受最大风速或跑线情况下的荷载计算结构强度、整体及局部稳定性。

1. 架面风压

风压作用在距离地面 2/3 架高处，风压值按下式计算：

$$P_N = 9.81K \frac{V^2}{16} \sum F_C \qquad \text{式（2-3）}$$

式中，P_N：跨越架全架面风压，N；K：风载体型系数，跨越架使用圆形杆件，$K=0.7$，使用在架面上为平面的杆件，$K=1.3$；V：线路设计最大风速，m/s；$\sum F_C$：架面杆件总投影面积，一般可取架面轮廓面积的 $30\% \sim 40\%$，m^2。

该线路设计风速为27米/秒（10 m 高处，30年一遇），以下是相应风级对应的风速值：

表 2-1 风力等级及对应风速表

风级	名称	风速（m/s）
0	无风	$0.0 \sim 0.2$
1	软风	$0.3 \sim 1.5$
2	轻风	$1.6 \sim 3.3$
3	微风	$3.4 \sim 5.4$
4	和风	$5.5 \sim 7.9$
5	劲风	$8.0 \sim 10.7$
6	强风	$10.8 \sim 13.8$
7	疾风	$13.9 \sim 17.1$
8	大风	$17.2 \sim 20.7$
9	烈风	$20.8 \sim 24.4$
10	狂风	$24.5 \sim 28.4$
11	暴风	$28.5 \sim 32.6$

注：本表所列风速是指平地上离地10米处的风速值。

为了验算最恶劣天气情况下的跨越架受力情况，风速值全部取 27 米/秒。为了保证跨越架的稳定，拉线与地面的夹角不得大于 45°，本次验算按照 45° 取值，计算出跨越架的受力情况。为了防止跨越架倾倒，危及铁路行车安全，采用增设拉线的方法对跨越架进行固定，在每个跨越架的首、尾及中部平均设置 4 处拉线，每处有两根拉线分别系于跨越架的顶部及上方 1/3 处，拉线采用地锚固定，地锚规格 0.4 m × 0.6 m，埋深 1.9 m。经过比对计算结果发现，每处跨越架的拉线设置都可以保证其稳定性，且安全系数均在 6 倍以上。

2. 垂直压力

集中作用在架顶，作用点可沿架全宽移动（活荷载）。压力值按下式计算：

$$W_J = l_y m w_1 \qquad \text{式（2-4）}$$

式中，W_J：跨越架的垂直荷载，N；l_y：假设导线落在跨越架上，跨越架的垂直档距。一般情况下，平地取 200 m，山区取计算值，但不小于 200 m；m：同时牵放子导线的根数。

3. 顺施工线路方向水平力

作用在垂直压力的作用点，水平力值按下式计算：$F = \mu W_J$

式中，F：跨越架顺施工线路方向的水平荷载，N；μ：导线对跨越架架顶的摩擦系数，架顶为滚动横梁，$\mu = 0.2 \sim 0.3$；架顶为非滚动横梁，横梁为非金属材料，可取 $\mu = 0.7 \sim 1.0$；架顶为非滚动横梁,横梁为金属材料,可取 $\mu = 0.4 \sim 0.5$。

经过计算这几处跨越点最粗导线对跨越架的水平力在 2 000 N 左右,跑线情况下对跨越架的影响不大,满足安全施工要求。

三、跨越架封网

跨越铁路的跨越架封网,因跨度较大,故采用迪尼玛绳(为绝缘材料)绑铺毛竹的方式封网。施工需要按照铁路局运输处批复的施工时间,服从驻站联络员等相关人员的现场指挥,在铁路封锁后,有 2 ～ 4 名施工人员进入护栏内,传递绝缘细绳(棕绳),细绳放通后方可带迪尼玛绳及竹排封网,迪尼玛绳略带张力展放,以保证迪尼玛绳不触碰铁路接触网。需要进入护栏内,配合人员必须按照工务段要求穿戴防护服,提前在规定的入口处等待,待接到工务段驻站联络员通知后,方可进入护栏内施工,进入护栏内的人员听从现场铁路部门相关人员指挥,不得损坏任何铁路设施,工作结束后立即撤出护栏并及时汇报驻站联络员。

四、结束语

跨越铁路施工,施工难度较大,涉及铁路配合部门较多,手续办理复杂,需要施工负责人全面掌控现场危险因素,制订缜密细致的跨越施工方案,其中跨越架搭设及封网稳固是安全防护措施中的重中之重,因此跨越架搭设方案必须严格审查。绝缘网及竹排应密实牢固,能够承担线下落时的冲力,保证导线与铁路接触网之间足够的安全距离。经过实践证明,上述跨越架搭设及封网方案是安全可靠的,既满足铁路运行安全的要求,又保证了电力线路迁改工程的顺利实施。

参考文献

[1] 杨森林. 110 kV 电力高压线路跨既有电气化铁路迁改协调配合、施工管控问题的探讨 [J]. 科技信息,2013(12):417-418.
[2] 范金龙. 浅析跨越铁路的电力线路改造 [J]. 科技资讯,2012(11):116.
[3] 叶沃生,叶胜露. 高压输电线路跨越铁路的施工技术 [J]. 宁夏电力,2011(4):40-42,56.
[4] 白东晖. 高等级线路跨越既有铁路、公路、电力线路的优化施工 [J]. 今日科苑,2010(4):115.

试论建筑工程项目管理中的技术应用

原松波 [*]

摘要 随着信息技术在各行各业的广泛渗透,作为我国国民经济基础产业的建筑业面临着信息技术带来的巨大挑战,如何提高建筑行业项目管理中的技术应用问题成为当务之急。本文就我国建筑工程项目管理中的技术应用问题展开探讨。

关键词 信息技术;建筑工程;项目管理;技术应用

技术管理作为建筑工程项目管理的重要一环,对项目整个施工过程的重要性不言而喻,它不仅贯穿了项目的准备过程和施工过程,而且在工程竣工后仍需要进行以保证项目后期的正常使用。

一、建筑工程项目管理中技术管理的应用

(一)建筑工程项目成本管理中的技术应用

项目成本管理的核心工作由项目部的财务管理部门负责。伴随信息时代的到来及计算机技术的发展,越来越多的建筑公司通过计算机系统及相应软件记录项目财务及成本信息。这样一方面保证了财务信息的准确性和及时性,提高了工作效率和工作质量;另一方面节省了人工记账所需要的纸张等资源,为企业节省了一笔不小的开支。

成本预算也是建筑工程项目中成本管理的重要内容。目前计算机技术的发展及技术管理在成本预算中的应用,基本解决了人工预算的问题。比如,现代技术为管理者提供网络途径来设定建筑项目的关键路径和非关键路径,可以通过控制和减少非关键路径的不必要活动资源来降低项目成本。同时,可以通过计算机技术对建筑工程项目进行全程跟踪,及时记录项目的实施状况,实时更新原料价格等数据,通过各种信息的及时更新从而制订出最优的成本预算方案,最终达到实现利润最大化的目的。

(二)建筑工程项目质量管理中的技术应用

提高工程项目的质量成为企业重点关注的问题,而建筑工程项目质量管理主要靠材料质量来保障,对材料质量的控制主要包括对原材料、成品、半成品等的控制。技术管理

---

* 原松波,中国海洋大学工程硕士在职研究生。

在工程项目质量管理中的应用主要表现在通过互联网查找建筑材料公司,通过对比、筛选等选出适合本工程项目的性价比较高的材料。另外,要通过对材料编号进行分类放置,并建立一个工程项目建筑材料信息系统将到场材料录入到该系统中,保证材料的出库使用能严格按照工程进度进行,建筑材料信息系统的建立可以保证各项材料的出库入库都能有明确记录,使每一项材料的用处都有处可查。当建筑材料出现问题时可以在材料信息系统中查到出处,从而追究责任。另外,信息系统的管理员要及时做好记录,并不定期对存货进行盘点和检查,避免发生材料损失或丢失。

(三)建筑工程项目进度管理中的技术应用

建筑工程项目的进度管理与网络计划息息相关,计算机技术的普及给网络技术的发展带来契机,而网络计划技术的不断完善又是公认的控制工程进度的最有效方法。关键路径法是网络技术的一个重要方法,这种方法可以为不同的工程项目量身定做进度安排,针对不同活动的不同重要性及难易程度来设计不同的完成时间,并进一步制订出详细的起始结束时间计划。如果遇到突发状况,网络计划技术可以进行及时分析或取消活动,避免影响整个建筑工程项目的进度。

(四)建筑工程项目风险管理中的技术应用

通常大型工程项目的建设周期比较长、涉及范围广、技术应用复杂、投资巨大,因此其存在的风险也高于一般项目,一旦项目在建设过程中存在的潜在风险变为现实,就会给工程本身的安全带来威胁,给建筑公司带来严重的资金损失。因此,参与工程建设的各方必须负起责任,认真分析工程项目的风险因素,对风险量的大小进行合理估计,制定并采取有效措施及时规避风险。企业管理人员应建立起风险预测系统和风险评估系统,一方面利用风险预测系统合理预测项目风险并及时找到解决办法;另一方面通过风险评估系统对预测到的风险进行分析和总结,从而为今后的项目提供借鉴,避免不必要的风险损失。

二、建筑工程项目管理中技术管理的优化措施

(一)树立科学的技术应用理念

目前,存在部分企业盲目追求信息构建,并未掌握相关应用软件的使用技巧,也并未从实际出发制定适合自身的管理系统,导致很多信息化的应用平台并未真正发挥作用,造成了严重的资金浪费。因此,现代建筑施工企业的管理人员必须立足实际,坚持科学理念,根据需要建立局域网、办公系统等,并在此基础上合理分析工程项目建立常用的招投标系统和财务管理软件,在系统集成水平满足管理需求的前提下,适当提高信息化的整体水平。

(二)明确技术管理的职责,提高技术管理水平

首先要明确划分不同的技术管理部门,将各技术管理部门的工作落到实处,并实行技

术责任制,将技术管理的权、责、职精确到个人,保证每一项技术管理都有专门的负责人。另外,为提高技术管理水平,要定期对全体技术管理员工进行相应的专业培训,特别是安排并督促技术干部学习先进技术管理规范,熟练掌握施工技术要求、工程质量标准及施工方法等,并以这些标准为依据来组织施工、验收工程等。

技术管理水平的提高是一个长期的过程,不是简单地进行规范学习、标准强化就能实现的,还需要学习先进的管理方法,在长期的工程项目技术管理的实例中总结管理经验。建筑企业应在员工内部不同技术管理部门之间组织技术交流、技术学习等,提高员工的业务素养,从而预见性地发现和处理问题,保证工程的正常施工。

(三)广泛应用网络平台做好技术管理

现代工程项目的建设一般具有以下特点:规模较大、设计人员多、信息量大、技术应用广泛等。传统施工管理的信息媒介一般是纸张,所有工作完全靠人工完成,这种管理模式是传统金字塔式管理体制的结果,但是这种模式并不适应现代工程项目建设,一味地人工管理只会导致信息失真,给建筑企业带来资金损失。美国相关调查显示,其建筑企业有3%～5%的项目成本是由信息失误造成的不必要损失,其中有超过30%的损失是使用错误或过期图纸所致。项目成本中有1%～2%用于日常文件或图纸的印刷、传真、复印等,然而建设项目参与的任何一方在项目竣工后统计所得有用图纸不过65%,这造成了极大浪费,并严重降低了项目各参与方的工作效率。因此,在信息高速膨胀的今天,面对网络技术发展带来的有利平台,各建筑企业必须充分利用,借助信息系统优化信息管理,保证信息的时效性及准确性,构建各种信息系统,利用计算机软件计算数据、存储信息、预测风险。

[1] 李振. 房屋施工质量管理及防治措施 [J]. 门窗,2013(12):292,296.

[2] 卢毅. 浅谈房屋建筑工程监理现场质量管理 [J]. 江西建材,2014(10):280-281.

[3] 徐兰. 浅谈房屋建筑工程质量控制探微 [J]. 才智,2012(11):31.

[4] 张志远. 浅谈房屋建筑工程的质量控制 [J]. 科技创业月刊,2011(5):72-73+97.

[5] 窦嘉纲. 建筑工程项目的质量控制 [D]. 山东大学硕士研究生论文,2010.

关于旧城改造重点及开展方式的探讨

靳　燕　任国桢[*]

摘要　当前旧城改造得到了社会越来越多的关注与重视。一直以来旧城改造都是一项较为繁琐的大工程,关系到政府以及城市居民的切实利益,本文针对旧城改造重点问题以及具体开展方式进行较为深入的探讨。

关键词　旧城改造;传统保护;方案比较

一、旧城改造的重要性

旧城区因建设年代久远,历史沉淀较丰厚,居住人口密集,存在较多的已有建筑需要拆迁、较多的居民需要安置、开发成本高等一系列因素,使旧城区的更新改造成为城市建设的难题。其实从当前的情况来看,旧城改造是城市发展进程中十分重要的一项工程,不可以对这一问题抱有忽视、逃避的态度,要在做好充分分析研究的前提下,按照规划方案,合理有序地展开旧城的改造与更新。

二、旧城改造中的重点问题

(一)注重城市布局的合理规划

旧城改造的开展应该上升到生态保护的层面,要坚持贯彻可持续发展政策。在进行城市改造的进程中,需要按照城市的发展规划等对旧城改造进行统筹考虑;按照整体研究的思路,研究城市的各项指标,完成城市的整体研究。

(二)注重优秀历史建筑与历史文化资源的保护

历史建筑是城市的宝贵资源,如北京"胡同"及"四合院"、上海"弄堂"、青岛"里弄"等已经成为当地重要的文化象征,体现出较高的历史价值,在旧城改造的过程中应该给予充分的保护。当然,保护并不是一切原封不动,更非一切复旧,城市的历史是发展的历史。这方面国内外有许多成功的经验可以借鉴。

---

* 靳燕,任国桢,中国海洋大学工程硕士在职研究生。

与此同时,在旧城改造的过程中,针对那些建筑质量较好、具有较高历史文物价值的建筑要加以保护留存。对于历史建筑及历史文化要有明确的意识,选择性地做好适当的规划与改造工作。

(三)注重人们活动空间的规划

在进行旧城改造的过程中,应该充分融入人文因素,改造方案要建立在适宜居民生活与活动的基础上,根据城市人们活动实际需求,作出合理的规划。在改造方案中,为了提升旧城区吸引力,增加公共开敞空间的魅力,需要更加注重人性化街景的增加。

(四)注重城市绿化率的提高

在旧城改造的规划方案中,应该对城市的绿化水平引起足够的重视。

三、旧城改造方案与措施

(一)保持城市原本架构,确保新旧城区的彼此共融

1. 具体改造方案与措施

在旧城改造工程开展的过程中应该保持城市原本架构,确保新旧城区的彼此共融。新城区的建设风格需结合旧城区的设计元素和特色,依照旧城区的总体框架开展。此种改造模式一般用于旧城区历史保护要素数量较多、情况较复杂、分布范围较散的情况。在旧城区周边重新规划新城,可完善城区功能,起到疏解旧城人口、改善旧城居住条件、缓解交通拥堵的作用。完成改造后,城市环境质量以及整体的生活水平将得到显著提升,实现更快更好发展。

2. 改造方案特点

第一,坚持全面保护、整体保护、真实性保护、积极保护的原则,在保护的同时,重视科学统筹,正确处理保护与经济、社会、文化全面发展的关系。

第二,主要目的是保护各历史文化街区、文物保护单位、历史优秀建筑、自然环境要素等,应避免大拆大建,采取相对保守的手段进行改造,严格控制旧城区内的生产建设。

第三,采取政府主导的改造方式,全市统筹,老城保护与新城开发有机捆绑,不追求商业利益,必要时可直接由政府组织实施。

3. 改造方案启示及存在问题

这种方案适宜在面积较小、保护要素较为丰富的旧城区改造中实施,它不仅能够保护旧城区历史要素,同时还能够确保新的建设更为便捷,使得旧城区的保护与新城区建设得以融合,实现了新旧的自然交替,历史与现代的统一。但同时也存在旧城区内的公共服务设施及基础配套设施资源匮乏无法立即解决、居民生活质量无法立即得到改善等问题。

（二）传承历史文化资源，保持传统建筑原有风格

1. 具体改造方案与措施

传承历史文化资源，保持传统建筑原有风格就是要对旧城建筑的分布做出严谨的限制，确保改造后城市风格与旧城相统一，延续历史风貌及城市框架，保持传统建筑风格，重现历史建筑风貌，增强城市历史感，凸显城市地域特色和文化特色，绽放城市魅力。

此种改造模式通过挖掘旧城区的历史价值和旧城区居民传统生活形成的文化价值，通过多种种类的混合开发经营，借此发展商业、旅游、传统生活体验等特色经济，使老城充满活力，实现保护与改造的双赢，社会与经济的共同发展。

2. 改造方案特点

第一，结合多种改造模式优点，以历史文化保护为主，辅以修补整顿，保持改造前后的旧城区内城市框架、居民生活、建筑风格的延续性。

第二，追求各项效益全面发展，达到经济效益、环境效益、社会效益相统一。

第三，这种保护模式遵循保护遗产、继承文化、科学规划、严格保护的原则。保护历史遗存的真实性，维护历史风貌的完整性，延续社会结构及社会生活形态。

3. 改造方案启示及存在问题

传承历史文化资源、保持传统建筑原有风格的改造方案保留了历史遗留的文化与特点，防止出现因建筑拆除所造成的经济、文化损失，是对原有社会结构和社会生活形态的有效延续和保护，较好地做到了旧城改造的可持续发展。此方案存在保护更新成本较高的问题，因此整个项目改造中资金的数量及到位与否将是项目实施至关重要的影响因素。

（三）保持原有城市面貌与风格，整顿旧城局部功能

1. 具体改造方案及措施

青岛的"里院建筑风貌区"位于青岛市市北区四方路两侧区域，是目前唯一一片保存完整、类型丰富、规模较大的里院建筑群。这种旧城区中心区可采用保持原有城市面貌与风格、整顿旧城局部功能、提高土地利用率、向空间要效益的改造方案，实现土地的节约集约利用，让城市变得更有魅力。

2. 改造方案特点

第一，对旧城区进行重新规划设计，实施改造，融合历史建筑与现代建筑，塑造具有文化品质和独特文化特色的创意文化活动集核。

第二，严格保护历史风貌道路的空间尺度，保持历史风貌道路的红线宽度和转弯半径，控制两侧建筑高度；保护历史风貌道路断面形式，保护其与地形、环境要素等构成的断面组织方式；保护历史风貌道路的界面，保护沿街行道树，实现了保护与开发的有机融合。

第三，提炼改造后城市主要特色，对城市进行重新定位，发展特色经济。

3. 改造方案启示及存在问题

在保持原有城市面貌与风格、整顿旧城局部功能的改造方案中针对历史建筑的保护不再局限于被动式的保护，相反是更加主动地去发掘它的现实意义，通过改造与利用实现

保护与重建并举,把历史保护与旧城改造进行有效融合。但将旧城居住者全部搬迁出改造区域,这对于城市生活方式以及社会组织架构而言都是很大的破坏。

四、结束语

总的来说,随着当前我国社会的快速发展以及城市建设进程的加快,旧城改造迎来了全新的发展机遇,同时也面临更加严峻的挑战。因此要注重对原有历史文化资源的保护,针对传统建筑的实际留存价值作出精确的评估以及合理规划,在确保历史文化得以流传的基础上,完成对城市的重新改建与更新。

参考文献

[1] 杨承志. 广州市旧城改造房屋拆迁流程再造研究 [D]. 华中科技大学硕士研究生论文,2010.

[2] 马利民. 关于旧城改造规划若干问题的综述 [J]. 山西建筑,2001(5):1-2.

[3] 廖玉娟. 多主体伙伴治理的旧城再生研究 [D]. 重庆大学硕士研究生论文,2013.

[4] 齐建敏. 旧城改造项目融资模式研究 [D]. 河北工业大学硕士研究生论文,2013.

浅谈制造业企业财务风险的成因与防范

吕建美[*]

摘要 本文在借鉴国内外企业财务风险研究成果的基础之上,对我国制造业面临的财务风险进行分析,并就风险成因进行了研究。最后提出了建立制造业上市公司财务风险评估指标体系、资产的流动性和盈利能力、加强内部控制建设这三方面可行性措施,以降低企业的财务风险,防止财务问题进一步恶化。

关键字 制造业;财务风险;风险成因

一、制造业现状及风险特征分析

(一)我国制造业现状分析

制造业是我国国民经济主要的支柱产业,中国的制造业在 20 世纪 90 年代初的工业总产值中占了 40% 以上,2000 年中国制造业的增加值为 31 880 亿元。同时,国家财政收入的 50% 来自制造业。2011 年,我国的制造业产值成功超过了美国,成为世界上最大的制造业国家。

尽管制造业是我国的强国富国之主体,但是由于其自身的特点以及各企业之间激烈的竞争,我国制造业遇到很多问题。我国大部分制造业企业处于全球价值链中低端,产品设计、关键零部件和工艺装备主要依赖进口,只获得很少的利润。另外,我国制造业企业平均寿命只有 8 年,比发达国家的企业寿命要短很多,很大一部分原因是制造业由于管理不善等诸多原因导致企业陷入财务危机,生产经营活动无法正常运转,更严重时甚至濒临破产。

在我国的上市公司中,制造类企业是证券市场的基石,数量逐年增多。但实际状况却不容乐观。一些企业一方面负债率居高不下,另一方面经济效益低下,产品质量也法保证,在信息时代,创新能力严重不足,越来越多的企业面临着财务困境。截止到 2013 年 1 月 7 日,万得数据显示,965 家上市公司公布的 2012 年业绩预告,若按净利润增长下限计算,有一半上市公司利润遭遇下滑。这些公司发生财务危机的原因又十分相似,大多是因为忽略对财务风险的有效防范而导致企业财务状况恶化甚至资金链断裂。

---

* 吕建美,中国海洋大学工程硕士在职研究生。

（二）我国制造业企业财务风险分析

财务风险是由企业日常财务活动中的不确定性因素导致的。制造业企业所面临的财务风险可以分为筹资风险、投资风险、资金回收风险和收益分配风险。企业日常经营活动中营运资金的管理也极其重要，关系到企业财务风险的大小。企业管理者对财务风险只有采取有效措施来降低风险，而不可能完全消除风险。

制造业企业也具有一般企业所面临的财务风险，由于制造业企业不同于其他企业的特点和在我国举足轻重的重要地位，研究制造业企业财务风险，找到风险成因，寻找适当的防范措施，显得尤为重要和迫切。

二、我国制造业上市公司财务风险成因分析

（一）行业分布不合理 传统行业不景气

从制造业上市公司地区分布现状可以得出，华东地区制造业上市公司数量居于各地区首位，而且许多上市公司都是处于制造业中的传统行业，这些行业基础薄弱，难以赶上科技发展的步伐。另外，行业不景气以及新兴行业的激烈竞争，使得这些企业逐渐陷入财务危机，而东北地区是我国的传统老工业基地，自改革开放以来，企业的管理体制跟不上市场化的发展，一系列问题日益暴露，财务风险加大。近几年国内对石油钢铁等资源的需求非常旺盛，导致原材料价格上涨，从而对这些行业发展造成一定的负面影响。就钢铁行业来说，早在 2006 年我国粗钢产量为 4.19 亿吨，但仍无法完全满足国内需求，全年仍要进口 1 851 万吨，再加上铁矿石和运费的快速上涨，自 2004 年以来，国际铁矿石采购价格累积涨幅已经超过了 100%，极大地压缩了钢铁行业的利润空间。改革开放以来，此类企业逐渐成为夕阳产业，渐渐退市。

（二）上市初期"财务包装"严重 盈利难以持续

随着上市公司的上市时间越长，退市的可能性就会越大。究其原因，就是因为公司在刚上市的时候对公司财务包装过度，使公司财务状况各个方面都显示良好，从而误导了投资者。但是随着上市时间越来越久，上市公司的财务问题逐渐暴露出来，以至于最终被强制退市。据考证，我国上市公司在 1996 年和 1997 年这两年间被强制退市的公司数量最多，这是我国在这两年里资本市场扩充造成的。

（三）大量举债 筹资风险过高

期权定价模型指出企业破产的概率由企业市场总价值及债务价值共同决定，当企业的市场总价值高于债务价值时，股东行使该期权，偿还债务，继续拥有公司；如果市场总价值低于债务价值，公司破产，公司所有者将公司资产转让给看跌期权的持有人，即债权人持有公司。由此，企业的偿债能力对公司能否走出财务困境具有重要意义。虽然公司适度负债可以获得财务杠杆效应，但过量负债只会让企业陷入财务危机。

（四）资产周转速度慢 资产管理水平差

总资产周转率,可以用来分析企业全部资产的使用效率。如果周转率高,则企业利用全部资产的效率高。如果低,企业应当提高全部资产的利用效率加快资产周转速度。这也同时表明,当资产周转率较低时,对资产的管理水平较差,企业的全部资产不能得到充分利用,企业也很容易陷入困境,隐含着财务风险。

（五）费用过高 成本控制薄弱

很多企业成本费用居高不下,运营成本很高,难以支撑。这些企业大多经营效率低下,内部控制机制薄弱,长此以往,企业必定陷入财务困境。制造业企业多需要固定的原材料,当今社会物价飞涨,企业主营业务成本增加就会导致企业获利能力降低,这也是导致企业财务风险的原因之一。像机械、化工、金属这一类的行业属于传统型行业,行业内部多少存在一些机构冗余、人员冗余的情况,导致企业管理费用居高不下,严重高于同行业平均水平。管理费用的增加,必然会导致企业盈利能力的下降。

三、我国制造业上市公司财务风险的防范

（一）建立制造业上市公司财务风险评估指标体系

该体系应该具有以下功能:对公司经营管理活动中的潜在财务风险进行实时监控,一旦发生财务风险能够及时告知管理者,以便采取有效措施,避免遭受更大的损失。财务风险评估指标体系应以企业的财务报表、经营计划及其他相关的财务资料为依据,综合考察企业的财务状况,真实全面地反映企业财务现状。

（二）根据资产的流动性和盈利能力采取措施

无论是筹资还是投资,企业都面临着一定的风险。根据上述财务风险的成因,主要可以从以下两个方面降低我国制造业上市公司的财务风险。

首先要保证企业资产的流动性。在我国制造业上市公司中,存在极大财务风险的公司这一指标均值为负值,资产流动性非常低,在外部环境不好时,很容易就陷入财务危机。企业应适当提高流动资产比重,加强流动资产管理,以降低所面临的财务风险。其次,要增强企业资产的盈利能力,提升企业的盈利能力可以增加企业的营业收入和留存收益,也能够使企业获取投资者的信息,使投资者提高再投资能力。

（三）加强内部控制建设 降低财务风险

研究表明,内部控制对财务风险具有很大的影响。内部控制、内部环境、风险评估、控制活动、信息与沟通和内部监督与财务风险之间呈显著的正相关关系,总体检验风险评估、信息与沟通与财务风险不存在显著的相关性。企业加强内部控制建设能够显著地降低企业的财务风险,有利于企业稳健经营和提高经营管理水平。构建内部控制体制,着重关注薄弱环节,提高整体效率,对于制定内部控制应用指引、评价指引有积极意义。

[1] 吴映辉. 我国 A 股制造业上市公司财务风险分析 [J]. 现代商贸业, 2013 (1): 113-114.

[2] 袁晓波. 内部控制与财务风险——来自中国沪市制造业上市公司的经验证据 [J]. 经济与管理研究, 2010 (5), 60-68.

[3] 林艳红. 中国制造业上市公司财务风险评价实证研究 [D]. 北京: 北京化工大学硕士研究生论文, 2010.

[4] 温田. 中国制造业上市公司财务安全度的测评 [D]. 北京: 北京化工大学硕士研究生论文, 2010.

浅析工程质量全过程管理

王　斌 *

摘要　文中首先介绍了全过程管理的主要内容,并在此基础上对工程质量中的全过程管理做了进一步阐述,而后,从不同主体分析了造成当前工程质量存在问题的原因,提出在工程建设全过程中运用 PDCA 循环可以有效控制工程质量。通过将全过程管理与 PDCA 循环相结合,既从宏观上把握了工程的进度,又能更好地达到整体提高工程质量的目的。

关键字　工程质量;全过程管理;PDCA 循环

一、工程质量中的全过程管理

广义的工程质量管理,泛指建设全过程的质量管理。其管理的范围贯穿于工程建设决策、勘察、设计、施工的全过程。工程质量管理要求以预防为主,并注重手续完整,将质量问题消除在形成过程中,同时全过程、多环节地致力于质量的提高。

(一)事前质量控制阶段

事前质量控制阶段是正式施工前的质量控制,其重点是做好施工前的准备工作,为施工过程做好充足的准备,将风险降低到最低。此时具体需要做的是:① 人员就位:不论是施工人员还是监理人员都要及时就位。② 物资准备:建筑材料、施工图纸、机械设备等都务必协调完善。③ 现场准备:包括水准点、坐标点甚至施工现场的管理制度等。

(二)事中质量控制阶段

事中质量控制阶段是指在施工过程中进行的质量控制。其重点是控制各道工序,全面把握各工序交接与质量检查。此时具体需要做的是:① 各工序交接前质量检查并需要有预案计划。② 设备与材料安全可靠、图纸复查和文档管理。③ 设计变更程序合理和成品保护。

(三)事后质量控制阶段

事后质量控制阶段是施工完成后产品已经形成的质量控制。其重点是对成品的验收

---

* 王斌,中国海洋大学工程硕士在职研究生。

与质量评定。此时具体需要做的是：① 组织试运行。② 准备竣工验收材料，自我检测与初步验收。③ 对成品进行相关的质量评定，公平合理地作出评定。

二、造成工程质量问题的原因

从不同的主体来看，造成工程质量问题的原因分别有政府、施工方、监理方、材料供应商等，以下我们针对不同主体来分析该主体在工程质量管理过程中存在的问题。

（一）政府方面

首先，缺乏完善的相关法律法规。我国政府建设行政主管部门和其他有关建设单位对建设工程质量的有关法律法规及其强制性规定的执行标准不一，力度不严，最重要的是法律法规一些条款不完善导致了建筑工程质量的低下。其次，对监理单位的支持力度不够，导致监理单位为了生存不得不降低成本，在质量监督的关键部分打折扣，威胁工程质量。最后，对施工单位和监理单位的宣传教育和惩罚力度不够，导致各企业管理意识低下，诚信体制差，偷工减料和私相授受情况发生较多，导致工程质量不合格。

（二）施工方

首先，有些施工方并没有相关的资质来进行工程开发，而是依靠"挂靠"来伪造资质，接受其并没有资格做的工程，这种行为严重损害了企业诚信度和社会风气，也为工程质量埋下了不可预知的隐患。其次，施工方采购"名不副实"的建筑材料，为了压低成本，施工单位不仅从分包中获取利益，也在材料的质量上打折扣。最后，施工人员素质低下，缺乏相关知识与现场的即时教育，既降低了施工效率，又影响了施工过程中的工程质量。

（三）监理方

首先，由于"自收自付"的运营模式导致监理单位以利益为主，为了维持公司的运营而不惜与施工单位私相授受，从而降低工程质量。其次，监理人员整体素质不高，组织协调能力和专业技术水平不高，对图纸不熟悉，对现场技术问题不能及时向业主反映，没能起到参谋和监督的作用。最后，未履行监理职责，只有做好事前预控、事中检查、事后验收这三个步骤，才能有效监督工程质量，而监理人员把关不严，该返工的质量问题也未及时上报，会严重影响工程质量。

三、解决问题的措施

针对以上影响工程质量的问题，我们提出相关的解决对策。

首先，政府部门应努力完善相关的法律法规，提升政府在建筑工程质量方面的管理力度，对监理单位给予相关的支持与奖励。

其次，监理单位应借政府之力提升自己的整体能力，在员工素质、运营能力、组织协调能力等方面进行改善，并为业主做好把关监督的重要角色，履行好自己的义务。

然后,施工单位严格按程序办事,做力所能及之事,提升施工人员素质与改善各工序的技术。

最后,为了在工程质量的全过程管理中提升效率和切实提高工程的质量,我们将PDCA循环引入,PDCA循环主要包含四个阶段:计划(plan)、实施(do)、检查(check)、处理(action)。这四个阶段可以被细化成七个阶段,分别是:① 分析现状,发现问题。② 分析质量问题中各种影响因素。③ 找出影响质量问题的主要原因。④ 针对主要原因,提出解决的措施并执行。⑤ 检查执行结果是否达到了预定的目标。⑥ 把成功的经验总结出来,制定相应的标准。⑦ 把没有解决或新出现的问题转入下一个PDCA循环去解决。我们可以看出PDCA循环使得建筑工程的质量水平呈现一个螺旋前进的趋势,不断地发现问题、解决问题,从而不断完善。

根据PDCA循环的七大步骤,我们将工程质量的全过程与其一一对应:首先,工程中的设计部分相当于PDCA循环中的plan,而plan代表的是前四个步骤,即先要找出以往设计中的问题,分出主次、分析原因并加以避免;其次,工程中的监理方面相当于PDCA循环中的check和action,监理的职责就是检查和处理施工中和施工后的质量问题,每一个功能都不能缺失,否则会带来重大的质量问题或留下隐患;最后,工程中的施工和管理方面相当于PDCA循环的do和action,工程施工和工程质量的监督处理同时进行。由此可知,PDCA循环中每一步出现问题都会造成工程质量问题,因此系统全面地把握PDCA循环的每一环节,把握工程质量全过程中的每一步至关重要。

四、小结

工程质量管理是一个系统工程,我们不单要从提高工序技术和建筑材料方面入手,更要分析造成质量问题的全部因素,分清主次并找到主要因素,将全过程管理与PDCA循环相结合,既从宏观上把握工程质量的进度,又在PDCA循环中不断地改善,从而达到整体上提高工程质量的目的。

[1] 宋丹. 建筑工程质量管理与控制研究 [D]. 西南大学硕士研究生论文,2010.

[2] 陈风雷. 关于进一步完善建设工程质量监督管理模式初探 [J]. 建筑施工,2011(5): 164.

[3] 梁祖生. 建筑施工中质量管理策略研究 [J]. 中国新技术新产品,2011(1):433-434.

[4] 倪雪梅. 建设工程质量监督管理的创新与发展 [J]. 现代物业(上旬刊),2011(7): 145-146.

[5] 冯昆荣. PDCA循环在实际工程质量管理与控制中的应用 [J]. 建设监理,2012(2): 10-12,32.

山东省中小型河流综合治理规划研究

摘要 山东省内中小型河流受到各种条件制约,致使其综合治理落后,造成区域水资源突出的供需矛盾以及频频发生的洪涝灾害,严重制约了新农村建设和农业经济的发展。本文通过对山东省中小型河流以及水资源利用中存在的问题进行分析,探索进行中小型河流综合治理规划,实现改善山东省水资源贫乏现状的目的。

关键词 中小型河流;水资源现状;综合治理措施

一、山东省中小河流治理的紧迫性

(一)水资源短缺制约经济可持续发展

1. 水资源年际年内变化剧烈,开发利用难度较大

山东省各地区之间的降水量以及水资源总量年变化率波动幅度较大,枯水期和丰水期交替比较明显,甚至连续的枯水和丰水情况也比较常见。山东省降水量的年内分配伴有明显的季节特征,大约有 3/4 的降水量集中出现在汛期,4/5 的天然径流量同样出现在汛期,尤其是 7 月份和 8 月份,因此导致拦蓄利用难度较大,利用率较低,开发利用难度增加。

2. 黄河入境客水量与可利用量逐年减少

黄河是山东省主要的水资源来源,然而黄河入境水量在近年来呈现出逐年减少的趋势。一方面受到黄河流域降雨量变化的影响,另一方面受到黄河流域内引黄用水量增加的影响。20 世纪 90 年代以来,黄河水的入省水量迅速减少,相比以往,入境水量减少比例甚至超过了 40%。在可预见的未来,随着西部大开发战略的实施,必然引起黄河上游甚至中游地区黄河水使用量的大幅度增加,随之而来的将是更少的黄河水山东省入境流量。

(二)水污染加剧与地下水严重超采导致生态环境恶化

地下水资源也存在着诸多问题,其过量超采产生了许多水文地质环境问题,表现在以下四个方面:第一,地下水位的不断下降造成了漏斗区的逐渐扩大;第二,海咸水入侵严

---

* 刁峥峻,中国海洋大学工程硕士在职研究生。

重;第三,地面沉陷;第四,地下水质遭受污染;第五,漏斗区面积扩大和地下水位下降,使得地下水的提取变得困难,导致原水井和机泵设备大批报废,以及由于开采利用难度增加产生的能源消耗,增大了开采利用成本,经济损失巨大;第六,泉水枯竭,生态环境恶化。

二、中小型河流分类及其治理

(一)弯曲型河段的治理

弯曲型河段治理的核心思想是顺畅水流,稳定河弯,调整不利河势。主要采用的治理方法为护湾治理。护湾治理的河道主要是弯曲河段,这种弯曲河段没有河环,治理措施为稳定河势现状,避免现有河势向坏的方向发展。通过凹岸防护工程控导水流以及稳定河势是主要治理方法。

(二)分汊型河段的治理

分汊河段演变发展过程往往会产生很多问题,如主、支汊交替消长问题,该问题伴有明显的周期性特征,对于防洪、航运产生了诸多的不利影响。主要治理方法有两种:第一,改善与稳定主、支汊的比。从上游河段做出改变,修建河势工程用来控制导流,在汊道的入口以及必要的弯道上修建护岸工程,防止汊道向一侧弯曲过渡。第二,塞支强干。对于多汊以及两汊流量大的一些河段上,如果通航以及引水需要增加其中一个汊道流量,就可以采用塞支强干的方法。

(三)游荡型河段的治理

通常来说,游荡型河段具有多沙河流的特点,治理该类河段一般采取综合的治理措施。首先,针对多沙特点要从源头上改善,减少上中游河段的泥沙来源。其次,要改善游荡型河段本身存在的问题,进行针对性治理。因为游荡型河段存在宽浅散乱、河势不稳、善变善徙三个特点,使得综合治理变得困难。控弯导流、滩槽并治成为治理这类河段的基本方法。堤防、险工、控导和护滩工程成为重要措施。

三、综合治理后续管理

遵照"建管并举,加强管理"的八字原则,实现专业化、社会化、市场化相结合的目标考核机制和河道长效管理模式,通过纳入各级政府目标责任制和考核评比奖励范围来提高政府部门对河道治理的重视程度。

(一)加大执法力度,控制垃圾进入水域

管控垃圾,减少有害垃圾污染水源,尤其是控制城郊结合区域内生活垃圾的无害化处理,严防生活垃圾倒入河道。增加生活垃圾的回收处理渠道,如上门回收。增加河道垃圾倾倒禁令,如河道 100 米内不设置垃圾中转站。加强对垃圾回收点的管理,配备专门管理

人员,对河道两侧道路进行定期打扫,由相应行政区村镇负责进行。

对于污水的收集也要进行严格的管控,对污染源头进行控制,避免污染的进一步扩散。工业废水以及生活垃圾等禁止倒入。实现从源头控制和切断传播路径的双重防控措施,防患于未然,减少污染扩散损失。

(二)实行水域保洁市场化运作

水域保洁市场化运作要奉行公开透明的原则,采取社会招标等成熟的市场运作方式,根据考核标准和规范,选择委托专业规范的保洁公司进行水域保洁,采用市场化的机制。水域保洁公司根据合同规定对中标水域进行保洁,同时还应负责沿河卫生情况的检查工作,检查乱堆放和倾倒垃圾的现象,并且向有关部门报告,由行政部门进行处罚。

(三)多渠道筹措资金,落实保洁运转经费

财政支出负担保洁经费,对于河道的保洁维护工作,按照行政区划分给对应的街道、区,由相应行政等级的财政部门进行补贴。在保洁费用支付方面,秉承"谁受益,谁承担"的原则,由河道沿岸的企业以及居民区负担,实现保洁工作的长久持续发展。

四、结论

综合治理工作开展之前,需要做好前期的基础工作,制定规划设计、施工管理等必须遵守的原则。首先,分析所要治理河道的特性,了解河道的现状,是进行综合治理的基础工作。其次,根据所作调查提出综合治理的相应方案,比较论证多种方案的优劣程度,寻找治理的最优方案。河道上修建梯级闸坝建筑物,实现层层拦截蓄水,回补地下水位,建立河道水位与两岸地下水位之间不同条件下的相关模型,以控制河道水位的方式来调节地下水位。

参考文献

[1] 蔡磊. 综合治理工程经济效益分析与评价 [J]. 中国水利. 2008,18:21-22.

[2] 陈维康,李志平,郭晓丽. 城市河道的规划与治理 [J]. 中国水运,2009,9(9):28-29.

[3] 郝立彦,于洪里,李丙瑞. 北方城市河流治理新模式 [J]. 东北水利水电,2010(5):23-24.

[4] 相丽琨. 城市河道的综合治理方法分析 [J]. 中国水运,2010,10(8):215-216.

浅析青岛博物馆管理与战略发展

魏　潇*

摘要　随着我国经济持续健康发展,博物馆作为文化建设的一个重要组成部分得到了长足的进步。但是目前我国的特色博物馆都存在不足之处。本文通过分析博物馆在发展过程中存在的管理问题以及问题出现的原因,探究解决的方法和对策,对我国特色博物馆的发展具有一定的理论价值和现实意义。

关键词　博物馆管理;发展战略;交流合作

　　青岛作为中国沿海重要的经济中心和港口城市,海洋、啤酒、葡萄酒、纺织、民俗特色性为主的博物馆是其文化建设的一个重要组成部分。充分发挥博物馆在经济发展过程中的促进作用,就要加强对博物馆的管理,提高博物馆的综合水平。而目前很多博物馆在管理方面存在一定的问题和漏洞,因此,提高管理能力成为迫切的需要。

一、青岛博物馆发展概况

(一)青岛博物馆管理落后的现状

　　毋庸置疑,经济的发展对文化建设具有一定的促进作用。随着青岛市经济持续健康发展,青岛博物馆的建设也取得了长足的进步。但是,博物馆事业在取得长足发展的同时,也面临不少问题和困难,普遍缺乏管理工作经验,管理落后成为制约后续发展的主要因素,并已造成消耗高、效益低等现象。在计划经济下的博物馆运行机制表现出了极大的不适应,传统的管理手段使博物馆的发展出现了停滞甚至倒退现象。即使对于历史较长的博物馆来说,也面临这样的问题。青岛博物馆管理落后的状况主要表现在以下几个方面:

　　第一,经营理念落后。博物馆经营理念的陈旧,缺乏市场化策略,没有适应博物馆市场化的新趋势。

　　第二,岗位职责不明确。随着博物馆的扩张以及数量的增加,其在管理方面出现了一定的滞后性,即不适应这种发展。

　　第三,工作人员积极性不高。博物馆的工作人员通过自身的努力工作促进了博物馆的发展,很多工作人员具有多年的工作经验,对于在博物馆运行中出现的问题有高效的处

---

* 魏潇,中国海洋大学工程硕士在职研究生。

理方法和解决措施。而客观来说，博物馆的工作具有一定的枯燥性，所以在博物馆的管理过程中，如何提高从业人员的积极性和热情是管理人员亟待解决的问题。

从以上的分析中可以看出，博物馆的健康发展与其管理存在密切的关系，想要从根本上改善博物馆目前存在的问题，就需要加强对博物馆的科学管理。

（二）青岛博物馆强化管理应对策略

1. 引进专业人才

在博物馆发展过程中，人才起到了巨大的推动作用。一座博物馆要持续发展，首先需要有全面的职能部门承担博物馆相关工作；其次在人才的选择方面，不仅需要选拔具有专业理论素养的人才，还需要选拔具有创新意识与创新精神的管理人员，使博物馆与时俱进，适应时代的发展。只有这样，当博物馆的发展出现问题时，才可以获得来自行业的专业性指导，推动其走出困境。

2. 加强对自身发展的思考

很多博物馆在成立之初都有宏伟的愿景，希望丰富本地居民的精神文化生活，也采取了很多的措施来促进博物馆的发展。但是从现实的案例可以看到，很多博物馆在成立一段时间之后，发展便陷入了停滞，参观的人数也逐渐下降，博物馆的工作人员对其发展也产生了懈怠。究其变化原因，很大程度上是因为博物馆没有很好地思考自身发展的路径，没有对今后的发展作出长远的规划，因此在陷入发展的"瓶颈期"后，无法摆脱这种尴尬的状况。

二、青岛博物馆的发展战略

青岛博物馆在规划自己的发展方向上，应该从多个方面和角度入手。在发展的观念上，应注重挖掘自身所具有的特色；在经营管理方面，应根据自身的实际情况，选择适合自己的发展道路。

（一）贯彻"以人为本"的理念

博物馆的建设是为了丰富人民群众的精神文化生活，是为人民服务的，因此在发展过程中，应该时刻铭记"以人为本"的理念，将这种思想贯彻到博物馆的实际管理和运行过程中。博物馆展出的物品应该是面向全体公众的，而不是为了少数人的参观需求。博物馆可以通过不同的教育形式，向参观者介绍展出的物品，提升居民的民族自尊心和自豪感。

博物馆不仅是教育机构，也是居民陶冶情操的场所，明确自己的观众群，在博物馆的经营与发展上也是十分重要的，通过分析找到目标观众群和潜在观众群，从而更有针对性地开展活动，有利于增强博物馆的地区影响力

（二）加强对外交流和合作

博物馆是一种公共资源，在发展的过程中，应该加强同其他组织的交流和合作。有效

的交流可以起到双赢的效果,促进博物馆自身的建设。青岛位于我国东部沿海地区,有得天独厚的地理优势,因此青岛市博物馆在对外交流的过程中,可以利用的资源非常多,通过与其他组织的合作,可以提升自身的经济效益和社会影响力。青岛博物馆还可以利用旅游资源作为交流沟通的媒介与桥梁,与其他的国际或地区开展合作,以此来拓宽自己的参观群体。

(三)博物馆的网络运营和营销推广

博物馆需要加强自身首创性的网站建设。博物馆在建成后的运营管理和营销推广是极为重要的。一个好的门户网站,需要通过各种各样的方式和途径把它宣传给广大的网站浏览民众。少数有开放性思维,有前瞻性、有财力的博物馆已经开始尝试在博物馆门户网站的基础上大量采用多媒体、动画、三维仿真等技术,大力建设虚拟化的互联网数字博物馆,全方位模拟和再现博物馆以及馆藏展品的虚拟影像,增加受众的直观视觉效果,实现互联网的展示、传播和教育。

三、结论

从博物馆事业所处的环境分析中能够看到,博物馆的建设和发展不仅需要得到宏观政策的支持,有地方经济实力作为保障,同时还要以良好的社会人文环境作为依托。博物馆在建设发展的战略方针制定上要以突出自身特色为核心,注重"以人为本"的发展理念,做好长远的规划。同时,博物馆应该利用自身所处地理环境的特点,寻找和其他组织沟通交流的切入点,加强沟通和交流,做到优势互补,相互借鉴,这样才能使博物馆的发展更加具有竞争力和潜力,也可以使观众享受文化的饕餮盛宴。

[1] 单霁翔. 博物馆管理浅析 [J]. 中国博物馆,1997(2):8-18.

[2] 黄大义. 如何加强新时期博物馆管理的新思路 [J]. 闽西职业大学学报,2003(3):78-79.

[3] 鞠园. 浅谈转型发展时期博物馆管理工作的新思路 [J]. 中小企业管理与科技(下旬刊),2014(3):60-61.

我国沼气行业现状及产业化发展思路

杨绍娟[*]

摘要 开发利用新能源对我国这样的能源消费大国来说已是当务之急。沼气资源作为一项新能源,虽极具应用前景,但离规模化、产业化发展的道路还很远。本文通过对国内外沼气行业现状的比较,提出沼气建设产业化发展的建议。

关键词 沼气工程;新能源;产业化发展

近年来,农村经济的快速发展也带来了严重的环境问题和能源问题。沼气资源作为一项极具应用前景的新能源,其开发利用是治理污染、实现废弃物资源化的重要举措之一,也是解决我国农村能源供应紧张的有益尝试。

一、国外沼气行业发展现状

(一)沼气在欧盟国家已是新兴大产业

1. 德国

德国是欧洲沼气工程领先的国家,沼气用于大功率(500千瓦以上)热电联产,98%以上的沼气工程都产气发电。2009年德国沼气产量达到90多亿立方米,占欧洲沼气产量的1/2,沼气发电量也占欧洲总量的49.9%;2010年德国已有60多家沼气提纯工厂并入管网。

2. 瑞典

瑞典成为世界上沼气用作交通燃料第一国。2004年,经提纯后的沼气(生物天然气)用于汽车驱动。2005年,世界上首列沼气火车在瑞典投入运行。2006年,瑞典政府宣布,将在15年内摆脱对石油的依赖,成为世界上第一个不依赖石油的国家。

3. 其他欧盟国家

英国2009年的沼气产量为34.478亿立方米,污泥消化沼气工程产生的沼气用于发电,发电和余热供污水处理厂使用且并入国家电网;荷兰2009年产沼气约5.24亿立方米,发电总量915.0 GWh,沼气主要并入天然气网作为燃气;奥地利2009年沼气产量5.14亿

---

* 杨绍娟,中国海洋大学工程硕士在职研究生。

立方米,发电总量 638.0 GWh,沼气用于发电且并入国家电网,农场主就地利用发电余热。

（二）世界其他国家

1. 美国

虽然美国农业沼气工程与欧洲和中国相比发展速度缓慢,但其沼气工程规模居欧美前列。2009 年约产沼气 101.9 亿立方米。美国有 3 500 多个城市废水处理厂配有厌氧消化装置,用以处理污泥(固体废物)。美国沼气发电量约占可再生能源发电量的 8%。近几年美国联邦政府和各州政府制订了鼓励发展沼气工程的项目并提供财政支持,预计将有一个新的发展。

2. 日本

日本以沼气为燃料的摩托车于 2005 年已经上路。2013 年年初日本宣布将试验性开采海底矿床沼气资源,如果成功,5 年后将进行大规模工业开采,届时日本能源紧缺问题将得到缓解。据评估,日本已发现的一处半岛沼气田储量高达 1 万亿立方米,可满足日本全部能源自给 10 年。

二、我国沼气行业发展现状

（一）中国农村户用沼气发展状况

中国农村户用沼气的大规模建设始于 20 世纪 50 年代末,但是由于技术落后等因素限制,沼气建设很快回落。之后在 20 世纪 80 年代初期又出现了农村户用沼气建设的小高峰。2000 年以来,中国沼气事业进入快速发展的新阶段。2003～2012 年,中央财政累计安排农村沼气建设资金 315 亿元,在中央投资的带动下,地方配套投资 139 亿元、农户自筹资金 464 亿元,各方协调推进农村沼气建设。

（二）中国沼气工程发展状况

随着环境保护形势愈发严峻以及人们环保意识的提高,我国沼气推广的步伐不断加快,沼气工程已经成为中国处理有机污水和畜禽粪便的重要选择。据不完全统计,到 2010 年年底,已有大中小型沼气工程 7.303 2 万处;已有生活污水处理沼气工程 19.16 万处、农村户用沼气池 3 850 万户。有近 4 000 万户的 1.5 亿人受益。目前,已形成了户用沼气、小型联户沼气、小型沼气工程、中型沼气工程、大型沼气工程和特大型沼气工程全面发展的局面。

中国沼气工程从小到大,从弱到强,现已成为新农村建设的重要措施,成为国家能源结构调整不可或缺的组成部分。在国家优惠和激励政策的吸引下,越来越多的企业投入到沼气产品生产、设备研发和工程建设中来。但我国沼气离形成产业还十分遥远,绝大多数情况下,还只是畜禽养殖场为处理粪污水以期环境排放达标、靠"吃政府补贴"的公益事业,与欧盟国家相比更是有不小差距,主要表现在:

（1）产气量低、规模小,难以真正发挥在替代能源中的重要作用。我国沼气池大多为容积几十至几百立方米的厌氧发酵罐,欧盟国家多上千或几千立方米;平均容积产气率仅为0.3左右,远远低于欧盟国家2.0～3.0的水平,因此根本无法规模化、经济地产出沼气。

(2)缺乏技术创新,服务体系不完善,沼气发展存在安全隐患。据报道,黑龙江等地7～9成户用砖混结构沼气池处于废弃状态,国家百亿投资或打水漂,废弃沼气池反成为巨大的污染隐患。报废的沼气池并非不再产生甲烷,而是所产生的甲烷压力不够,这些位于农村院落和养殖场附近的废弃沼气池一旦甲烷超标,对人畜的伤害很大。另外废弃的沼气池大多是池壁有裂缝,或者封闭不严而透水,池内容物如粪便等产生的毒素就极有可能渗入地下,对土壤和地下水源造成污染。

(3)激励政策存在差距。欧盟国家对生物能源的政策性支持手段多样:新上生物能源项目以及生物能源项目的专项补贴。在中国,虽然政府出台了一系列激励政策,规定对可再生能源发电予以一定的补贴,但是国家尚未制订强制性的可再生能源发电收购法案,电力公司往往以各种借口拒绝以高于成本的电价购买沼气发的电,导致沼气工程发电上网困难,养殖企业和工业企业建设沼气工程的积极性不高。

三、我国沼气产业化发展建议

世界科学技术的发展历史证明,产业化和商业化是加速科学技术发展的动力,也是科技研究成果转化为生产力的根本措施。经过世界各国上百年的研究与发展,尤其是近20年的大力推广,沼气生产相关技术已经日趋成熟,沼气开发项目的经济性逐步改善,技术市场粗具规模,为我国沼气产业化发展奠定了良好的基础。沼气产业化(methane industrialization)指通过微生物以充足的原料为底物,利用厌氧发酵装置进行生物发酵和相关工艺,规模化、大批量连续生产沼气产品,并形成稳定的沼气产业链的过程。沼气产业化发展应考虑以下几点。

(一)沼气生产规模化

长期以来,政府扶持的主要是户用型沼气建设,沼气工程装备技术尚未系列化,不少沼气装置运行效果不够理想,直接导致沼气工程投资大、成本高、收益率低下。产业化发展就是要使沼气生产主体从农户向企业转变,沼气发展方式从城乡分割向城乡一体化转变。要建立大型发酵池,安装进料、出料特殊设备,配备发酵池加热保温设备、气体过滤设备、沼气压缩设备等一整套装置,使整个工艺流程能够保证沼气可持续规模化生产。

(二)沼气产品多样化

沼气是多种气体的混合物,含甲烷50%～70%,其余为二氧化碳和少量的氮、氢和硫化氢等,其特性与天然气相似。沼气除直接燃烧用于炊事、供暖、照明发电和气焊等外,还可做内燃机的燃料以及生产甲醇、四氯化碳、福尔马林等化工原料。经沼气装置发酵后排出的料液和沉渣,含有较丰富的营养物质,可以制成优质的肥料和饲料。可见,沼气行业可以做成原料供应、气体输送、气体压缩以及供应农业种植与养殖的多元化、多方位的产业链。

（三）沼气运作市场化

沼气一旦产业化、规模化生产，便会找到真正属于自己的市场领域，具有不可忽视的市场地位，不再是能源供应的配角，而变成了能源生产的主体，具备了天然气、煤气相同的商品属性。它完全可以在市场中与煤气和天然气等商品进行能源竞争。

（四）融资渠道多元化

资金不足成为制约中国沼气发展的主要因素。"十二五"以前我国主要扶持户用沼气池，但户用沼气池建设质量不高和使用率下降造成了投资的极大浪费，也影响了我国沼气的可持续发展。相比于国外的沼气发电工程和生物质能提纯，我国沼气建设产业化之路任重而道远。因此，调整沼气投资和补贴结构，加大对配套设施的投资力度，提高对大中型沼气建设项目中央补助比例，强化落实地方补助，促进金融机构优惠贷款及农业发展银行贴息贷款，引进世界银行、天使投资的资金投入等是沼气产业化发展的有效动力。

（五）支持政策向全方位配套方向发展

要保障产业的可持续发展，应从整个产业链的各个环节入手，建立健全相关的法律体系及各项政策措施。欧盟在 2003 年发布了"促进生物燃料或其他可再生燃料在运输行业应用指令"，规定在非保留地上种植能源植物会得到每公顷 45 欧元的补贴。欧盟的沼气发展表明，政策激励是沼气工程发展的原动力。借鉴其模式，我国需要对原料的生产、收集和运输、沼气生产、沼气车用、工业用户等进行全方位的财政税收支持，使相关企业能够获得稳定的利润，保证沼气产业的稳定发展。

参考文献

[1] 李秀金,周斌,袁海荣,庞云芝,孟颖. 中国沼气产业面临的挑战和发展趋势 [J]. 农业工程学报,2011,S2:352-355.

[2] 王飞,蔡亚庆,仇焕广. 中国沼气发展的现状、驱动及制约因素分析 [J]. 农业工程学报,2012（1）:184-189.

[3] 方淑荣. 我国农村沼气产业化发展的制约因素及对策 [J]. 农机化研究,2010（2）:216-219.

[4] 陈羚,赵立欣,董保成,等. 中国秸秆沼气工程发展现状与趋势 [J]. 可再生能源,2010,28（3）:145-148.

[5] 郭肖颖,朱丽君,李布青. 新农村建设背景下农村沼气建设可持续发展的探讨 [J]. 安徽农业科学,2010,38（18）:9922-9924,9929.

业主项目部变电造价管理控制的实践与应用

焦　健*

摘要　作为电网建设工程占比重较大的变电建设是一项系统复杂的工程,其造价管理控制更是复杂多变,贯穿于工程建设全过程,在工程建设可研阶段、设计阶段、施工阶段、竣工结算阶段都不可或缺。在这些阶段采取有效措施、合理管理控制工程造价是本文论述的重点。

关键词　业主项目部;工程造价;成本控制

变电站工程建设是一项系统复杂的工程,工程造价管理是变电站工程项目管理的一部分,业主项目部作为建设管理单位内部具体负责基建项目建设管理业务的机构,如何做好工程造价的过程管理是一项复杂的课题,现从设计、施工、结算三个阶段来谈一下业主项目部工程造价的过程控制。

一、设计阶段的造价控制

电网基建工程的可行性研究报告批复后,投资估算随之同时批复,投资估算即成为工程设计概算的最高限额。设计人员根据批复的可行性研究报告完成工程初步设计,根据工程初步设计图纸编制工程初设概算,设计发生修改后,要及时修正概算。编制工程概算应从设计、施工、材料和设备等多方面进行必要的市场调查分析,要完整、准确地反映设计内容,根据设计文件准确计算工程造价,避免重复、漏算。

设计概算的审查是确定建设工程项目造价的一个重要环节,能使概算更加完整、准确,可以促进设计单位严格执行国家、地方、行业有关概算的编制规定和费用标准,提高概算的编制质量;促进设计的技术先进性和经济合理性;使建设工程项目总投资准确、完整,避免出现任意扩大建设规模和漏项的情况,缩小概算与预算之间的差距;有利于准确确定工程造价、合理分配投资资金,为编制基本建设计划、落实基本建设投资,提供可靠的依据。

在设计概算内部审查时,不仅限于业主方和设计方,还应邀请具有丰富施工经验的工程管理人员参加内部初设审查,结合以往工程施工实践,从另一角度来审查初步设计,从

---

* 焦健,中国海洋大学工程硕士在职研究生。

而形成多角度、多方位的内部审查,确保审查质量,提高审查效率。

二、施工阶段的造价控制

工程施工是一个动态管理的过程,涉及的环节多、难度大,存在各种不可预见的状况,设计图纸、施工条件、市场价格等因素的变化都会直接或间接影响工程造价。这一阶段的工程管理极其复杂,也是工程造价管理的重点和难点。

(一)合同管理

业主项目部参与合同签定,在合同签定过程中,应注意将工程招投标过程中形成的补遗、修改、书面答疑、各种协议等均作为合同文件的组成部分。对于工程施工中发生变更、工程价款纠纷时的解决方法以及超出约定范围和幅度的调整方法等都要在合同中作出明确约定,督促协调设计、施工、监理单位严格履行合同条款。场地平整、地槽开挖、地基处理、中间验收等关键环节都是工程施工过程造价管理控制的重点,业主项目部造价专门负责参加此类关键环节的验收签证,掌握工程施工现场第一手资料,确保工程资料的真实性、可靠性。

(二)施工组织设计优化

作为工程项目管理的策划性文件,编制施工组织设计时,既要解决施工技术问题,指导施工全过程,同时又要考虑经济效果。结合工程建设实际,对施工组织设计进行优化,改进施工组织设计的编制质量,提升施工方案的合理性,尽可能避免或减少由于施工方案不合理导致的费用增加,从而实现施工过程中有效控制工程造价的目的。施工单位在编制施工组织设计时偏重于施工方案的便利性(即施工方便),而较少考虑该施工方案造价的合理性。在地槽土石方工程施工中,大开挖往往是施工单位的首选。大开挖确实是基础土方施工最便利的施工方法,但它也有很多弊端。大面积的开挖造成土方二次搬运,工作量和费用随之成倍增加。在某变电站工程施工过程中,施工单位报审的施工组织设计中土方施工是整体大开挖,开挖深度平均在 4.2 米,土方开挖量共计 6 345.20 m³,回填土方量 3 932.15 m³,业主项目部建议基础土方开挖分两种方式:Ⓐ轴、Ⓑ轴独立基础单独开挖基坑,Ⓒ轴、Ⓓ轴基础分布密度大整体开挖,具体数据见表1。

表1 土方对比

开挖方式	整体大开挖	大开挖与局部单独基坑开挖结合	差值
开挖土方(m³)	6 345.20	4 280.8	2 064.04
回填土方(m³)	3 932.15	1 868.11	2 064.04
成本(万元)	9.11	5.02	4.09

通过施工方案的调整,该变电站基槽施工费用减少 4.09 万元,缩短工期 2 天,取得了明显的经济效益。

（三）工程变更

工程变更提出单位填写《工程变更单》，附上详细的变更建议及变更预算书，经施工单位、项目监理部、设计单位审核，施工项目经理、项目总监理工程师、项目设计总工程师签署意见，业主项目部项目管理专责、项目经理审批，重大设计变更应填写《工程重大设计变更申请报批单》，报往上级公司基建部审批。《工程变更单》编号由项目监理部统一编制，作为工程变更的唯一通用表单，该表作为结算依据。工程变更批准后，由设计单位出具正式变更实施方案，施工项目部实施，监理项目部监督检查，形成了工程变更的闭环管理，确保工程变更的合理性、必要性、有效性。

（四）工程索赔

1. 项目建设前期手续办理不及时造成的索赔

变电站工程一般经发改委核准和国家电网公司下达开工计划后，施工单位即可进场进行"四通一平"施工，而此时建设手续正在办理之中，由此工程施工过程中常会发生因建设手续不齐全、地方政府要求暂停施工的现象。面对此种状况，业主项目部一方面应积极与政府部门沟通，一方面发挥基建工程属地化管理的作用，加强与政府部门沟通力度，争取政府部门支持，避免了施工单位索赔工期和费用的申请。

2. 建设单位负责采购设备材料未按规定时间到货引起的索赔

变电站的主要设备材料采用集中招标供应，由国家电网公司和山东省电力公司分批次招标采购，招标采购周期略长，设备到货时间易延误。针对此类情况，物资供应部门应采取主动控制，加强与设备供货单位、施工项目部的沟通，结合整个工程的进度计划，制订详细的设备材料到货计划表，严格执行到货计划，避免设备材料到货延误或提前。对因设备材料供应商造成的延误或提前，制定考核措施，列入设备材料供应商综合评价。

3. 工程施工过程中材料市场价格上涨等引起的索赔

由于电力工程建设本身具有建设周期长的特点，在施工过程中人工费、材料价格、施工机械费易发生一定幅度的波动。如在合同中不进行适当的约定，当价格波动幅度较大时，施工承包商必将提出相应的工程索赔，给工程造价控制造成被动。针对此种情况，在双方签定施工承包合同时应约定价格调整的幅度、明确允许调整的材料和机械台班种类。

三、竣工结算管理

工程竣工投运后，进入竣工结算阶段。施工、物资、设计、监理等参与工程建设的相关单位在规定时间内提报工程竣工结算，业主项目部造价专门负责对工程竣工结算开展相应的审查，编制《工程竣工结算报告》。工程竣工结算审查是竣工结算阶段的一项重要工作，经审查核定的工程竣工结算是核定工程造价的依据。

（一）核对合同条款

应该对竣工工程的内容是否符合合同条件要求、工程是否竣工验收合格进行审查，只有按合同要求完成全部工程并验收合格才能列入竣工结算。

(二)检查隐蔽工程验收记录

所有隐蔽工程均需监理工程师和业主项目部质量专门负责人或技术专门负责人签证,造价专门负责人在审核竣工结算时应该核对隐蔽工程施工纪录和验收签证,只有手续完整、工程量与竣工图一致方可列入结算。

(三)工程变更审查

工程变更应有设计单位、监理单位、施工单位、建设管理单位签字盖章,变更方案应有设计人员、校审人员签字并加盖公章,重大设计变更应有上级公司基建部审批意见。工程变更手续不全者,不应列入工程结算。

(四)按图核实工程数量、认真核实单价

竣工结算的工程量应依据竣工图、工程变更单和现场签证等进行核算,并按电力建设工程概预算定额、输变电工程工程量清单计价规范规定的计算规则计算工程量。结算单价按照合同约定的结算方法、计价定额、取费标准、主材价格和优惠比例等计价原则执行。

四、工程造价分析

工程竣工结算完成后,应组织设计单位、施工单位技术人员开展工程造价分析,对影响工程造价的关键数据进行分析测算,特别是通过对比设计概算和竣工结算,对工程节约或超概部分,分析原因,及时反馈给设计人员,同时积累数据资料,为后续工程初设阶段的概算编制提供有价值的参考,避免同类问题重复发生,提高设计概算的准确性,加强设计概算管理和建设项目的造价管理工作。

[1] 阎楷. 电网基建工程造价管理研究与应用 [D]. 华北电力大学硕士研究生论文, 2011.

[2] 李华. 电网公司基建管控系统设计与实现 [D]. 电子科技大学硕士研究生论文, 2012.

[3] 王伟. 电力企业业主项目部运作模式研究 [D]. 华北电力大学硕士研究生论文, 2012.

[4] 乐勋. 电力工程建设项目精细化管理研究 [D]. 华北电力大学硕士研究生论文, 2012.

[5] 陈西迎. A 公司变电站工程项目管理方案与对策研究 [D]. 西南交通大学硕士研究生论文, 2013.

浅谈电网工程建设项目造价管理与成本控制

王爱军 *

摘要 本文主要论述了电网建设项目造价管理和成本控制,本文从以下四方面来具体分析如何加强电网建设的工程造价控制:可行性研究、设计阶段、招投标及合同和施工环节。

关键词 电网建设;限额设计;造价管理

一、引言

建立强大的国家级电网模式,一定要统筹全局并合理部署。在区域性的电网布局中,必须按照国家的电网规划模式来部署指导。电力的负荷要因地制宜,根据不同的地区来进行调整。要使电网的供电情况趋向于稳定,一定要对其结构进行优化整合。必须要使投资成本安全地收回,而且要使输电电能损失尽可能地降低。

二、项目造价管理与成本控制

由于决策的不当或者失误,往往会导致巨大的经济损失,不仅会造成巨额投资的浪费,而且会使投资得不到预想回报。规划方面的浪费为最大的浪费,反之,最大节约亦为规划方面的节约。因此,应该具有长远的战略目光,全面地规划部署,从而切实有效地对工程造价进行控制。从经济学的角度来看,电网工程建设是国家总体发展规划的重要组成部分,从工程学的角度来分析,它也是电力系统的规划组成部分。投资额度巨大的电网建设,经常会在很大程度上受到投资预算的影响,形成一批等待建设的项目无法落实。

对电网的规划,主要体现出以下几个方面:其一,对地区所用负荷以及电源方面的规划整体趋势作出预测,并对电价方面进行预算。其二,把预算后的方案进行分析和整理,筛选出最佳方案。其三,投资分析和风险评估,对收益情况进行估算。以某电网设计项目作为具体例子,其主要的影响在决策的相应阶段为 80% ~ 90%;其造价在初步设计整合中主要可能为 75% ~ 95%;其技术设计的阶段大概为 35% ~ 75%;影响其主要工程的施工图可能为 25% ~ 35%;影响施工阶段性有 10%。

---

* 王爱军,中国海洋大学工程硕士在职研究生。

（一）可行性的研究期间对工程造价的控制

1. 在电网项目的建设中对可行性的研究内容

电网建设项目工程造价控制的重要环节之一就是科学、客观地编制可行性研究报告。在通常情况下，电网建设工程的可行性研究报告包括以下内容：在变电站中的工程设想以及在工程的选站中写出相应的报告，在路线工程的假设想象中以及工程选出线路中的报告；在投资预估、节能性降低消耗量方面的分析报告以及变电工程报告等。

2. 把多种方案进行整合比较出经济的最高水平

最为关键的是设备的选择、技术方面的具体分析。根据具体情况可以划分为以下几点：

（1）电力系统的第一次方案。其所决定的是技术上的水平，整体上的规模，务必认真地论证其必要的可行性。相应制订出合理的技术方案。确定一定的工程规模，提出相应包含技术性的科学方案并进行计算，选择出其导线的截面和形式。

（2）系统二次方案。包括相角测量装置、系统通信、电能量远方终端、电能计量装置、二次系统的安全性防护、安全稳定控制、调度数据通信网络接入设备等。

（3）变电站以及换流站的建站地址选择。在选址上，要充分考察，精确地确定电网项目造价。

（4）建设换流站或变电站工程设想。主要涵盖：建筑项目的规模以及结构、站址空间布局规划、电气系统布置、输排水功能、空气调节系统和室内采暖通风系统、火灾报警系统以及区域消防系统等。

（5）站址区域线路路径规划。站址线路规划按照变电站进出线的方向、电压级数、中间落点的位置等来确定线路路径，制订大约三个方案来规划路径，然后通过技术分析对不同方案进行对比，最终作出选择。

（6）大的线路跨越点选择及建设工程设想。主要包括：项目工程的跨越地点和区域地质条件，工程的防灾能力和水文条件情况，以及各方案对无线电台站和电信线路的影响、生态环境的保护状况、障碍物拆迁情况和避免林木砍伐状况；制订合理的电塔位置、高度、防雷和接地导地线情况的方案；表明电塔建造材料、资金投入和建设工程量。

（二）电网设计期间对工程造价的影响

电网建设设计阶段的造价管理和控制是电网建设造价控制的主要环节。一个优秀的设计方案不仅要能节省投资造价，还要能满足工作要求。所以，在制订设计方案时，设计单位要格外重视对设计和造价人员进行系统的培训和学习。

此外，也不能忽视设计人员和造价人员之间的相互促进和互相配合。要在技术上进行全面的考虑，做到节约资源，不能发生只重视技术而忽视经济的现象。设计人员必须承担起在设计过程中所要承担的责任，对节约和浪费赏罚制定相应的标准，时刻保持高素质、高道德、高思想，提高节约成本的思想意识。

（三）合同价款和招投标的控制

1. 对招投标建设进行制度上的强化

指导集中规模招标工作,规范公司系统招投标活动,需要国家电网公司制定一般招标制度,还需制定招标技术文件,如《国家电网公司供应商评估管理办法》和一些相关资料等。下级单位中的招投标政策的制定要受到国家电网公司的制约,相关建设单位应对招投标的措施进行更进一步的完善,项目法人必须依照国家电网公司中对招投标的规定,制订出更详细的招投标系统和管理方法。

2. 采用集中规模招标,取得规模效益最大化

对于大规模的电网建设,应进行详细的整理,对设备物资进行集中的大规模的招标采购,这样可促进资金的运转,获得大规模的效益,还可提高廉政建设,降低实施措施中的失误率。

3. 对招标工作加强指导和监督

下级电网公司的招标工作必须由上级电网公司进行监督、管理以及指导,从而达到与规范招标相适应。实现招标、评价、定标相互分离的标准,及时向上级反映招标环节和资源收购中的乱收费行为,并严格查处招投标过程中的违法行为。

（四）施工环节的造价控制

在施工阶段,应加强对造价的控制管理,使实际投入资金不高于合同价。具体来讲,做好造价控制管理,要从以下几个方面做起:

1. 严格控制工程变更

工程变更是导致工程造价上升的重要因素。当工程发生变更时,为避免随意性和主观性,相关单位应与业主共同依照设计单位通知单所规定的程序严格进行。工程变更需经过监理工程师的签字确认后方可生效。

2. 加强结算资料管理

业主进行结算时除了要注意审查相应的合同条款、资金使用计划和经过监理审核的工程量等资料之外,还应加大对各种变更费用的审核力度。

3. 加强结算程序管理

首先,承包商上报的工程量要由监理进行审核后业主进行复审。审核无误后,由业主方的技经人员进行工程款的计算,并交由审计部门审计,无误后最终由公司财务部进行支付。

4. 加强现场安全管理

安全是第一位的,安全事故的发生不但会影响工程的进度和质量,还会大幅增加工程造价。业主应注意文明施工和安全生产,提前制定完善的安全事故处理预案和应急措施,以在突发事故发生时及时作出适当的处理。

5.加强竣工审计工作

竣工审计工作是杜绝出现重复多计工程价款、高标准收费和高套定额等现象的重要环节,可以对固定资产投资规模加以控制,从而有效降低工程造价。

三、总结

总之,对电网建设来说,各级单位必须就各个阶段做好工程造价控制和管理工作,从而最大限度地降低工程造价,取得最大限度的经济效益。

[1] 陈建国.工程计量与造价管理 [M].上海:同济大学出版社,2001.

[2] 刘宁.电网建设项目外部环境风险管理研究 [D].重庆大学硕士研究生论文,2010.

[3] 张信.电网建设项目工程造价风险管理及其控制策略研究 [D].华北电力大学硕士研究生论文,2012.

[4] 徐莉娟.电网建设项目安全风险管理研究 [D].华北电力大学硕士研究生论文,2013.

对于工程项目进度控制管理的若干思考

ssssss

ss

高　鹏[*]

摘要　要想工程项目取得经济利益,关键在于如何使工程项目能够在合同约定的到期日之前,以高品质、低投入如期完工。由于在施工过程中会遇到各种困难,因此会出现延误工程项目进度的情况,无形之中加大了工程项目的成本。本文主要介绍工程项目进度控制管理的概述、影响因素,以及结合其影响因素,提出加强工程项目进度控制管理的若干建议。

关键词　工程项目;进度管理;改进措施

　　工程项目进度控制管理是指对工程项目各阶段的工作内容、工作程序、持续时间和衔接关系编制进度计划,并将该计划付诸实施。我们首先要明确贯穿项目进度控制管理的主线是保证工程项目高质量、低投入地按时完工,所有的工作都要服从于这个安排。在具体的实施过程中,我们要经常检查实际工程项目的完工情况,对出现和原计划存在偏差的地方,分析原因,并采取相应的措施来调整或者修改原计划,直到工程完工。

一、工程项目进度控制管理概述

(一)工程项目进度控制管理的内容

　　工程项目进度控制管理是指在工程项目建设过程中,根据各分项项目的阶段性任务、持续时间、阶段性成果以及各分项项目之间的衔接关系编制进度计划。工程单位制订计划之后,就要经常性地实际检查工程进度情况,并且要与进度计划作比较。如果实际工程进度和计划进度出现不一致的情况,就要分析其出现的原因,并采取相应的措施。检查工作要伴随工程项目始终,以期达到较为理想的结果。

(二)工程项目进度控制管理的地位

　　工程项目进度控制管理是保证企业经济效益的关键所在,通过进度控制管理,可以对工程有一个准确的把握,从而可以使工程高质量、低投入地完成。如果工程发生了延误,就会给企业带来严重的后果。首先是资金成本加大,大型工程项目开支相当庞大。其次

---

[*] 高鹏,中国海洋大学工程硕士在职研究生。

是造成企业资金链断裂,对企业造成严重后果。再次是企业形象受损,如果企业承担的工程项目总是出现问题,人们对其能力就会产生怀疑,对企业长期发展产生不利影响。

(三)工程项目进度控制管理与质量及投资管理的关系

工程项目进度控制管理、质量管理和投资管理是工程建设中的三大目标,三者之间相互影响,相互制约。工程质量是基础,只有在高质量工程的基础上才能考虑其他的目标。因此要严把质量关,争取做到一次检查通过,不会返工。这样既可以保证工程的进度,又可以节约开支,从而增加企业的效益。因此,工程项目进度控制管理的核心要义就是要处理好工程进度、质量管理以及投资管理三大目标之间的关系,不仅要进度快,而且要投资少、品质高。

二、影响工程项目进度的因素

工程项目施工尤其是大型工程,具有规模庞大、工艺复杂、建设周期长、多单位协作等特点,这就决定了影响工程项目的因素各种各样,涉及人为、自然、社会各个方面,所以我们在考虑因素的时候要多角度地去分析考察。

(一)人为因素

工程项目的执行主体是人,所以人为因素就成为不得不考虑的重要因素。首先,在工程项目中,人扮演的角色是不同的,可以是设计人员、监理人员、施工人员和开发商,也可以是业主、投资者。由于每个人的角色不同,对工程施工的意见也会有不同,而这些不同的意见都会反馈到进度计划中去,影响工程计划的调整,进而会对工程施工产生影响,因此必须给予足够的重视。

(二)统筹安排

工程施工是一个庞大且复杂的事情,因此需要不同部门、不同行业的协调合作,如果不能达到各部门的统筹安排,工程施工肯定做不好。俗话说"兵马未动,粮草先行",要想顺利地完成工作,就要做好充分的准备工作。如果施工过程中需要的各种材料、机器和设备配件调配不当,或者不能够准时、准点、合格地送到施工场所,就会对工程项目产生不利影响。

(三)自然条件

自然环境是客观存在的,是不以我们的意志为转移的。自然环境不是一成不变的,也是难以估计的。所以自然环境是我们所要考虑的一个很重要的方面。在这里主要包括两个方面的内容,一是可能前期的地质勘探工作做得不到位,在实际施工时出现了问题,使得工程项目不得不停止;二是可能会遇到突发的自然灾害,比如暴雨、地震、泥石流、洪水和干旱等自然灾害。这些因素都会对工程项目产生极大的不利影响,必须认真考虑。

（四）资金状况

充裕的资金是工程项目能够顺利完成的前提,只有拥有足够的资金实力,才能沉着应对各种困难。工程项目尤其是大型项目,动辄就是几千万几个亿的投资,如果没有足够的资金准备,是难以想象的。对于大型项目,资金的缺失不仅会对项目本身产生重大的不利影响,对社会安定也会造成不利影响,因此,充裕的资金是项目顺利完成的前提。

三、加强工程项目进度管理的措施

（一）做好工程项目施工前的准备工作

工程项目的准备工作是整个工程项目的重要组成部分,做好施工前的技术勘探、材料准备等工作,使其能够对资源的合理供应、施工进度的加快、工程质量的提高、施工安全的确保等方面都发挥重要作用。

（二）编制并贯彻实施工程项目进度计划

工程项目进度计划是全部工作的一个出发点,起着总领全局的作用,因此编制并贯彻工程计划成为所有工作中的重中之重。工程项目进度计划的制订要充分考虑施工单位所具有的人力资源、原材料和设备等因素,从实际出发,做到统筹安排,使得计划具有层次性、合理性和可执行性。计划制订之后,要强调对计划的贯彻执行,我们可以从以下几个方面完善:建立层次清晰的计划体系;做好计划交底,全面实施计划;做好统筹安排工作。

（三）跟踪检查工程项目进度

在工程项目施工的过程中,不能只做计划而不去实行。做计划的目的就是使当前所做的工程项目有一个参考的标准。所以,要经常性地、不定期地对实际进度进行检查,这主要集中在以下几个方面:首先是跟踪检查,搜集实际数据,其次是对实际数据通过数学方法进行统计整理,再次是结合实际进度与计划进度进行对比,并予以反馈。

综上所述,工程项目进度管理控制是建设工程管理工作的重要内容,同时也是做好工程质量管理、工程投资管理的前提,为如何在高质量、低成本的施工保证下,实现企业经济效益的最大化,找到了一条切实可行的道路。

参 考 文 献

[1] 王小正. 建筑工程项目进度控制分析 [J]. 中华民居,2014（2）:432 + 434.

[2] 曹文思. 工程项目进度控制管理方法 [J]. 江西建材,2014（7）:299-300.

[3] 陈文建,汪静然,何良林. 建筑工程项目施工进度管理探讨 [J]. 四川职业技术学院学报,2014（1）:159-162.

[4] 朱晓垚,张琳. 构建成熟的工程项目进度管理环境 [J]. 中国石油和化工,2014（6）:

70 − 73 + 29.

[5] 王伟. 公路工程项目质量控制与进度管理研究 [J]. 城市道桥与防洪, 2014 (4): 135-136 + 141 + 7 − 8.

风险管理框架下的建设工程质量管理模式探析

张　慧[*]

摘要　在经济高速增长的背景下,建筑项目的发展日益壮大。为了保证建筑工程的质量,避免因不确定因素引发风险对项目实施风险管理至关重要。本文在风险管理框架下,对建筑工程的质量管理模式进行分析,以期确保工程的质量得到保障。

关键词　风险管理;建设工程;质量管理

在错综复杂的环境下进行工程施工,一定要进行可行性分析,然后开始设计、进行施工,最后验收、竣工。工程项目开放性强,即便强调按照相关的规定来实施工程,落实规范、标准的管理模式,也会在操作过程中出现不确定因素,从而造成项目在质量、进度、成本控制等各个方面难以达到目标的风险。在目前的发展形势下,建筑行业的经济效益越来越高,同样,项目的复杂性也越来越大,风险损失也会更加严重,因此,在项目施工前进行风险分析,在项目施工中的重要性日益凸显。

一、建筑项目的质量管理

相比其他行业,建筑项目的工期长、投资大,施工过程中的影响因素多。项目从投资评级到竣工,是一个极为长远的过程。在此过程中,需要许多相互独立存在的施工人员、管理人员,使得整个过程极为复杂。必须要对影响因素加强管理,才能确保将工程损失降到最小。项目完工和审查,是项目结束的标志。因此,在项目的施工过程中,一定要采取相应的管理模式,对质量进行监督和管理,这是工程施工的核心所在。

二、建筑项目的风险管理

建筑项目的投资额度大、周期长、技术性强,在整个过程中,难免会遇到不确定因素影响,导致工程质量受到影响,或影响工程进度,因此,必须要从分析风险入手,实施风险管理。

风险管理是目前研究的热点。在管理学中,风险管理的重要性日益凸显,许多领域中

---

* 张慧,中国海洋大学工程硕士在职研究生。

都得以应用。建筑行业是国家发展的基础,对其实施风险管理也是势在必行,对施工过程中的风险进行分析、识别、评价,随后采取措施,将风险降到最低,保障工程的质量、成本和进度。

(1)风险管理必须贯穿于工程始终。从项目投入正常的运营开始,直到项目完工,都必须要对项目中所存在的不确定因素进行分析、识别、评价,从而制定相应策略,实现施工过程的风险管理。

(2)在项目中实施风险管理,应囊括项目中的所有风险。在项目运行的每一个阶段中,都要采取相应的风险管理措施。同时,不同阶段所可能出现的不确定因素,必须要进行分析,避免出现遗漏、疏忽,对工程造成不可预计的损失。

(3)全员参与风险管理,是一个至关重要的环节。项目的实施过程中,施工单位、业主、监理单位等各个参与项目的单位,都必须要齐心协力,对项目实施有效的风险控制。每个参与单位,都必须要将其作为首要工作开展,必须提高对风险的防范意识。

(4)风险管理属于动态管理范畴,在不同的阶段、时期中,所形成的风险各有不同。在项目施工中,相同的风险在不同项目中,风险影响程度也会大不相同。

(5)在建筑项目中,由于对质量的需要,必须要建立一套相应的风险管理模式,来将整个工程风险管理的动态特征、全风险性、全员参与性等反映出来。在风险管理过程中,应对同一种风险在不同时间内所造成的影响进行分析;对同一风险在不同管理情况下的影响进行分析;对项目可能会出现的各种风险进行全面分析。应找到导致出现风险的主要因素,进行针对性管理。

工程的风险管理是确保工程质量的关键。需要各个部门和参与单位,及时遏制风险因素的产生,确保风险在可控制范围内。特别是在施工过程中,稍有不慎,便直接影响工程质量,因此,必须要及时做好相应的防范,对可能发生的风险,及时做好防护工作。

三、风险分类

在建筑施工过程中,有许多因素会影响项目的质量、进度,这些不确定因素被称为风险。想要确保建筑工程的质量,就必须要认识不同的风险类别,从根源上控制风险,方能事半功倍。从质量的管理角度出发,一般风险可分为以下类型。

(1)建筑项目外风险,是施工条件、环境等引起的不确定风险。而这些风险主要是政治风险和自然风险、经济风险。政治风险是指相关政府部门干预,以及在施工过程中,国家法律法规发生变动;自然风险是在施工过程中出现暴雨、洪水、地震等自然灾害,这些恶劣条件对建筑项目所造成的影响;经济风险是目前最为常见的风险,在宏观经济形势下,出现通货膨胀、经济下滑,导致建筑的材料、设备价格不稳定,比预期高出许多。

(2)建筑项目技术问题所造成的影响,可划分为非技术和技术风险。技术风险是技术条件不确定而造成的损失。此类风险主要出现在项目实施可行性分析之时,对项目的相关系数、数据的采取而形成的;非技术风险,主要是指在工程的实施过程中,组织、计划、协调所带来的质量影响,对项目的进度、成本都造成了巨大损失的风险。

因此,建筑项目必须要从最开始的可行性分析中,就预测到风险,必须及时提高风险意识,居安思危,才能规避风险。例如,在项目的准备工作中,需对建筑工地实地勘察,对周边情况有所了解,在进行图纸设计、成本预算之时,才能符合实际,避免出现差错,导致设计在施工过程中变动,出现成本不合理情况。在施工过程中,安全问题、材料质量问题、设备的养护问题,都是确保工程质量的重要因素,必须严格掌控。

四、结语

随着我国经济的快速发展,建筑项目也开始越来越多,对工程质量提出了更高的要求,对工程的质量管理而言也是一种极大的挑战。风险管理是建筑工程中至关重要的环节,是保障工程保质保量、按时完工的重要措施。及时对分析进行预估,认识风险,采取对应措施,解决风险对工程成本、质量、进度的影响,避免造成重大损失。在未来的发展过程中,风险管理必定会被广泛关注,为建筑行业的发展作出极大的贡献。

[1] 李振.房屋施工质量管理及防治措施[J].门窗,2013(12):292.296.
[2] 毛雷之.房建施工质量与安全管理研究[J].中国新技术新产品,2013(23):74.
[3] 缪培建.房建施工中的质量与安全管理的研究[J].科技资讯,2012(12):72-74.
[4] 徐兰.房屋建筑工程质量控制探微[J].才智,2012(11):31.
[5] 李杏媛.浅谈如何控制房屋建筑工程的质量[J].中国投资,2013,S1:284.

新型城镇化进程中的村庄规划建设现状与对策
——以山东省烟台栖霞市为例

毕仲广 *

摘要 新型城镇化背景下的新农村建设规划如何实施,是政府和社会各界最关注的问题,本文基于对山东省烟台栖霞市村庄规划建设的现状调查,概括总结了村庄规划建设中存在的问题,提出了村庄布点规划研究、依法加强土地管理、抓好示范工程建设等几点建议。

关键词 城镇化;新农村建设;规划现状

一、栖霞市农村村庄规划建设的现状

通过对栖霞市辖区内部分镇、村的农村调查,发现目前该地区在村庄规划建设方面存在以下问题。

一部分村庄居民房屋建设缺乏整体规划,布局相对零散,不利于村庄的全方位、整体规划建设,其中农民在村头或自留地里乱搭乱建田间宅院等现象普遍存在。

单户宅基地占地面积较大。通过实地调查发现,栖霞市辖区内部分镇、村内的部分农村住户宅基地面积都超出了山东省政府规定的标准,住宅规划存在着严重的不合理现象,不利于新型城镇化的建设,阻碍了农村经济的发展。

农村基础设施建设水平较低,覆盖面窄,城镇和乡村的广大群众享受不到基础建设带来的好处,一定程度上不利于农村经济的繁荣与稳定,其中教育、医疗等公共服务质量较低、种类少。

二、对策建议

(一)做好新村规划建设的各方面指导工作

目前,从全国范围看,新农村建设尚处在试验探索的阶段,必须从实际出发,结合各地的实际状况来展开,禁止完全"一刀切"式地在全国普遍推广。如四川成都的"拆院并院"改革试验、重庆的"地票交易"改革试验等都是靠城市周边高昂的土地出让金收入补偿给农民实施搬迁的。栖霞市与其他的城市相比,城市化水平低,近期城市发展的空间小,虽然农村可以配置利用的土地多,但是如果政府在农村住房建设管理问题上没有采取有效

---

* 毕仲广,中国海洋大学工程硕士在职研究生。

的措施进行完备的规划,接下来村庄布局规划面临的、需要考虑的问题会比较多,拆迁的难度会更大。

(二)坚持依法合理地管理土地

耕地问题是农村发展过程中具有特殊地位的问题,是关乎国计民生的重要资源,与村民的收入息息相关。新村建设既要考虑到农民的生活水平,也要考虑规划发展的可持续性。单纯地扩大建设面积是不合理的行为,会造成农村住房建设混乱。这也与政府有关部门对土地使用过程中缺乏监管力度和政策效力有关系,如果继续违背可持续性的发展,后期治理整改的难度或将更大。针对目前的现实状况,最有效、最可行的办法便是依靠法律武器,依靠山东省相关的土地管理和新村建设的有关法律、文件来制约乱占用土地以及滥建的现象。

(三)抓好试点村镇工程建设

通过对栖霞市农村建设点的情况调查可以看出,前期试点示范工程建设不够成功,群众参与度比较低,甚至部分规划对新农村建设工作的开展产生了消极的影响。因此,基层政府在对农村试点工程建设方面一定要结合各地的实情,不能千篇一律,在政策措施的制定、规划建设方案的实施、建设资金的筹集等方面多作调查研究,从实际出发,制订相关的解决方案。

对那些规模较大、基础条件较好的村庄,或虽然规模不大但区位优越、生产生活便利的村庄,要注意保持村庄整体布局结构和农民住房现状,重点做好公共设施建设和绿化环境的治理工作,着力发展教育、文化、医疗等社会事业,加强基础设施的建设,提高利用程度;对那些村庄规模偏小、位置偏远、基础设施配置困难的村庄,可就近集中向基础设施条件好的中心村迁建。

调整充实旧村中的"空心"部位,合理安排公共基础设施或住宅建设。

拓展农村建设资金的来源渠道,通过制定切实可行的政策,广泛吸纳社会各方面资金支持本区的农村经济发展和农村基础设施建设。

[1] 王梦奎,等. 中国特色城镇化道路 [M]. 北京:中国发展出版社,2004.

[2] 傅崇兰,周明俊. 中国特色城市发展理论与实践 [M]. 北京:中国社会科学出版社,2003.

[3] 牛凤瑞,等. 西部大开发聚焦在城镇 [M]. 北京:社会科学文献出版社,2002.

[4] 祝琳丹. 潜江市土地利用/土地覆被时空格局变化及预测研究 [D]. 华中师范大学硕士研究生论文,2013.

金融危机形势下济南房地产行业
广告策略探究

刘亚楠 *

摘要 金融危机给房地产行业带来了巨大的冲击,直接导致房地产市场营销策略发生转变,所以对营销广告策略的研究就显得非常重要。本文从横向和纵向两个角度对济南房地产广告策略进行了整理和分析,发现目前济南的房地产市场存在一些区别于其他同类城市的独特之处,也发现其广告策略存在一些不足。最后本文对济南房地产市场广告策略分析的结果作了推论和归纳,并对其优化提出了一些建议。

关键词 金融危机;房地产市场;广告策略

一、金融危机形势下房地产市场情况分析

(一)金融危机对房地产市场的整体影响

在金融危机的大背景下,我国的房地产市场也在酝酿着一次前所未有的洗牌,其主要表现可以罗列为以下几个方面:

(1)原本高效的资金链突然变得紧张,甚至出现断裂。随着金融危机的爆发,我国的银行业明显加强了对贷款数量和体量的调控,造成房地产界严重的投资缺乏,严重影响开发商的资金流动。

(2)原本高收益率、高关注度的市场环境,突然进入淡市。近几年随着我国经济的迅速崛起,加上房地产市场在 GDP 中的作用,造成我国的房地产行业迅速膨胀,高额收益率也吸引了一大批目标人群的进入。但是金融危机的到来,加上不断的舆论引导,造成消费者的购买力严重缩减,我国的房地产市场也随之进入淡市。

(3)原本轻松有效的市场推广策略、抗性突然增强。伴随着金融危机的发生和消费者越来越理性的购买动机,市场的抗性也在不断增强。

(4)金融危机的出现,造成原本宽松的市场环境、政策环境,突然进入一种高紧张状态。

(二)我国房地产现阶段营销策略趋势

在传统的房地产营销策略中,房地产开发商普遍运用市场营销学的 4Ps 理论运作房

---

* 刘亚楠,中国海洋大学工程硕士在职研究生。

地产营销组合活动。但是随着 1998 年我国商品房市场化改革,传统的 4Ps 理论运作房地产营销组合活动的市场营销观念已经不再适应当前的市场变化。随着营销环境的变化,4Ps 也发生了很大的变化。

首先,由于网络营销手段的出现,使得 Place 的概念发生了彻底的颠覆。

其次,随着科技的不断进步,生产能力不断细化甚至是不断同质化,这也促进了 Product 的日趋个性化,甚至是特别定制的。

再次是随着传播路径的不断丰富,宣传和销售渠道也随之大大拓展。如网络媒体出现后,Promotion 可以直接一对一,极大地缩短了传播路径,提高了传播效率。

二、金融危机后济南房地产广告策略存在的问题

(一)广告策略缺乏灵活性

金融危机之后市场特点出现变动,但是目前济南市场针对性的广告策略非常显见,像海信慧园的标语,其在危机前是"有爱,建筑也动情",曾在济南市场内引起过许多讨论,但是在危机后,海信慧园的主推概念却仍旧没有应变,结果导致海信慧园在很长一段时间内出现滞销。

(二)广告策略缺乏层次感

在房地产广告的诉求点方面,目前济南房地产广告中常常是诉求点多而全。这样就会产生两种结果:一是有些广告为了说明其产品的细节在大版面上写满了字,致使创意的美感不复存在;二是一些广告为了不占据版面,便在文案后用较小的字体进行简短的说明,这会给顾客的阅读造成不便。虽然广告大师奥格威曾讲过"广告内容越多,你卖掉的产品就会越多",但是在房产广告中就有可能造成主次不分明,特色不明显。

(三)广告策略缺乏创新性

在房地产广告的创作方面,目前济南房地产广告中好的广告语不多见。一句好的广告语,可以让营销变得事半功倍。广告词不仅要多变、有创意,而且要互相构建起联系,使消费者能由他们已知的消息对楼盘产生有益的联想,消费者接受新信息的过程被大大缩短。

(四)广告策略缺乏规划性

在房地产广告媒体的选择方面,多数楼盘的媒体策略仍然缺乏科学的预算与排期。金融危机之后,由于金融危机带来的影响导致部分楼盘的营销费用大大缩减。面对这一特殊背景,许多楼盘的媒体策略却没有深入的调整,而是简单地调整为减少传播路径的数量和减少投放次数。

（五）广告策略缺乏明确性

在房地产广告推广进程与品牌建设方面,目前的济南房地产市场广告中,广告推广与品牌建设脱钩现象非常明显,主要表现在两个方面:一是通过广告知道了产品,知道了开发商名称,其他却什么也不知道;二是广告中扮演角色不明确。广告扮演角色太多,品牌定义只是用意义含糊、模棱两可的形容词在堆砌,缺乏核心竞争内核。

三、金融危机形势下,济南房地产市场广告的应对策略

"遇到问题,解决问题""防患于未然"是一直需要贯彻的方法论,在应对金融危机的时候更应如此。根据对济南房地产市场现行广告策略问题的分析,建议从以下几点策略来应对。

策略一:把握自身特点,深入分析市场变化,找准市场定位,将制定广告策略前的准备工作做足。

广告战略的形成来源于对市场广度和深度的了解,注重广告的整体策划,以市场规律和销售状态为依据,进行市场细分和目标消费者的定位;根据不同的市场属性和竞争状况制订相应的广告对策。

策略二:深入思考,建立清晰的广告策略。

在广告策略制定时,凭空想象已经完全不适合目前市场规律,取而代之的是必须通过广泛细致的市场调研,确定房地产广告的目标诉求对象,利用潜在客户心中早已存在的需求做文章。清晰的房地产广告策略步骤可以归结为:① 通过大量的市场调查——发现和找出目标消费者心目中共有的关键购买诱因与动机;② 通过鲜明的符合需要的广告创意引起目标客群注意;③ 通过鲜明、醒目的品牌设计突出企业及产品标识;④ 运用出语不凡的宣传标语产生亲和力与认同感;⑤ 运用广告的整合传播策略塑造广泛认同的品牌形象,并进行重复宣传以达到扩大影响、深入人心的目的。

策略三:充分内挖,加强内外比较,精确定位,有效传达。

要想做成功的广告首先要解决定位问题,效果不好的广告多数是由于定位模糊所致。一条好广告首先要能吸引人,引起人们的关注,然后清楚地告诉消费者利益的承诺点和支持点,挖掘记忆点,最好能创设沟通点。

策略四:坚定不移地贯彻整合营销传播策略(IMC)。

在房地产营销广告策略中,整合营销传播策略也已演变成为一大利器,房地产整合营销传播策略可以由以下几个方面来展开:

（1）整合传播渠道,完善媒介组合,根据实际情况进行媒介选择和传播排期。

（2）通过各种渠道加强与消费者沟通,大力推行关系营销。

（3）坚持单一诉求(USP),塑造统一的企业形象,加强企业品牌内涵传播。

（4）深入研究网络营销利弊,加强网络营销。

四、结论

金融危机发生之后，整体的市场环境发生了巨大的改变，房地产市场内部的格局也在重新洗牌，济南房地产市场这个刚刚向正规转变的区域市场也不例外。但是由于其自身的个性，金融危机这个不利背景对于济南房地产市场来讲既是挑战也是机遇。济南房地产市场的主要参与者如果能够正确认识金融危机带来的影响，并作出理性调整，便会实现新的突破。

[1] 陈培爱. 广告学概论 [M]. 北京：高等教育出版社，2011.

[2] 舒咏平. 广告心理学 [M]. 北京：北京大学出版社，2010.

[3] [美]菲利普·科特勒. 营销管理 [M]. 北京：清华大学出版社，2011.

[4] 周帆. 房地产销售 [M]. 北京：机械工业出版社，2007.

山水家园项目开发成本管理控制

刘晓霞[*]

摘要 成本管理广泛运用于房地产项目的开发过程中,房地产企业对房地产项目的成本采用先进的成本管理理念进行全面核算,可以有效控制总成本的支出。本文以烟台山水家园小区作为案例进行分析,对项目开发成本管理过程中出现的一些问题进行探讨,并通过项目成本管理的一般理论找到解决这些问题的方法。

关键词 项目开发;成本控制;成本管理

项目成本管理主要指对完成项目活动所需一切资源成本的管理控制,它建立在项目开发过程中对财务执行情况和分析预测的基础之上。建立有效的项目开发成本管控体系,加强对项目开发过程的管控力度,可以有效节约项目建设周期,降低项目开发不必要支出,可以提高项目的市场适应率,给企业带来巨大的经济和社会效益。

一、山水家园小区开发项目的成本管理

(一)项目背景

山水家园住房项目是烟台市建设的颇具规模、住房类别较多的棚改易地安置项目,该项目一期工程在 2012 年年初开工,预计 2014 年 6 月交付使用;该项目二期工程已于 2012 年 12 月开工,目前主体封顶;三期预计 2013 年 4 月开工,2015 年竣工交付使用。该项目的启动实施也成为了烟台市着手改造老城区面貌、加快城市现代化进程的一项重点工程。

(二)项目成本概况

1. 项目简介

烟台山水家园规划总用地面积 285 742 平方米,规划建设用地为 185 789 平方米,建筑面积为 158 992 平方米,建设内容为居住、道路、商业及绿地。其配套设施有幼儿园、学校、超市等,全部为高层建筑。设计为单元入户,每个单元有电梯一部,保证业主居住的私密性与舒适性。

---

* 刘晓霞,中国海洋大学工程硕士在职研究生。

2. 烟台山水家园小区项目的成本估算

烟台山水家园项目的成本估算主要采用了单位法与体积法相结合的方式,其主体部分主要考虑了混凝土工程费用、钢筋工程费用、砌体工程费用等,按照对每一户型实际需要的原材料对上述材料成本进行具体估算,同时乘以总户型的方式进行计算。根据投入费用,初步估算了该项目的利润及营利空间,最终得出其销售土地成本占总成本的 37.02%,建造成本为 26.88%,管理费用为 1.37%,其总成本支出为 164.267 元 / 平方米。

3. 烟台山水家园小区项目的成本预算

为了避免烟台山水家园小区项目出现预算超估算、决算超预算的现象,山水家园项目从工程的预算编制入手,在详细计算工程量的基础上,仔细核定工程造价与用工消耗的数量,从而达到准确进行预算编制的目的。对成本预算进行全方位的管理,使整体预算围绕该项目的利润展开,进一步压缩不必要的成本,使各级工程技术人员广泛地参与其中,完成了在估算基础上的科学预算。

4. 烟台山水家园小区项目的成本控制

烟台山水家园项目依据全面成本控制的理念,从源头上对项目成本控制制定了具体措施。首先,在项目成本预算的基础上,选择有实力、信誉好的项目设计单位,把设计方案与建设成本两者结合起来,从工程造价上降低工程成本。其次,招投标阶段规范招标文件工作,对招标文件中的主要内容,如工期、质量、标价、付款方式都编写细致,评标过程中严防投标单位出现挂靠现象。

5. 烟台山水家园小区项目的成本决算

烟台山水家园项目成本决算主要包括工程的基本概况、实施设计情况和各项主要经济指标,以及在项目实施工作中得到的总结和经验、成本、投资、效益分析等内容,同时形成决算报表、财务总表、交会财产明细等项目。对所有相关数据进行了准确计算,并对其进行核对,经过最终分析认定,当前原材料市场供应价格虽然波动较大,但最终项目成本管理控制完全可以实现项目成本预算的任务。

二、烟台山水家园小区工程项目中存在的问题及应对措施

(一)烟台山水家园小区项目成市管理存在的问题

1. 成本管控目标制定不细致

从实际的运行过程可以发现,烟台山水家园项目的某些管控目标是在工程建设过程中才被发现并提出的,而这些目标都没有在成本预算中得以显现,其中有些是因为价值不大或者成本较低而被忽视,有些是由于目标设定过于死板,缺乏必要的执行依据,使成本管控目标成为了摆设,这也给最后的成本管理决算造成了一定的困难,使不少管控目标无法体现出它的实际成本量。

2. 成本管控职责划分不明确

在该项目实施过程初期还有不少部门没有认识到成本管控的意义,认为成本管控只

是财务或计划部门的任务,其具体施工单位并没有落实成本管控的义务,或者对于成本管控并不热心。从表面上看,这是因为各部门分工职责的不同造成的,但实际上是因为成本管控思想在管理者的心中还很淡薄。工程建设方缺乏相应奖励措施和处罚手段也是造成这种现象的原因。

(二)应对措施

1. 科学设计,从源头上控制成本

通过山水家园项目可以看出,在当前原材料市场价格普遍上涨的情况下,该项目还可以在施工阶段得以顺利进行,最主要的原因就是该项目在设计阶段采用了较为严格的管理措施和科学的技术方法,使工程在进行过程中从未发生过因定额变化而导致工程成本的巨大波动。

2. 有效订立合同,全面约束工程建设方

合同是在房地产项目工程建设中唯一有法律依据的书面材料,只有订立了详细完善的合同,才能确保工程建设过程中出现问题时,双方利益得到保证。在建设过程中,由于受当地房产管理部门的要求,对施工图纸进行了改变,造成了一定工程成本的变动,但并不意味着施工过程中的成本增加。因为依据合同要求,建设方会给予施工方相应的经济补偿,使双方在工程建设中的矛盾得以有效化解。

三、总结

在房地产的开发项目中进行成本管理,对房地产项目成本采用先进的成本管理理念进行全面核算,对房地产企业来说有很强的实际意义。按照目前的发展趋势估计,在项目成本管理中,使用电子计算机已经成为不可逆转的趋势,这种方法对于建立成本数据库,搜集成本管理信息,制订成本管理方案有很大的价值,成为今后房地产企业进行项目成本管理的必备手段。

参 考 文 献

[1] 梁计高. 基于供应链视角的房地产开发成本控制研究 [D]. 重庆大学硕士研究生论文, 2013.
[2] 李洋. "山水丽景广场"项目开发成本管理与控制研究 [D]. 南京理工大学硕士研究生论文, 2013.
[3] 魏美芩. 房地产开发项目成本控制研究 [D]. 天津大学硕士研究生论文, 2007.
[4] 萧礼标. 普通商品住宅开发项目成本控制的研究 [D]. 吉林大学硕士研究生论文, 2009.

浅谈建筑工程的电子合同管理

王宏伟 *

摘要 在建筑工业中,合同管理是一个重要的问题。电子合同管理有助于施工单位管理多份合同,减少创建、审核、执行和批准合同花费的时间,简化业务流程。本文联系创建管理合同和具有法律约束力的协议,论述更多关于自动化和简化相关生命周期过程的电子合同管理。

关键词 建筑工程;电子合同管理;管理流程;合同变更

当今技术的飞速发展使传统技术逐渐被摈弃,取而代之的是可以提升效率和节省时间的机制。由于技术进步,电子合同在建筑业中被广泛使用。电子合同提高了建筑过程的效率,加强了合作伙伴和利益相关方的关系。

一、电子合同管理概述

传统的设计风险和不规范的合同管理方法,例如合同信息缺乏、授权和责任的不充分、欺诈、盗窃、腐败,以及其他不道德的活动,都是因为合同管理中的人工干预。这些因素导致人们对电子合同管理的需求超过了大部分的手工管理方法,并使人们从合同管理的过程中获得最大收益。以下流程图简单说明了电子合同管理的基本概念。

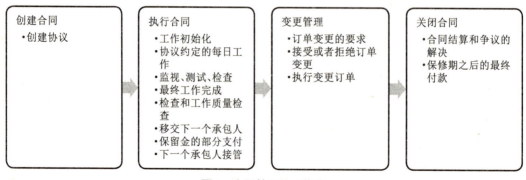

图1 合同管理的工作流

每个阶段应指明参与者,下一步的进程,需要搜集的数据,定向到哪一步。为了获得

---

* 王宏伟,中国海洋大学工程硕士在职研究生。

电子存储库中的文档和一些有用的数据库字段,创建合同文档时必须捕捉一个独特的关键数据,使其在依照其他系统的功能和规范运转的时候,会识别出本系统和其他系统集成的信息需要关注的重点。例如,在企业会计系统下集成账单支付功能。

二、电子合同管理分析

(一)拟定合同

使用传统的方法拟定合同是一个相当枯燥的过程,主要是因为合同对于各方的可用性都不高,需要花费时间进行多轮的谈判。电子系统将确保直接依据工作订单、服务订单或采购订单生成协议草案。而合同管理系统将根据各个组织所制定的条款和条件制定出包含各种类别的协议。

合同拟定的电子化有助于利益相关方在最终签名之前对合同的条款和条件进行有效的审批,而企业的核心资料库会记录审批的历史。该系统使用的电子方法、自动化工作流程、自动通知合作伙伴或利益相关者、保留文档版本、历史、提供电子或数字签名和跟踪所有活动,有助于减少创建、谈判、评审、执行和批准合同所花费的时间。被记录的每一个合同或信息都会被分配一个独特的识别标志,通过这些特殊识别可以将报告进行排序,有利于向合同合作伙伴和利益相关方展现多份合同整体执行的情况。

(二)执行合同

避免建筑项目延误和纠纷等问题的一个重要方法就是精确的事件记录。可视化的记录信息有助于工程团队了解工程状态。如果需要,可以在企业创建的设计、标准输出格式和图表类型等几个方面创建报告。所有的报告都可以自动生成,并定期通过电子邮件发送。其中,进展报告可用于生成累计付款,即临时支付。

在这个系统内,合同执行过程通常会涉及如下步骤:

(1)工作启动之后,跟踪和分析每日进展,以确保工作按照计划时间表进行;

(2)与此同时,对已完成工作实施监控和检验以评估其质量;

(3)监控和检查,这将有助于评估临时付款是否基于计划和实际工作;

(4)一旦完成交付,承包商将创建一个发票收据系统,这将反过来验证应付账款;一旦确认,承包商将根据系统中的付款条件进行付款;

(5)因为多个承包商能够保持、移交并按照合同清单执行验收过程,这样将可以确保100%地按合同完成工作

(三)变更管理

以上内容描述合同执行过程的始终,然而变更是任何项目都不可避免的部分。完备的变更管理模块已经成为合同执行过程的一部分。通常将变更解释为在相关各方签订的原始协议中叙述的需求与本协议的后续需求之间的差异。在施工过程中的变更可以由业主、承包商或者第三方发起。

变更管理过程分为 4 个部分:识别、评估、批准和通告。这个过程通过以下流程图展示。

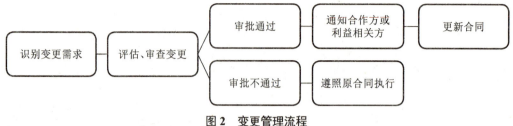

图 2　变更管理流程

以上各部分流程的描述如下:

(1)识别变更需求:在变更管理的这一步骤里,变更是追加提出的。一个变更需求方指定评论者和审批人。在接下来的过程中请求者应该附加相关文件来协助评论家或审批人。

(2)评估和审查变更:这一阶段包含大量的信息,因为它是变更管理过程最重要的阶段。变更经理收到来自识别变更需求阶段的复查需求,将根据评估标准进行评估。

(3)审批:当评估完成后,自动计算评价分数,然后根据评价结果的批准变更。如果审批人不批准变更,则流程回到最初的步骤。

(4)通知:每个合伙人或股东都将收到一份变更批准的通知。得到反馈后,合同文档就可以更新。以上过程产生的所有信息将存储在变更数据库中。

(四)合同关闭

所有合同义务和要求执行完毕,对所有可交付的成果进行验证,以及支付合同标的的工作完成之后,合同可以关闭。由于系统中有其他几个相互关联的模块,如合同续签、合同期满终止、维保期后的最终付款等,合同关闭过程会有所不同。

由于合同关闭还取决于当事人的个人方面,这可能导致在合同关闭之前产生更多的条款,这些附加的条款也可以包含在系统中,当事人可以选择适宜的合同关闭流程。合同关闭时,应对所有的合同进行总结,并以模板的形式保存。

三、结 论

电子合同管理在建设项目和组织中起着重要作用,是对传统合同管理中所出现问题的有效和高效的解决方案。电子合同管理的成功实施将导致工程合同管理的重大变革,可以增加合同管理的有效性,降低成本。

通过网络访问可以快速产生输出物。等待批准的时间将大幅下降以保证项目的工期。基于合同条款逐步实施各项业务可以保证支付。通过智能合同管理,组织可以关注由于人工干预而产生的漏税和类似的问题。维护合同实施的历史记录有助于评估未来潜在的合作伙伴。通过文档管理系统可以避免数据丢失的风险,同时基于电子化的信息系统可以保护密码,因为只有经过授权的用户才可以访问数据,所以所有的文件是非常安全的。

电子合同管理构造了建筑领域开源的合同管理系统。

[1] 金建良. 建筑工程合同管理系统的设计与实现 [D]. 山东大学硕士研究生论文, 2013.

[2] 麻昌颜. 建筑工程施工合同管理存在的问题及对策 [J]. 广西城镇建设, 2005 (11)：71-73.

[3] 刘宝玲. 论建筑工程项目中的合同管理 [A]. 中国土木工程学会 // 实践与思考：七省市第十二届建筑市场与招标投标联席会优秀论文集 [C]. 中国土木工程学会：2012：3.

[4] 付庆向, 王万喜. 加强建筑工程施工合同管理的做法与体会 [J]. 山东水利职业学院院刊, 2006 (2)：24-25.

项目管理中的人力资源管理应用分析

魏　斌[*]

摘要　在项目管理思想和方法被广泛应用的今天,能否对项目及其资源进行科学、客观的规划、分配与使用,实现项目管理的目标,成为企业需要面对的重要课题。本文首先介绍了人力资源管理的意义,其后分析比较项目管理与人力资源的特征与结合点,总结出项目管理过程中关于人力资源管理的几个重要问题,分析了人力资源管理在项目管理中的应用。最后得出结论:人力资源管理在项目管理过程中的应用是一个系统的过程,有利于增强企业项目管理中的效能。

关键词　项目管理;人力资源管理;项目效率

一、人力资源管理的重要性

人力资源作为项目的三大资源之一,在企业项目管理中发挥着极为重要的作用。面对日益激烈的市场竞争,企业项目管理的有效性越来越得到重视,它不仅有助于企业科学、合理地配置人力资源,充分发挥员工的潜能和积极性,降低项目实施的风险,而且对企业健康、稳定的发展都将产生重大的影响。

为实现组织目标,通常会要求人力资源管理工作做到极致,保证他们最大限度地为组织发展贡献力量。因此,各级管理者越来越关注人力资源管理的发展。与此同时,项目管理中的人力资源管理也是重要内容。在项目运行过程中,人是最重要的因素,任何产品都需要人来理解和定义,任何过程都需要人参与操作和完成。

二、项目管理过程中人力资源存在的问题

在组织体系规划中,项目经理的作用至关重要。而项目经理具有人的弱点,在面对困难的时候,并非所有的项目经理都能积极看待问题和解决问题。

此外,项目团队之间的沟通也是十分重要的。如果项目经理与上级之间不能形成良好的沟通,项目高层就无法了解项目进度等问题,阻碍项目的建设。如果项目经理和客户之间没有良好的沟通,将降低客户对项目建设的信赖程度,不利于企业的长远发展。如果

---

* 魏斌,中国海洋大学工程硕士在职研究生。

团队之间不能良好地沟通,不能有效地鼓励团队建设和组织合作,或是在项目团队中,激励机制的不完善、不健全等,都会影响项目进展。

三、项目管理中人力资源管理的应用

正因为项目中的人力资源管理存在问题,而项目管理较于其他管理又具有一定的独特性,因此项目管理过程中的人力资源管理应更具针对性。

(一)重视团队建设

在项目管理中,项目团队必须保持运转顺畅、沟通高效。因为工程项目的顺利完成必须是团队合作的结果,团队精神、工作模式、管理模式等对工程项目进度具有影响作用。因此项目团队建设应当放在第一位。

(二)注重目标导向

首先要明确项目的真正目标,只有清楚目标,才能有正确的方向。只有带向目标的行动才是有效率的,因此效率一定是基于特定目标的。其次,局部效率高不代表系统效率高,有时候反而会起到副作用,应该站在系统的角度根据系统效率去调整局部效率。再次,找到核心准确的指标对于评估监测项目是非常重要的,做到持续的改善,将执行过程流程化、具体化、标准化。

(三)企业文化融入项目管理

将企业文化建设和管理制度有机结合,全面加强现场管理和队伍管理,职工宿舍、食堂清洁整齐,员工统一着装,现场井井有条,气氛和谐,给人以全新的感受。提倡和鼓励团队成员学习,充分发挥项目团队成员的创造性,崇尚创新精神,逐步形成学习型组织团队。

四、结论

综上所述,人力资源管理在项目管理过程中的应用是一个巨大而又系统的过程。向成功结合项目管理与人力资源管理的企业借鉴经验,同时分析自身项目特点,提出更适合本企业的人力资源管理理念与方式,这样才能使企业有效发挥人力资源管理在企业项目管理中的效能。

[1]曹修涛.人力资源管理在项目管理中的有效应用[J].现代经济(现代物业下半月刊),2008(9):75-76.
[2]曹晓红.强化国际工程项目人力资源管理的探讨[J].现代管理科学,2008(3):

90-91.

[3] 谭胜. 人力资源如何优化配置——建筑工程项目人力资源管理优化的机制与对策解析 [J]. 施工企业管理, 2008 (6): 84-86.

[4] 谭胜, 蔡燕纬. 建筑工程项目人力资源管理优化的机制与对策解析 [J]. 全国商情(经济理论研究), 2008 (8): 36-37 + 16.

[5] 杨华荣. 工程项目管理中人力资源配置研究 [J]. 高等建筑教育, 2008 (3): 57-61.

[6] 吴延风. 浅谈项目管理中的人力资源管理 [J]. 厦门广播电视大学学报, 2005 (2): 49-54.

刍议建筑工程的合同管理及风险防范措施

李豪杰 *

摘要 随着我国社会主义经济体制的完善和发展,建筑业已经成为社会主义市场经济体制的特定经济范畴,是市场经济体制下自我发展的一个重要产业,为工业、农业、交通运输等行业提供新的生产能力和效益。本文通过研究建筑工程项目合同管理、合同风险防范措施,为建筑施工企业的合同管理提供借鉴和参考,使建筑施工企业能更好地参与到市场竞争中去。

关键词 建筑工程;合同管理;风险防范

一、前言

建筑工程合同是一种明确承包单位和发包单位双方权利义务、为完成工程建设目标以及相关具体内容而签订的协议。目前的建筑市场有众多无序竞争,集中反映在招投标上,盲目压价加之建筑商恶性竞争,使得建筑工程价格完全偏离它的价值。所以,加强合同管理对施工企业是极其重要的工作,因为它不但决定了建筑企业的效益,更关系到建筑企业的发展。下面就怎样加强建筑工程项目合同管理及合同风险防范进行研讨。

二、建筑工程合同管理及风险防范的必要性

第一,做好建筑工程合同管理工作是用施工合同来规范建筑市场秩序的必然要求,在扩大建设市场规模和范围,促进建筑市场规范化的过程中起重大作用。因此,必须认识到建筑工程项目合同管理的重要性,继续寻找提高建筑市场管理质量和规范的方法。此外,中国的住房市场将逐步与世界接轨,这对中国房地产市场的合同管理提出了更高要求。因此加强合同管理,做好风险防范,增强其潜在能力的发展迫在眉睫。

第二,建设项目合同管理和风险预防是确保建筑工程施工质量的一个重要因素,是确保工程质量的基础,应该引起相关人员足够的注意。主要目标是其建设项目实施过程中,确保合同签署责任明确,施工工程有关方面体现充分的权利和义务。因此,整个施工期间,做好建设项目合同管理和风险预防是关系到质量、进度、安全等方面工作顺利开展的一个

---

* 李豪杰,中国海洋大学工程硕士在职研究生。

重要因素。

三、建筑工程合同管理现状

（一）规则不到位，评价方法不合理

许多单位的评标方法存在严重缺陷，使合同无法顺利实施。当项目有问题时，合同也不能提供有效的依据和解决方法，将给合同当事人造成不便。

（二）合同的履行率不高

合同性能不理想的主要原因，是企业管理人员素质不高，常常没有在合同签定之前调查落实。因此企业必须加强合同管理，提高信用观念使企业获得稳定的发展。

（三）合同管理系统质量不高

施工合同在签定后，应该提交施工合同备案手续，然而有关人员玩忽职守，使一些明显的非法合同条款和条件可以顺利备案，严重影响合同的执行。

建设项目施工人员在合同的执行中还有众多的问题，如不仔细阅读合同，没有根据合同具体内容履行自己的职责，而是自以为是以自己的经历作为标准执行合同。出现这种情况的一个重要原因是没有特定的合同管理，履行合同人员流于形式，导致了相关建设人员出现随意违反施工合同的现象。

四、完成建设项目合同管理和风险预防的重要措施

（一）完善相关合同管理制度

完善合同管理制度是重要的基础工作。在许多情况下，对合同管理、审核、审查未得到认真对待，也缺乏相应的保障体系。岗位责任制是重要管理系统之一，只有明确责任、员工能够履行职责，尽力搞好合同管理，才能确保其他工作有效推进。

（二）对合同的履行情况进行动态监督

动态监督是一个重要的过程，也是监督合同、执行合同的重要措施，能敦促相关人员加强执行合同。特别是即将结束的合同，合同管理人员应该及时总结相关数据，这是非常重要的步骤，直接关系到合同管理的质量，关系到合同文件管理是否可以实现标准化和程序化。

（三）重视合同文本形式与内容

缺乏合同文本标准给合同的执行带来许多不便。应该做足够的准备起草合同文本，根据实际情况及时调查研究，确保合同真实性和有效性。在合同的签定和实施过程中，在人员配备上，让熟知和精通合同的专业人员参与商签合同。合同的签定需要字斟句酌，只

有把每一项活动存在的风险降到最低,才能获得最大的收益。

五、结语

　　建设工程合同管理和风险防范是影响建筑行业顺利发展的重要因素,也与施工合同双方的经济利益息息相关,在我国建筑业实现可持续发展过程中的作用是至关重要的,我们应该有一个清醒的认识。此外,建设工程合同管理和预防应该与时俱进,不能够僵化。我们应该在实践中不断学习和总结经验,及时发现问题和解决问题,并结合自己的实际情况采取更有针对性的措施,维护建筑市场秩序,保证合同管理的质量和效益。

参考文献

[1] 张元元,章勇. 建筑工程合同管理及风险防范 [J]. 中华建设,2013(9):116-117.

[2] 张宁. 建筑工程合同管理及其风险管理 [J]. 科技信息,2012(3):129-130.

[3] 杜承华,刘晓. 建筑工程合同管理的问题及防范措施 [J]. 魅力中国,2009(5):240.

[4] 张华. 论防范建筑施工项目合同风险 [J]. 黑龙江科技信息,2008(4):7-8.

[5] 张朝成. 建筑工程合同管理及其风险防范 [J]. 中国高新技术企业,2009(2):508.

[6] 陈贵芝. 建筑施工项目的风险管理 [J]. 内蒙古科技与经济,2010(4):100-101.

T91(P91)大口径电站锅炉钢管的开发研究

张少莹 *

摘要 P91(T91)系低碳高合金电站锅炉用管，<Φ159 以下为小口径钢管，本文介绍烟台宝钢 Φ460PQF 连轧管机组上电站锅炉钢管研制开发。

关键词 P91(T91)高压电站锅炉用管；Φ460PQF 连轧机组；生产工艺

一、前言

我国锅炉钢管分两大类：低中压管和高压管两类。低中压管按照 GB3087 标准生产，代表钢号为 20 g 和 15CrMo 等，主要用于一般工业锅炉。高压管按照 GB5310 标准生产，典型钢号为 12Cr1MoV，主要用在电站锅炉上。

随着我国工农业突飞猛进的发展，据 2005 年全国社会用电量大约 1 760 亿千瓦时，全国装机容量预计达到 3.8 亿千万，新增装机 7 600 万千瓦。所以锅炉管的需求量很大。

由于大型电站机组 >100 万亿千瓦(1 000 兆瓦)的不断增加和投产，对高压管 12Cr1MoV 牌号已满足不了要求，需要向高牌号发展如 102、P91(T91)等，特别是核电站要求更高。

二、锅炉管的品种与钢号

我国锅炉管经过 20 世纪 50 年代引进苏联钢种，60～70 年代自主研发，80 年代引进技术，形成了锅炉管系列。在 GB5310 标准中除 1Cr19Ni11Nb 没有生产外，T91 在宝钢和上海钢管厂已小批量生产，其他锅炉管国内均能大批量生产。

我国锅炉制造厂使用的锅炉管品种和来源见下表 1

表 1 锅炉管品种和来源

GB5310 牌号	国外相应牌号	锅炉管来源	
		国产管	进口管
20G		√	

---

* 张少莹，中国海洋大学工程硕士在职研究生。

续表

GB5310 牌号	国外相应牌号	锅炉管来源	
		国产管	进口管
	St45.8/Ⅲ（DIN）	√	√
	STB410（JIS）		√
20MnG	SA106B（ASME）	√	√
25MnG	SA210C（ASME）	√	√
15MoG	15Mo3（DIN）	√	√
20MoG	SA209Tla（ASME）	√	√
15CrMoG	T12（ASME）13CrMo44（DIN）	√	√
12Cr1MoVG		√	√
12Cr2MoG	T22（ASME）10CrMo910（DIN）	√	√
12Cr2MoWVTiB（102）	102	√	√
	T24（ASME）		√
10Cr9Mo1VNb	T91（ASME）	√	√
1Cr18Ni9	TP304H（ASME）		√
1Cr19Ni11Nb	TP347H（ASME）		√
	T122		√
	Super304		√

三、冶炼水平

近年来国内的冶金水平提高得很快,尤其是宝钢、上海五钢和江阴兴澄三家钢厂的100T 超高功率直流电炉的投产,再通过炉外精炼,使锅炉用钢发生一个质的飞跃。可使 C 控制在 2 个范围、S 在双零以下、P 在 0.02% 以下、气体含量也都可接近国外水平。

我们曾对进口量较大的锅炉钢管 ST45.8/Ⅲ、SA210XC、12Cr1MoV 和 102 与宝钢生产的钢管进行了统计分析。各钢管化学成分的均值和均方差都很接近,按数理统计分析宝钢管的质保书与复验,宝钢管与川崎管,宝钢管与住友管,以及宝钢管与 NKK 管等进口管均无显著差异。宝钢管的硫、磷含量低,成分波动小,与进口锅炉管无明显差异。

T91（P91）化学成分与特点

（1）化学成分。

表 2　成都钢管 P91（T91）钢的化学成分

C	Si	Mn	P	S	Cr	Mo	V	Nb	N	Ni	Al
0.08~0.12	0.2~0.5	0.3~0.6	≤0.02	≤0.01	8.0~9.5	0.85~1.05	0.18~0.25	0.06~0.10	0.03~0.07	≤0.4	≤0.4

表3　日本川崎知多厂 P91（T91）钢的化学成分

C	Si	Mn	P	S	Cr	Mo	Nb	V	N
0.09	0.3	0.43	0.008	0.003	9.1	1	0.08	0.2	0.04

（2）特点：从表2表3可见：P91（T91）钢，属于低碳高合金钢，P、S含量较低，属于高级优质钢，所以在性能特点上远远优于12Cr1MoV钢种。该钢种是电站锅炉和核电用钢，主要用于蒸汽管，纯度要求高（P≤0.02％易冷脆，S≤0.01％易热脆），夹杂的气体（H、O、N）含量，必须控制在要求范围内，否则易产生皮下气泡等危害。这一切，目前宝钢均能达到要求，甚至优于日本。

四、T91（P91）生产工艺技术

国外进口的锅炉管主要用热轧方法生产，热处理用连铸炉，有的还采用保护气氧热处理。宝钢生产规模较大，它是热轧生产的锅炉管，在连续炉中进行热处理或保护气氧炉中热处理。

国内其他生产小口径锅炉管厂家，主要用冷拔（穿—拔）方式生产。用连续炉热处理，还有少数厂家用箱式炉生产中低压管。上海钢管厂已有保护气氧炉。

烟宝生产 P91（T91）在 Φ460PQF 连轧机组工艺典型规格 Φ273 mm×28.6 mm，按照外径检验标准，外径要求控制在 ±0.75％，实测 +0.15％～0.29％，符合要求，且精度较高。对于壁厚沿长度方向间隔 2.3 m，实测 5 个截面壁厚，按照检验标准，壁厚要求为 −10％～ +12.5％，实测 +0.98％～3.2％，符合要求，且精度较高。

常规性能，宝钢无缝厂进行了常规拉伸、常规冲击及硬度检验。检验结果表明，研制的 Φ273 mm×28.6 mm P91 无缝钢管，常规拉伸、室温冲击及硬度，满足 ASME 及 GB5310—2008 标准要求。

五、结论

宝钢 P91（T91）各项技术指标和性能均符合 ASME SA-335 标准及 GB5310—2008 标准要求，说明研制和开发宝钢 P91 无缝钢管产品所选择的工艺设计是正确的。

在 Φ460PQF 机组（世界一流的先进机组）完全可以生产大口径 P91（P91）优质钢管，完全满足超（超）临界电站锅炉制造的要求。

宝钢 P91 无缝钢管研制成功，填补了宝钢在大口径高压锅炉管的生产空白，也缩短了我国在耐热钢研究领域与国外的差距，同时也极大提高了我国电站锅炉的制造能力和水平。

参考文献

[1] 王起江, 夏克东, 杨为国. 电站锅炉用 SA-335P91 无缝钢管的研制 [J]. 宝钢技术, 2013 (3): 13-17, 24.

[2] 韩宝云. 焊接锅炉钢管的发展 [J]. 焊管, 2012 (5): 72.

[3] 张显. 对我国锅炉钢管标准与 ASME 标准的分析及发展探讨 [J]. 钢管, 2008 (4): 68-73.

项目管理过程中的要素分析

刘咏诗 *

摘要 项目的计划与目标要通过调研论证得出具体的、反映客观现实的数据得以实现。保证计划的准确性和目标的实现需要对项目过程进行进度、质量、费用的准确把握和控制。进行合理和有力的控制要根据计划和目标协调进度、质量、费用三方面指标,最终完成项目。

关键词 项目进度;项目质量;项目费用;项目管理

项目管理三要素:进度、质量、费用,是项目管理工作中最重要的环节,计划和目标必须根据三要素的实际情况科学制定,将其融入到每个工作环节。项目管理是一个时效性很强的工作,要求在限定的时间段内完成工作。要达到在限定时间内完成某项工作,就必须处理好项目管理中的进度、质量、费用三要素之间的关系。

一、项目进度管理要素分析

项目进度管理是项目计划的第一步,明确项目的进度时间才能更好地制订其他工作的计划。制订项目进度计划首先要将项目进度的制约因素提炼出来,针对制约进度的各个因素进行分析,然后根据分析结果合理制订计划。制订项目进度计划需要注意四个方面的问题。

首先,项目进行当中各个部门分担工作不同、专业不同,造成项目进行中参与各方互不了解,缺乏沟通。每个部门只根据自己部门的具体情况安排工作流程,没有将其他部门的工作要求考虑进去。往往造成不能按项目整体进度要求完成工作,部门之间互相指责。所以制订项目进度计划,并在项目进行当中注意沟通,让每个部门相互了解对方的工作,了解其他部门的工作特点和性质,才能更好地提高工作效率。

其次,影响项目进度的特殊因素要提炼出来。每个项目所处的地域不同,因此相关的周边环境和人文因素都要考虑进去。工作环境是影响进度的一个因素,制订进度计划之前要对环境因素进行分析,分析出哪些环境变化会在项目进行当中出现影响进度的异常情况。人文环境也是影响进度的重要因素,根据分析文化环境有可能出现的问题,提前处

---

* 刘咏诗,中国海洋大学工程硕士在职研究生。

理,避免项目进行当中影响进度。

第三,分析市场情况。根据项目的性质分析市场对项目的要求,根据市场的变化规律制定合理进度。同时制定可能发生的市场变化对策,减少市场变化对进度的影响。

最后,团队的工作能力和工作效率都会对项目的进度产生影响。每个项目的管理团队都有自己的特点,这就要求在做项目进度计划时要充分把团队的因素考虑进去,根据团队的特点进行分析,制订团队建设方案,避免团队出现问题影响项目进度。项目团队管理的方式应尽可能地扁平化,使上下级沟通顺畅,及时发现问题、及时解决,保证工作进度。

二、项目质量管理要素分析

项目质量的好坏决定着项目的社会效益和经济效益,而项目质量的标准是根据客户的要求和市场的需求来制定的,找到了项目的质量关键标准也就提高了项目未来的收益。

首先,确定项目质量标准。要进行专业的市场调研和市场分析,提炼出符合市场要求的质量标准。质量标准也就是工作的重点,有了明确的质量标准,工作就有了明确的方向和目标。从而在提高了工作效率的同时又提高了经济效益。

其次,提高完成质量的技术。完善的培训系统是保证项目质量实现的关键,实现质量的过程就是学习的过程。学习过程中大家共同研究、探讨,提高实现质量标准的技术,确保项目质量标准实现。

最后,实现质量的监督和检查。确保项目质量标准的实现要有一套好的绩效考核系统,激励员工提高工作技能和主观能动性,按照质量标准完成工作。项目质量管理必须遵循 PDCA 循环,即 plan-do-check-action,计划—实施—检查—处理,四个阶段周而复始地进行质量管理。PDCA 循环实际上是对实现质量管理的过程进行监控,每一次循环是对工作质量的一次检查,每一次检查就是提高了一次质量。而每一次又可以调整一次质量标准,使质量标准不断提高的同时,更加符合客户和市场的要求。

三、项目费用管理要素分析

项目费用管理是项目管理中可控性强、工作繁重的一项工作。影响费用控制的因素很多,解决方法也很多。这就需要进行大量工作才能真正达到项目费用管理的目的。

(一)项目物料的费用控制

合理的项目物料使用是费用控制的关键,但合理的预算需要做很多细节工作,需要较强的专业性,并更加注重细节。避免浪费是实现费用控制的手段,合理的计划和浪费的监控才能保障费用控制的目标实现。

(二)办公设施的费用控制

这项费用控制需要全面衡量办公所需的基础设施,避免不必要的费用支出。不能过多地注重形象而忽视费用的控制。所有的支出都是项目的成本,不能人为地增加项目的成本。

(三)办公用品的费用控制

合理的办公用品使用计划不是多而全,而是合理的配备计划和充分的市场价格调研。要做到办公用品合理配备,够用不浪费。购买时需要进行调研,选择合理的价格购买。

(四)人员费用控制

人员费用的控制是难度最大的费用控制内容,需要根据项目进度安排人员的引进。人员不能及时引进会造成项目进度延迟,而人员引进过早会造成资源浪费。这就需要在制订费用计划时与项目进度计划结合起来,按照项目进度制订人员费用计划,避免人力资源的浪费。

(五)宣传费用的控制

宣传费用的控制是最难把握、也是费用额度最大的一项。宣传往往是拉动项目效益的最好途径和手段,但也是最容易造成浪费的支出,做好计划是控制此项费用的关键。管控过程中还需要对该项费用的使用效果进行评估,从而避免费用的无效使用。

(六)动态费用的控制

动态费用是项目进行当中随机产生的费用,如差旅费、宴请费等。这些费用最大的特点是随机性与发生的不可控性。但是,其标准是可控的。控制标准需要使用此项费用的人去控制。这样就加大了控制的难度。想要控制好此项费用,必须加强沟通。培养全体员工的职业素质,树立主人翁的意识。

四、总结

项目管理的三要素是互相制约、互相促进的关系。从性质上来说,项目进度决定着项目的成败,按期完成项目才能实现项目的价值;项目质量决定着项目的长远发展,质量达标才能实现项目效益的最大化;项目的费用控制决定着项目的成本,只有将项目成本控制好才能将进度管理和质量管理的成果保存下来。只有把项目进度管理、项目质量管理、项目费用管理三要素协调好,才能最终实现项目管理的目标。

参考文献

[1] 刘力. 工程项目质量控制研究与探讨 [D]. 天津大学硕士研究生论文,2004.

[2] 路涛. 建设项目实施阶段集成管理的理论与实践研究 [D]. 华北电力大学(北京)硕士研究生论文,2005.

[3] 刘彬. 现代工程项目管理科学规范运营探索 [D]. 首都经济贸易大学硕士研究生论文, 2008.

[4] 阳进. 火电厂环保工程项目成本与进度集成控制 [D]. 上海交通大学硕士研究生论文, 2010.

建设单位工程成本控制中存在的问题

姜清林 *

摘要 在市场经济迅猛发展的时代背景下,工程建设单位之间的竞争越来越激烈,只有重视对工程项目的成本控制才能提升工程建设的经济效益。而从目前的工程设计单位发展趋势看,资金投资管理体系的构建还不够完善。因此,探讨建设单位工程成本控制中存在的问题,对于项目工程的完成有很强的现实意义。

关键词 工程成本控制;工程设计;成本预算;工程合同

工程投资大、建设周期长、协调部门多是工程项目建设工作的几大特征,就目前工程建设单位的发展趋势来看,自项目成立到完工结算的建设过程中,资金投资管理体系的构建还不够健全。这一方面带来较多的投资遗漏,另一方面也给资金投资管理预留了很大的进步空间。本文以当下建设单位工程施工三大环节的成本控制为切入点,针对建设单位工程建设投资效益提升问题进行研究,以建筑工程项目质量有所保证为前提,达到工程项目成本控制的根本目标。

一、建设单位工程成本控制中存在的问题

由于行业竞争日趋激烈,造成了许多建设单位盲目承接工程项目,在立项之前没有对工程项目进行细致考察,项目建立后的施工期间,又没有采取有效的控制措施,致使施工成本费用超出预算范围,资金投入控制失效。建筑工程项目完工后,作为一项固定资产,其折旧额度与其他商品相比要大得多,如此一来,资金投入的回收期限被无限延长,有时还可能出现成本无法回收的状况。

绝大多数的建设单位认为设计阶段的工程成本控制是由设计部门全权负责的,与企业本身没有任何关系。然而设计部门在考虑到建筑工程的使用功能和整体质量保证的前提下,通常不会对工程造价的控制太过注重。许多工程设计完成后的安全系数远高于设计规范标准,这对于资金投入建设来说是一种浪费,后一阶段的图纸会审因为技术审核制度不够严格而起不到帮助作用。因此工程施工规划也没有作出更改,最后还是会造成资金投入失控的状况。经济和技术是建设工程结算工作的两大基本要求,相对于工程建设

---

* 姜清林,中国海洋大学工程硕士在职研究生。

的其他环节而言,本阶段的工作内容太过烦琐,编审人员的业务素质要求和专业技术知识内涵都要符合一定的要求和标准,并且在工作过程中要始终秉持认真负责的工作态度。然而编审人员在实际工作中会或多或少出现一些工作失误,最为普遍的就是高估冒算施工单位结算数额。许多承接工程的施工单位为了能够获取更多的利润,会采取定额单价增高套取、工程量虚假计算或者另立名目对工程造价进行人为控制等方法,这些不正当手段对工程成本控制工作的开展都有着极大的负面影响,建设单位必须予以高度重视。

二、实施成本控制措施的具体建议

(一)设计阶段实施成市控制措施

工程设计阶段成本控制措施的实施应该从以下几个方面着手进行:① 设计招标活动的积极开展。设计单位众多,设计方案的水平和质量良莠不齐,优秀的设计单位所设计出的工程方案建筑结构简单大方,施工部分工艺要求合理,且整体流程十分顺畅,工程造价相比于其他方案而言也能够最大限度地满足要求。招标活动的开展期间,在保证投标单位信用的前提下,依据参与投标的设计单位的建筑设计方案择优录取,保证设计环节的成本控制措施能够落实到位。② 价值工程的充分利用,选择优质的设计方案。就同一个建筑项目而言,设计方案有成千上万种,不同的设计方案对工程造价的要求也不尽相同,可以结合设计方案内的价值比较来进行选择,造价预算价格差异不大的,建设单位可以选择功能设计更为科学合理的;建筑应用功能大致相同的,建设单位可以选择预算造价低的设计方案。③ 设计薪酬的适当提升,对设计人员进行奖励,进一步提升工程造价降低的可能性。设计概算构建完成时,建设单位可以采取奖励措施,只要设计单位能够在原设计施工预算的造价基础上降低几个百分点,建设单位就可以按照对应的工程造价费用来调整设计经费,这样的奖励方法能够最大限度地调动工程设计人员的工作积极性,并在工程设计过程中投入更多的精力和心血,保证设计方案的最优化。

(二)投标阶段的工程成市控制

招标是建设单位降低工程成本预算行之有效的一种方法。据工程建设行业的有效统计,直接承包和招标的工程造价之间的差价最小有 15%,最大则可能达到 25%。若工程造价成本较高,那么这一价格差异将会是一笔很大的"收益"。对于建筑项目而言,项目资金投入、工程施工进度和工程质量的提升都能够通过招标措施进行调整控制。诚信、公平、公正、公开是招标工作开展的基本原则,招标文件公布开展之前,建设单位相关部门要对工程成本造成影响的多种因素进行分析归纳,保证招标工作的有效性。中标者的低价造价要有一定的合理性,不能以绝对低价中标,避免由于造价低于成本预算而出现恶意竞争现象。

(三)合同条款制定的严密有效

施工阶段的成本控制关键在于工程变更和索赔执行有效控制的执行,清单报价是当下施工单位常用的报价形式,有些"钻空子"的施工单位在招标时降低价格,投标成功后再索赔赢利。而建设单位应该在工程动工前就与施工单位进行协调沟通,采取积极主动的监控措施,对涉及投资金额增加的工程变更要进行严格审核,对于一些不必要的工程费用支出提出异议,避免出现资金投入失控的状况。合同签定单位要在工程施工期限内完成好各自的工作,杜绝索赔违约的情况发生,进而保证工程成本得到有效控制。

三、总结

对于建设单位而言,工程成本控制的工作要求细致,工作内容烦琐,因此对于工程项目管理部门的人员要求很高,从工程方案设计到施工质量检测到工程进度跟进再到成本核算控制,与成本控制相关的专业知识都要有所涉猎。每个单位工作人员都要具备成本控制的管理意识,保证他们能够在各自的工作岗位上各司其职,为工程成本控制贡献出自己的一份力量。

[1] 徐玥. 探析工程建设项目成本控制的几个要点 [J]. 山西建筑,2010(24):263-264.

[2] 孟维欢. 浅谈如何控制工程建设成本 [J]. 水利建设与管理,2010(6):34-35.

[3] 黄昌铁. 建设单位控制工程造价方法的研究 [J]. 山西建筑,2008(6):262-263.

德州市水利视频会议系统技术浅析

刘 蒙*

摘要 本文主要对视频会议系统进行介绍,重点从视频会议系统的构成、分类,系统建设要求、技术标准等方面论述视频会议系统的技术要求。

关键词 视频会议系统;网络技术

一、视频会议系统概述

视频会议系统由软件视频会议系统和硬件视频会议系统两部分组成,是通过现有的各种网络通讯传输媒体,使得在地理上分散的各会场用户可以共聚一处,并能通过实拍的电视图像或者显示在黑板、白板上写的字和画的图形等多种方式交流信息的系统技术。

(一)视频会议系统构成

视频会议系统主要由 MCU(Micro Controller Unit,微控制单元)、视频会议终端等组成。MCU 是视频会议系统特有的设备,由两部分组成,一部分是 MC,主要负责处理会议中的控制信息;另一部分是 MP,主要用来处理音频、视频和数据信息。视频会议终端是提供实时的、双向通信功能的节点设备,其主要功能是采集视频、音频信号,经处理后送给MCU 或其他终端,同时接收视频、音频信号,处理后送到相应的输出设备。

(二)基于视频会议系统的建设要求

1. 带宽要足够满足传输要求
只有拥有足够的网络带宽,才能将数据传送至网络,否则无法传输如此大的数据。

2. 压缩技术需满足要求
采用高压缩比的压缩算法有效地降低数据量,才能使视频、音频数据在 IP 网上传输。例如,在 H. 323 会议系统中,图像编码主要采用 H. 261 和 H. 263 标准,支持 CIF、QCIF 的分辨率,而正在完善之中的 H. 264 是比 H. 263 和 MPEG-IV 压缩比更高的标准,节约了50% 的编码率,而且对网络传输具有更好的支持,可获得 HDTV、DVD 的图像质量。

---

* 刘蒙,中国海洋大学工程硕士在职研究生。

3.要有基于 IP 网络的多播技术

多播(也称多址广播或组播)技术,是 IPv6 数据包的 3 种基本目的地址类型之一,多播是一点对多点的通信,而一点对多点的通信是节省网络带宽的有效方法之一。在视频会议系统应用中,如果想把一个节点信号传送到各个节点,多播是最好的选择。多播技术将数据传送分布到网络节点中,极大地减少了网络中的数据总量。

4.要对服务质量有足够的保证

网络服务质量是用户与网络之间以及网络上互相通信的各个用户之间关于信息传输与共享的质量约定。首先,要承认延迟的存在。其次,在视频会议系统中要求能够达到唇音同步,只有达到时间上的同步,才能自然有效地表达关于会场的完整信息。最后,要允许有一定的丢包率。因为人的感知能力是有限的,因此可以允许一定的传输误码。

(三)常见的视频会议系统标准

视频会议系统的迅速发展,除了自身优势以外,相应的 ITU(国际电信联盟)标准不断发展完善是推动视频会议系统应用的强大动力。视频会议系统国际标准主要包括 H.320、H.323 这两种目前最常用的视频会议标准。

在音频编码方面,声音压缩采用 G.728 通常是以每秒 8k 样本的速度压缩高质量语音的。

在图像编码方面,图像压缩采用 H.264 方式。H.264 是一种高性能的视频编解码技术,其数据压缩比率极高,按照同等图像质量相比较,H.264 的压缩比是 MPEG-2 的 2 倍以上,是 MPEG-4 的 1.5～2 倍,在具有高压缩比的同时还拥有高质量流畅的图像。经过 H.264 压缩的视频数据,在网络传输过程中所需要的带宽更少,也更加经济。

数据应用的 T.120 协议被设计来用于多点数据会议和实时通信,很大程度上提高了多媒体数字信号编解码器的控制能力。最终的产品能够完成连接、传输、接收数据和合作过程,是通过使用相兼容数据会议特征来实现的,如共享程序、白色书写版会议和文件传输等。该系列标准增强了视频会议系统的灵活性。H.323 标准还规定了数据的实时传输协议 RTP 和实时控制协议 RTCP。

二、德州市水利局防汛抗旱视频会议系统构成情况

(一)中央控制设备 MCU

采用设备型号为美国/思科 CTI-4510-K9,配备一台。主要参数:支持 20 路或以上用户接入,支持 H.264,支持 1 080 p,音频标准:G.728、G.729,支持 H.239 的双路视频,双电源备份,支持 7×24 h 连续开机工作,单台可支持 20 个高清全编全解视频端口,同时附加 20 个音频端口,充分支持高清(H.264,30-60 帧/秒,实现 1080p 1 920×1 080 像素)的分辨率,支持最多 59 种分屏模式,支持跨网关呼叫,支持预约会议,支持流媒体交互功能,支持支持 4:3 和 16:9 显示,支持远程遥控摄像机,支持流媒体组播功能,支持 VNC 双流;RJ45 串口。

（二）视频会议终端

采用设备型号为美国／思科 CTS-INTP-C60,配备 3 台,分别放置于市局主会场,防办分会场,减灾楼 2 楼分会场。CTS-INTP-C40,配备 12 台,分别放置各县区分会场。C60 与 C40 除部分端口不一致外,其他主要技术参数相同:可支持 4 路高清 720 p 30 帧会场点同时与会内置多点功能,具备全编码全解码、混速混协议能力,每路视频均可展开数据协作高清数据协作,分辨率支持 1 080 p 30 和 UXGA。编解码器是 1 080 p 高清视频协作引擎,支持 1 080 p 和 720 p 全高清视频和协作,配合高清平板显示屏可实现 1 080 p 高清视频通信效果。视频标准:H. 264,真正的 16:9 宽屏制式,音频标准:G. 722. 1、64 bit 和 128bit MPEG4 AAC-LD 立体声,自动增益控制(AGC),自动降噪,主动唇音同步。有会议录制、流媒体服务和防火墙穿越功能。

（三）核心交换机

采用设备型号为美国／思科 WS-C4507R＋E,配备 1 台。主要技术参数为:插槽数≥7,主控模块交换能力≥280 Gbps(单个引擎),主控模块包转发能力≥225 Mpps,支持1:1 冗余主控,实配双主控引擎,可在线更换,支持多种标准交换协议;MAC 地址数量≥55 000,路由协议:支持 RIP、OSPF、EIGRP;支持基于物理接口、VLAN 内、VLAN 间和一组 VLAN 内的根据物理地址、IP 地址、端口号、应用内容等进行访问控制,支持反向的访问控制;配置要求:引擎 2 块,每块含 2 个万兆接口或 4 个千兆接口;48 口千兆电口板 1 块;12 口千兆光口板 1 块;千兆多模光模块 10 个。

（四）路由器

采用设备型号主机房为美国／思科 CISCO3925E／K9,配备 2 台,各区县分会场配备CISCO2911／K9,1 台。主要技术参数为:24 口电口板卡,23 个 10／100 M 交换电口,1个千兆端口,最大 Flash 内存为 256 M,最大 DRAM 内存为 512 M,支持 VPN,支持 Qos功能,扩展插槽／卡数量≥5,路由性能≥350 kpps,支持双冗余电源(实配 1 个电源),升级软件,设备数据转发离线时间≤30 秒,支持 VRRP 及网关负载均衡类似协议,支持多种标准交换协议;路由协议:支持 BGPv4、IS-IS、OSPF、RIPv2. 0、Policy Routing,IPX 等。

三、结 语

该系统建成后,不仅能够实现德州市县各级水利水务局之间的视频会商,还能与山东省水利厅互通互联,为各级领导应对水灾旱情、及早决策提供辅助手段,有助于在防汛抗旱、抢险救灾过程中及时、准确、科学地指挥、调度和决策,以期在灾害来临的时候,通过信息采集、网络传递、异地视频会商、系统决策等新技术手段,使我们与灾害赛跑时,在时间上占得先机,变过去的被动防护救灾为今后的快速防御、疏导,把灾害损失降低到最小。

[1] 王战友. 水利防汛应急指挥视频会商调度平台研究 [J]. 水利信息化, 2013 (32)：34-38.

[2] 伍威. 江西省地质灾害应急移动会商系统建设研究 [D]. 江西农业大学硕士研究生论文, 2012.

[3] 杨小翔. 面向会商系统的 Widget 应用技术研究与实现 [D]. 南京邮电大学硕士研究生论文, 2013.

[4] 张万较. 上犹江水库防汛会商系统研究与设计 [D]. 华中科技大学硕士研究生论文, 2012.

"目标、团队、机制"

——管理思想下的全面预算实践

苗　蕾*

摘要　当今社会环境下,房地产经过几次新政的洗牌,企业风险意识增强,全面预算管理已成为当今大型企业的标准管理程序。推行全面预算管理是房地产行业在当前内外部环境下的必然选择,本文从内部管理和外部形势两个方面分析房地产行业的生存环境,并进一步在"全面预算"管理"编·行·评"方法的实施中提出自己的见解和思路。

关键词　全面预算;内部管理;运行机制

一、引言

全面预算管理这一概念的核心在于"全面"两个字,解读分析就是三个方面,即全员参与、全业务覆盖、全过程控制。从外部形势看,随着政府监管的日益严格,房地产行业的生存环境越来越严峻,银根紧缩导致现金流紧张、物价上涨导致原材料成本不断上升等不利因素不断出现,房地产也将面临更加严峻的考验。在这种形势下,我们必须加强管理能力和竞争力以应对挑战和化解危机。

二、"目标·团队·机制"管理思想对"全面预算"管理的指导

为迎合现代市场发展需要,很多公司当下推行"目·团·机"管理新思想,该思想诠释了"目标·团队·机制"的成功运用对企业发展的战略意义,在战略高度上为"全面预算"的推行提供了指导思想。企业仅仅有一个明确的目标和一个战斗力、执行力强的团队还不够,还需要一套行之有效的管理机制。机制是团队实现企业目标过程中的动力和保障,也是激发员工积极性、主动性和能动性的有效工具。预算管理通过对企业各部门和成员在预算编制、执行与控制、考评与激励等过程中责、权、利关系的全面规范,将企业管理机制具体化、数字化、明晰化。

---

* 苗蕾,中国海洋大学工程硕士在职研究生。

三、"全面预算"管理"编·行·评"方法实践

针对目前房地产行业全面预算管理中存在的问题,其实可以从"编制、执行、考评"三个方面进行探评和提高,基本思路是"科学的编制,切实的执行,严格的考评"。

(一)科学的编制

"预算管理,编制先行",全面预算编制是否科学合理是影响其执行效果、实现其管理目标的重要因素,可以从以下方面提高编制水平。

1. 观念意识

这是原动力,是企业防患于未然的必要条件,也是推行预算管理建设的基础思想。要从认识高度上将推行全面预算的目标和意义贯彻到各级领导、各个部门、各个员工,无论是干部还是员工,都是预算流程的主人。改变编制预算纯属财务行为的错误观念,真正做到全员参与。

2. 组织保障

在总部集团及下级项目公司成立各级预算管理委员会,建立"倒三角"组织体系,实行预算的分级管理与分级负责,明确职责,从组织上提供制度流程、政策保障,自上而下提供原则,自下而上提供成果,明确集团对各级组织的预算编制和管理职能定位,合理分配各部门的责、权、利,形成部门间高效协同的预算文化。

3. 制度保障

实行全面预算管理,要进一步梳理工作流程,建立一套完整的全面预算制度体系,为有效开展全面预算管理提供制度基础,从某种意义上使预算管理行为做到有章可循,减少项目公司与集团之间的冲突和博弈。

4. 重视"四算"

"四算"包括投资估算、设计概算、施工图预算和竣工结算。全面预算管理核心之一就是成本管理与控制,而制定和修订目标成本的依据是"四算"。现在许多房地产企业为了赶工程、抢进度,经常是没有图纸先行施工,"三边"工程屡禁不止,致使设计概算突破估算指标,施工图预算突破设计概算、竣工结算远远突破施工图预算。还有的企业预算的科学性不够,测算的依据不足,论证的资料太少,使得预算指标与实际的执行情况差异较大,导致预算失去了应有的指导意义。因此,项目公司必须加强"四算"管理,提升测算水平,真正达到成本控制的目的。

(二)切实的执行

要提高预算的约束力和控制力,可以从以下几点切入。

1. 运行机制

全面预算体系里,机制是起"保驾护航"作用的,科学、统一、清晰、严格的运行机制健全,系统完善的薪酬考核机制和体系,为预算的有效运行提供了保障。

2. 风险预警

执行过程也是风险预警的过程,为保证预算顺利执行,就要加强预警机制,杜绝瞒报、少报、报喜不报忧、利用专业独有性虚报等不良现象,运营部门要充分发挥监督职能,及时预警,及时显示,为管理层提供及时有效的决策信息。

3. 分析差距

控制离不开分析,分析要及时、全面、深入,要勇于揭伤疤,敢于自我颠覆,对待差距要有"自以为非"的勇气,客观、科学、公正地面对问题,从数还原到业务中,倒逼到流程末端,揪出是非根源,研究措施,落实责任,立即纠偏。

(三)严格的考评

"预算管理,赢在考评",预算考评机制是预算执行的驱动力,如何将考核和激励机制落实到位、做到切实可行,是保障企业实现预算管理目标的关键,也是目前行业里普遍存在的问题。

"考核流于形式"、"前罚后补"、"罚多奖少"、"奖励指标标准不合理,随意性强"等现象,都会影响全面预算全员参与的积极性。在预算管理中,企业首先要明确指标,建立起一套行之有效的指标体系;其次,进行优化资金计划执行率,缩小节制的使用资金,节约资金使用量,提高资金使用效率,减轻追求高执行率与合理使用资金之间的矛盾。第三,建立推行全面预算的保障体系。

[1] 栾润峰. 精确管理 [M]. 北京:东方出版社,2006.

[2] 汪中求,吴宏彪,刘兴旺. 精细化管理 [M]. 北京:新华出版社,2005.

[3] 侯龙文,侯岩,何瑛. 现代全面预算管理 [M]. 北京:经济管理出版社,2005.

浅析房地产成本控制

李京会*

摘要 长期以来,大多数房地产企业重视销售收入而轻视成本控制,但是降低成本、实现成本控制和扩大销售收入一样,也是房地产商获得经营利润、体现经营成果的一个重要途径。房地产成本主要包括建设费用、期间费用、税费成本,本文在分析这三种房地产成本主要构成部分的基础上对各项成本提出具体的控制措施。最后得出结论:房地产成本的控制对于开发商实现利润具有不可忽视的作用。

关键词 成本构成;成本控制;政策建议

一、房地产建设成本控制阶段

(一)前期建设的成本控制

1. 征用土地和拆迁费补偿控制

此项费用占房地产开发成本的比例较高,普遍在60%左右,主要包括:为取得土地使用权支付的费用、拆除地上地下建筑物所产生的费用、对拆迁人员的补偿费用。由于该项费用占总成本的比例较高,所以为有效降低房地产的开发成本必须控制该项成本。

2. 前期工程费用控制

前期工程费用是指为保证房地产项目顺利建设而进行的前期规划、设计、项目可行性研究的费用。要采取双管齐下的成本控制模式,一方面要加强与政府部门的沟通联系,对国家和地方的一系列法律法规和政策要熟练把握,尽量争取各种优惠政策。另一方面为降低工程费用必须采取公开招标的方式,控制各个项目单元的费用支出。

3. 建筑设计成本控制

虽然设计阶段在整个建设过程中占用的时间最少,设计费占工程总投资的比例还不到1%。但它对整个的投资影响大。在选择设计单位时,要重视设计方案的优化,合理选择设计方案,才能有效控制建设成本。

---

* 李京会,中国海洋大学工程硕士在职研究生。

（二）中期建设的成市控制

1. 招标阶段的成本控制

招标的方式主要包括两种：公开招标和邀请招标。通过采用这两种招标方式，选择适当的施工方和材料供应方，以实现降低项目成本的目的。在房地产开发中公开招投标是一种主要方式，因为其能够在最大限度内选择投标商，竞争性更强，择优率更高，同时也可以在较大程度上避免招标活动中的贿标行为。

2. 施工阶段的成本控制

由于施工本身影响因素的复杂性，施工过程中容易造成浪费，因此有必要采取有效措施控制施工各个方面的成本，使各种费用严格控制在预算之内。同时，不能忽视施工过程中的质量安全问题。施工阶段的成本控制对整个房地产成本控制起着重要作用，是核心阶段。

（三）后期建设的成市控制

1. 基础设施建设费控制

与基本居住有关的各种公用管线以及设施，包括水、电、天然气、有线电视、电话、宽带网络、供暖、雨水处理、污水处理等是保障基本居住需求的基础设施。选择施工单位之前，制定一个符合项目建设的预算，根据这一预算采用公开招标的方式选择适当的施工方。

2. 公共配套设施建设费控制

主要是指家庭生活需求有关的各种公共设施，包括教育、医疗卫生、文化体育、商业服务、金融邮电、社区服务、行政管理等设施，这些设施是对基本居住需求之上的更高生活需求的满足。

二、房地产期间费用控制

（一）管理费用控制

管理费用是指房地产开发企业为使房地产开发活动顺利进行而运用行政管理部门管理开发经营活动发生的费用。管理费用的控制要结合往年的支出情况，同时兼顾当年可能产生的变化，而制定出的一系列完善、合理的管理费用预算考核体系。

（二）财务费用控制

财务费用的产生是由于房地产开发企业的资金筹集活动。进行房地产财务费用控制的方法有降低资金占用成本、做好资金运用计划，用足商业信用、加强资金存贷管理，利用多渠道融资、商业汇票的优点、灵活安排资金、利用短期融资券方式降低贷款利率、加速回收货款，合理推迟付款、控制银行手续费支出、分析资产占用与财务费用的关系，减少因资产占用而产生的费用开支。

（三）销售费用控制

和其他行业相比，房地产行业的销售费用在期间费用中占有很高比例，因此必须要考虑销售费用的控制。可以从以下方面控制销售费用：首先，优化销售流程，在销售以前首先确定销售目标，制订合理的销售计划；其次，运用合理销售道具及物料，对销售道具及物料恰当定位；最后，进行营销推广，完善的市场调查，通过反复的计算和比较使最终收益最大化。

三、税费的控制

由于房地产行业涉及的税种多、税负率高，所以其税收费用较大，需对其进行有效控制。一方面关注不同地区税务机关税收政策之间的差异，另一方面由于高房产出售价格会带来高税金，所以房地产开发商在进行销售时不能盲目地追求高售价。

四、结论

通过对房地产行业建设费用、期间费用、税费成本控制的分析，研究了房地产成本控制方法。房地产成本是房地产开发商需要支付的一笔巨大费用，采用正确的成本控制方法有利于提高开发商的利润，限制浪费，实现资源的高效利用。而房地产成本贯穿于项目的始终，对项目具有不可忽视的影响，因此要将房地产成本层层细化使成本得到有效控制。

参考文献

[1] 杨丽琛. 房地产成本控制研究 [J]. 硅谷, 2008（12）: 161.
[2] 石绍刚. 透析房地产成本管理 [J]. 才智, 2008（10）: 3.
[3] 柯宝红, 夏鑫. 房地产开发前期成本控制的研究 [J]. 全国商情（理论研究）, 2011（2）: 60-62.
[4] 刘瑛. 探究房地产企业成本控制 [J]. 中国总会计师, 2011（6）: 133-134.
[5] 王利. 对我国房产公司房地产成本管理控制的探讨 [J]. 当代经济, 2011（14）: 20-21.

浅析建筑工程项目管理

韩 冰 *

摘要 建筑工程项目已成为当今社会发展经济的重要部分。建筑施工企业越来越多,竞争越来越激烈,企业要想在竞争中取胜,就必须管理好工程项目,以增强自身竞争能力。本文就建筑工程的项目管理进行了研究与探讨。

关键词 建筑工程;质量管理;成本控制体系

一、建筑工程的成本管理

工程项目管理是现代企业管理的重要组成部分,而工程项目管理中又以项目成本管理为重中之重。如果能稳健地控制工程的成本,建筑企业就能获得经济效益的最大化。

(一)工程项目成本管理与控制的原则

施工项目成本控制原则是企业成本管理的基础和核心。施工项目部在对项目施工过程进行成本控制时必须遵循以下基本原则。

1. 成本最低化原则

施工项目成本控制的目的需要通过成本管理的各种手段降低施工成本,达到可能实现最低目标成本的要求。在实行成本最低化原则时应注意降低成本的可能性和合理的成本最低化,不能单方面追求低成本从而忽视施工的质量。

2. 全面成本控制原则

全面成本管理是全企业、全员和全过程的管理,也称"三全管理"。"三全"一个也不能少,才能使施工项目成本自始至终置于有效的控制之下。

3. 动态控制原则

施工项目是一次性的。成本控制应强调项目的中间控制,在动工中落实,施工准备阶段是构想和预计,而竣工阶段则已基本定局。

4. 责、权、利相结合原则

项目工程成本目标明确,奖惩制度明确,责任到人,使降低成本与职工切身利益息息

---

* 韩冰,中国海洋大学工程硕士在职研究生。

相关,这样就可以极大地调动职工工作的积极性,增强降低成本的意识,从而达到提高企业经济效益的目标。

（二）建立一个完整的成本控制体系

降低项目成本的方法多种多样,概括起来可以从组织、技术、经济、合同管理等几个方面采取措施控制。具体包括:采取组织措施控制工程成本;采取技术措施控制工程成本;采取经济措施控制工程成本,其中包括人工费控制、材料费的控制、机械费的控制;加强质量管理,控制返工率;加强合同管理,控制工程成本。总之,成本预测为成本确立行为目标,成本控制才有针对性。所以,应从理论上深入研究,实践上全面展开,扎实有效地把这些工作开展好。

二、建筑工程的进度管理

在预定的时间交付工程项目直接关系到项目的经济效益与社会效益。而工程项目又受各种外在因素的影响,因此建筑施工企业应该充分合理利用本身的人力、物力、财力、人脉等资源,在总目标的规划组织管理下,按部就班地实施施工进度计划,实现预期任务,提高经济效益。做好项目的进度管理,需注意以下问题。

第一,注重项目管理模式与组织结构的建立。成功的项目一定要有一个成功的管理团队和组织结构。第二,成立严密的合同网络体系。一个相对较大的工程往往是由众多的参与者共同完成的,这就需要一个严密的合同体系,来充分调动人员积极性。第三,切实可行的三级工程计划。这一计划最重要的是要包含设计单位的工作、业主的工作、监理单位的工作,并且考虑政府部门的工作影响。第四,设计合同的签定以及设计单位的确定,设计的工作质量决定了项目施工能否顺利实施。

三、建筑工程的质量管理

与一般的产品质量相比较,建筑工程质量具有如下一些特点:影响因素多、隐蔽性强、终检局限性大、对社会环境影响大、建筑工程项目周期长等。因此,要充分考虑到以上因素,制定合理的质量管理体系。

建筑工程的质量管理可概括如下:确定目标,分解落实,组织攻关,样板示范,跟踪控制,做好质量控制,并且定期对产品质量进行有效监测。这包括:第一,建立质量自检制度。一般来说,每个工程建设项目都应建立自身的监督制度,通过自检制度来达到质量的改进。第二,第三方质量监督。第三方监督即业主(监理)的监督是最具权威性的监督。由业主委派的质量监督小组对工程中正在施工的部分进行监督。

四、建筑工程的安全管理

建筑工程安全管理就是对投入工程的资源和条件进行安全管理,进而对施工全程进行安全生产管理的过程。加强安全管理,不引发事故,从而使工程得以顺利进行。因此,安全生产管理是建筑工程施工管理中一个不可忽视的重要内容。

第一,坚持安全管理原则。安全对生产发挥着重要的保证作用。安全工作如果没有全员的参与就不会有效果。第二,坚持控制人与物的不安全行为与状态。从对人和物的管理去分析事故,人与物的不安全行为和状态都是酿成事故的直接原因。第三,制定安全管理措施。它是管理的方法和手段,对生产各因素起约束和控制的作用。

综上所述,建筑工程项目管理是一个复杂的系统工程,它涵盖了各个部门和单位,只有各部分加强合作,增强建筑工程成本管理、安全管理、进度管理和质量管理,才能够保证建筑工程项目的实施。

[1] 张火明. 建筑施工管理问题探讨 [J]. 科技信息, 2008 (20): 110, 259.

[2] 张楼成. 对建筑工程的施工管理分析 [J]. 今日科苑, 2009 (13): 158.

[3] 张爱民. 基于建筑工程项目管理探究 [J]. 华章技览, 2013 (1): 33-34.

[4] 郭庆军. 关于对建筑工程项目管理的探讨 [J]. 经营管理者, 2012 (9): 268.

[5] 周全昌. 浅议建筑工程项目管理存在的问题 [J]. 科技创新导报, 2010 (7): 204.

[6] 刘宝龙. 建筑工程项目管理初探 [J]. 江西建材, 2014 (1): 258.

工程项目风险管理研究

孙正洋 *

摘要 建筑工程施工过程中所出现的种种不确定性因素,加剧了风险管理研究的紧迫性,使其逐步成为工程项目管理的重要组成部分。本文首先探讨了工程项目风险管理的类型,在此基础上提出了构建工程项目风险管理制度的构想。
关键词 风险管理;工程项目;制度构建

目前国内外学术界在质量控制与进度管理方面的研究较多,但是如何基于目前我国建筑行业所处的外部环境和内部环境进行风险控制和管理应用相比,稍显薄弱。基于此,本文以我国建筑工程项目风险的类型划分为基点,深入阐述如何因地制宜提出相应的风险管控机制并应用到实际的生产中。

一、工程项目风险管理的特点

工程项目风险管理制度能够有助于工程项目各利益群体规避风险,提高投资激励。但是,工程项目风险管理与其他类型的保险制度相比,又具备以下几个特点:一是承保风险的多样性。在整个工程项目中,涉及原料采购、地形勘测、现场人员施工以及后期检测等诸多流程,任意一环出现问题,工程项目的各利益群体都可能遭受损失。二是承保单位的复杂性。建筑工程施工项目涉及诸多利益群体,其对项目承担的风险程度也不同。三是承保时间的不确定性。建筑工程项目从原材料采购、质检到现场施工、后期检查,并不能保证每个环节都按照计划准确完工。四是承保金额的巨大性。建设工程项目往往投资比较大,动辄上亿元。这其中,既包含技术人员、施工人员等大批雇佣工人的工资、保险等,也包含各种固定投资。

二、工程项目的风险类型

(一)项目外风险

项目外风险是指独立于工程项目建设环境所存在的诸多不确定性而引起的风险,具

---

* 孙正洋,中国海洋大学工程硕士在职研究生。

体又可以细分为如下几种：一是自然风险，指由这些建筑工程项目所在地区客观存在的不确定因素所引发的风险。可以根据具体的外部环境进行风险管理方案的预先设计及应用。二是政治风险，是指由政治方面的不确定因素所带来的建设工程管理风险。通常包括政府相关主管部门的行政干预、国家宏观政策的变动、与工程建设相关的法律法规的变动以及其他重大事故所造成的社会环境的改变。三是经济风险，是指由外部经济领域所存在的不确定性因素给企业带来的风险。投资商或者开发商只能提前通过专业听证等方式估计经济环境运行状况，从而将经济环境这种不确定因素所带来的风险降至最低。

（二）项目内风险

项目内风险是指建筑工程项目本身的不确定性所引起的项目质量、进度、成本和安全目标无法达到预期目标的情况。根据其中的技术因素有无划分，可将项目内风险区分为技术风险和非技术风险两种情况。技术风险是指由于技术条件不确定性所带来的建筑工程项目风险。主要表现形式有：各项目主体之间对技术标准选择、计算分析模型选用、安全系数确定等问题上存在变差；在工程方案的落实过程中，施工工艺未合乎要求、未按照合同要求的方案进行实施；工程完工后质量检验为通过或者验收不达标等。非技术风险是指在计划、组织、管理和协调等方面由非技术条件的不确定性所引起的损失。主要包括：项目组织管理方面，缺乏行之有效的项目管理方法和监督手段；项目目标不切合实际情况；项目规划未考虑人力、财力等诸方面的因素等。

三、工程项目风险管理制度的构建

工程项目风险管理制度的构建，直接关乎后期风险管理是否能够顺畅进行，以及承包人和业主是否能够享受应有的权利。构建工程项目风险管理制度，主要包括以下几种担保制度。

（一）担保制度

担保制度是指，履行担保承诺的一方要保障承包人履行其承包合同的全部承诺。具体可以通过以下几种途径：第一，中标人在与业主正式签定合同之时，须向双方提交银行出具的履约保函。第二，当承包人不能履行合同义务，督促银行按照合同规定的履约保证金额对业主进行赔偿。

（二）信用担保制度

信用担保制度是指担保人为保障投标人从事正当投标活动对其所作出的承诺。目前，信用担保制度的构建可以通过以下方式：其一，由投标人在投标报价时出具银行保函，以保证投标人不会中途撤销投标。其二，中标后与业主签定承包工程合同。在我国，构建信用担保制度，首先需要政府给予充分的政策支持，建立和健全相关的法律保护制度；其次，信用评级制度的构建也要相应进行，这包括对相关信用评级机构的资质认证等。

（三）支付信用担保制度

支付信用担保制度是指业主通过人为自身提供担保,从而保证自己能够及时获享合同规定的各项支付条件,保障业主自身合法权益。从世界范围来看,通过支付信用担保制度来促进和扶持中小企业发展,已经成为各国、各政府的通行做法。这一事实证明,构建支付信用担保制度意义重大。因此,在我国构建和完善支付信用担保制度刻不容缓。目前,该项工作所面临的问题是,担保市场有待进一步健全,中介代理机构尚未达到需求水平,担保制度所引致的管理费用在法律上未获得相应的保障,与此相关的法律条文尚待完善和细化。

四、总结与展望

由于我国大多数建筑企业对项目风险管理存在理解单一和实际操作模糊的误区,并且建筑工程项目风险管理在实际操作过程中缺乏可行性及应急指导性。因此,把控项目风险管理、指导风险输出工作成为我国建筑企业在实施项目风险管理中最容易出现的失误和造成成本加大的管理难点之一。以上通过分析归纳我国建筑工程项目目前存在风险的主要类型,提出相应对策,以期能为我国建筑工程项目的风险管理提供一定的参考。

[1] 孙会忱,腾先明. 谈建筑工程的管理 [J]. 现代营销,2011（5）:40.

[2] 覃礼贤. 建筑工程项目管理探讨 [J]. 大众科技,2009（3）:63-64,68.

[3] 张文功,赵文彤. 探讨建筑工程项目重点 [J]. 科技致富向导,2011（4）:173.

[4] 周连英. 浅谈建筑工程项目管理 [J]. 科技信息,2012（8）:425.

[5] 蔡涛. 工程项目风险管理研究 [J]. 中国科技信息,2008（3）:28-29.

[6] 李宇松. 建设工程项目风险管理与实践 [D]. 吉林大学硕士研究生论文,2004.

成本控制

——高悬的达摩克利斯之剑

井 磊[*]

摘要 所谓的成本控制,即是指战略方面的问题,与房地产开发方面的定位与融资有关,内容繁杂、全面,影响着项目运营的整个过程,并且各个阶段都有不同的核心与侧重点。

关键词 房地产项目;挣得值法;成本控制

一、引言

成本控制不只限于一些操作层面的问题。成本控制是有关战略方面的问题,与房地产开发方面的定位与融资有关,内容繁杂、全面,影响着项目运营的整个过程,并且各个阶段都有不同的核心与侧重点。因此,成本控制应该是公司重要的执行战略。

二、"大处入手"——企业战略层面的考量

成本控制的核心是从大处入手。目前,土地的成本费用大约已经占到房地产成本的30%以上,在一、二线城市,它甚至占到60%以上。合理的土地价格是必须要重点关注的问题。以和达某小区土地开发为例来说明,利用2011年的成本概算与2013年的实际费用作比较,如表1所示:

表1　和达某小区土地开发费用比较

		概算成本(万元)	实际成本(万元)	占费用比例(%)	超概算比例(%)
1	前期工程费	3 500	3 500	3	0
2	土地取得费用	51 274	97 000	72	89
2.1	拿地	7 674	13 200	10	72
2.2	企业拆迁	23 200	39 000	29	68
2.3	居民拆迁	20 400	35 000	26	72
2.4	政策调整建设费用	—	9 800	7	—
3	市政基础设施建设	16 500	16 500	12	0

---

* 井磊,中国海洋大学工程硕士在职研究生。

续表

		概算成本（万元）	实际成本（万元）	占费用比例（%）	超概算比例（%）
4	不可预见费	2 138	3 400	3	59
5	财务费用	5 926	11 500	9	94
6	管理费用	1 468	2 400	2	63
7	合计	80 806	134 300	100	66

该小区项目成本上升，除了居民拆迁补偿费用的上升之外，重要原因是不能有效管理拆迁区域内的私搭乱建直接导致费用超概算。因此，成本控制必须要明确的首要任务是从大处入手，控制核心要素。

三、前期的决策——成本控制先行

品质领先战略在房地产项目开发前期的决策阶段往往是项目竞争的优先选择，而成本控制却是在执行阶段才开始考虑的问题。可是大方向确定后，后期的成本控制空间已经变得非常小了。

在前期的决策阶段，可以运用相关的经济工具进行成本支出的合理性评定。现在重点介绍另外一种有效的成本控制工具——目标成本法。目标成本法普遍适用在房地产开发阶段的工作中。运用此方法，可选择合适的成本控制目标，明确成本控制的对象。

诸如在密度较低的小区定位中，探讨适合此类小区的风情景观园林系统。在各种方案成本已经确定的情况下，如何选择方案进而确定成本控制的目标是十分重要的。这里，我们以市场开发为导向，通过对项目定位的客户访谈和调查研究，来确定景观园林在他们购买意愿中所占的影响比例，最后通过功能系统的评价可以得出成本方案的功能评价，进而选择最佳的性价比方案。

四、挣得值分析法下的成本控制——注重工程进度与成本费用

"挣得值分析法"是一种非常有价值的项目控制分析工具，是通过分析项目的具体实施情况与项目成本期望情况的差异来判断项目实施绩效的一种方法。而偏差分析是计划值与实际值的差别，项目成本的开发、项目开发进度和资金使用必然有着直接联系。项目的累计支出成本一般与项目的进展呈正比的关系，因此应该持续监督资金的流动方向，这就需要对项目进行全面分析。

项目成本费用和工程进度情况有着十分密切的联系，以和达办公大楼为例，用挣值方法进行分析如下：

表2　某综合办公大楼施工挣值分析　　　　　　　　　　　　　　单位：万元

WBS 要素	计划值 PV	挣值 EV	实际成本 AC	成本偏差 CV	进度偏差 SV	成本指数 CPI	进度指数 SPI
地基工程	114	102.8	99.89	1.92	−13.2	1.22	0.8

WBS 要素	计划值 PV	挣值 EV	实际成本 AC	成本偏差 CV	进度偏差 SV	成本指数 CPI	进度指数 SPI
1～3 层主体	535.6	588.6	663.32	−74.62	51	0.89	1.19
4～6 层框架	892.8	851.2	817.4	31.8	−40.6	1.04	0.96

从进度偏差上来看，1～3 层工程实际工作量超过预算值，施工进度提前；而地基工程、4～6 层框架工程实际工作量小于预算值，施工进度有所滞后。从成本偏差上可以看出，地基工程、4～6 层框架工程实际消耗低于计划值，节约了成本；而 1～3 层主体工程实际消耗高于计划值，出现费用节约。项目无法在规定的时间内完成，所以为了保证项目工程质量，我们必须采取必要的措施加快工程进度。

成本控制是企业竞争力的支撑，只有有效进行成本控制的企业，才能实现成本竞争的优势。挣值管理法是项目成本控制的重要工具，可以有效地监控项目的执行情况。力求从开发的各个环节，打出一套较完整成本控制的组合拳，并为企业的运营和盈利提供条件支撑。

参考文献

[1] 王健滨. 浅谈房地产成本控制 [J]. 现代商业，2010（8）：50-51.

[2] 吕丽红，杨俊伟. 工程施工阶段的成本控制 [J]. 现代经济信息，2009（10）：207-209.

[3] 黄子春. 工程监理项目风险管理的研究 [D]. 西安建筑科技大学硕士论文，2004.

[4] 金芋霖. 试论工程项目施工成本控制 [J]. 水利建设与管理，2009（3）：14-19.

[5] 鹏祥俊. 浅谈工程项目管理之风险管理 [J]. 河北企业，2010（7）：40.

项目风险的管理分析

郎丰鹏 *

摘要 现代工程项目往往具有规模大、技术新颖、结构复杂、持续时间长与单位多等特点，这些特点导致了工程项目风险的多样性和普遍性。本文通过对项目风险的识别、分析、处理和监控四个步骤的简述来浅析项目风险管理的过程，并且从意义层面来分析项目风险管理的重要性与必要性。最后得出结论：项目风险管理对减少项目风险损失，实现项目具有不可替代的作用。

关键词 项目风险管理；项目风险分析；项目风险处理

一、项目风险的特性

项目风险具有客观性、时效性、不确定性及可变性等特性。由于风险的产生是多种因素造成的，而这些因素并不取决于风险主体的改变，所以风险是客观存在的。同时，风险总是伴随人类活动而产生，即风险具有时效性。虽然活动主体可能意识到风险的存在，但对风险的实现并不能准确判断，则风险具有不确定性。此外，改变风险存在的条件后，不同风险之间可以相互转化，即风险具有可变性。

二、项目风险识别

（一）故障树分析法

该方法利用图解的方式，将大的故障分解成各种小的故障，或者对引起故障的各种原因进行逐个分析。该方法常用于小系统的风险辨识，通过对投资风险层层分析，可使项目参与者对投资风险有全面的认识。不足之处是应用于中型以上系统时容易产生遗漏和错误。

（二）风险调查法

风险调查法应当根据项目的实际情况进行具体分析。一方面项目组人员对通过其他方法已识别出的风险进行分析和确认；另一方面，项目组人员通过风险调查讨论可能发现

---

* 郎丰鹏，中国海洋大学工程硕士在职研究生。

此前尚未识别出重要的项目风险。风险调查也应该贯穿于建设工程实施全过程。

（三）调查法

该方法有两种方式：一种是采用问卷进行调查，另一种是召集相关人员开会。这种方法需要将相关人员发表的意见记录下来，由风险管理人员加以归纳分类、整理分析。

（四）统计资料法

统计资料法也称经验数据法，即根据以往各类项目与风险有关的统计资料来识别在建项目的风险。不同的风险管理主体的角度不同、数据或资料来源也不一样，所以其各自的初始风险清单多少有些差异。但是，当经验数据足够大或统计资料足够多时，这种差异性就会因为基础数据大而变小。建设工程风险识别经常使用统计资料法。

三、项目风险分析

项目风险分析是指在项目建设过程中，为了确定风险因素发生的可能性与影响程度而采取的分析方法。在风险出现的可能性或影响程度难以用数字衡量时，就采取定性分析的方法。但是如果可以量化，就更能准确地区分出项目风险中的不利因素，从而对其采取针对性的措施。项目风险分析主要采用两种方法：德尔菲法和智力激励法。

（一）德尔菲法

该方法是严格控制参与者的交流，使每个人匿名发表意见。这样参与者就相对独立，产生的想法不会受其他人干扰。此后，调查人员根据参与者的意见反复归纳总结，最后将多数大致相同的看法作为最后预测结果。

（二）智力激励法

该方法充分利用轻松环境对人的智力进行激励，使人在舒适的环境下放松，发挥想象力与创造性，交流、启迪思想，从而得到创造性意见。

四、项目风险处理

项目风险主要有以下几种处理方式：转移、回避、接受、减缓和降低。风险转移是在项目开始前对项目的建设进行投保，如果发生风险事故由保险公司承担。风险回避指为避免特定损失而进行的有意识的改变或放弃风险项目。风险接受指项目潜在风险无法避免，只能以自身力量承担风险可能带来的后果，项目后果可能是积极的，也可能是消极的。风险减缓和降低指当项目风险不能避免时，可以减少预期资金投入来降低风险发生的概率，也可以改变项目预案，降低风险因素的风险系数。

五、项目风险监控

在项目建设过程中根据已制订的应急预案对特殊事件作出回应。当特殊事件发生时，需要再次对风险进行识别、风险分析以及重新审视风险处理的一整套基本措施。还要在决策实施之后进行监督，以便查明决策的结果是否与预期的相同，进行对标。进行监督时要将决策实施的效果与应急预案预期的效果进行对比，并加强与决策者的沟通，把信息反馈给有关决策者。如果发现已作出的决策与预案有差别，则必须尽早改正，并采取纠正行动和补救措施。

六、结论

通过风险管理，可进一步加深决策者对项目风险的认识和理解，认清各种方案的优点和不足，了解风险对项目的影响，以利于风险预防和分散；通过上述对项目风险的认识，在编制项目应急预案时更有针对性；通过运用转移、回避、接受和减缓降低几种处理方式，灵活组织，在项目管理中减少风险和损失，增加主动性，提高工作效率；为以后的规划和设计工作提供参考资料，以便在规划和设计阶段就采取措施防止和避免风险损失；还可以使决策更有把握，制订的方案更符合项目的实际情况，从总体上减少项目风险，实现项目目标。因此，项目风险管理对项目的实现具有重要作用。

[1] 丁香乾,石硕.层次分析法在项目风险管理中的应用[J].中国海洋大学学报(自然科学版),2004,34(1):97-102.

[2] 陈勇强,顾伟.工程项目风险管理研究综述[J].科技进步与对策,2012,29(18):157-160.

[3] 徐珊珊.项目风险管理文献综述[J].企业文化(下旬刊),2014(6):156-156.

[4] 孙伟,高世刚.风险投资项目风险管理的研究[J].决策借鉴,2001,14(6):39-41.

[5] 曾令生.论建筑工程施工项目风险管理[J].建筑工程技术与设计,2014(14):622-622.

[6] 李炫锦.浅析工程项目风险管理的基本理论与方法[J].时代经贸,2013(22):40-40.

工程施工项目管理要点浅析

潘玲科 *

摘要 工程施工项目管理以合理配置企业资源进而使企业的经济价值实现最大化为目标，以综合管理者的技术、知识、人力等运用到项目中去为手段，来达到其利益相关者的要求。本文通过分析施工项目管理方面的特点，总结施工管理的内容，从而提出完善项目管理的可行措施，为保证工程顺利实施打下坚实的基础。

关键词 工程项目管理；施工项目

一、施工项目管理的内容

（一）合同管理

合同在施工项目管理中有着举足轻重的地位，因为项目过程中的很多问题的解决依赖的不是工程预算，而是之前已经签定的合同。因此合同是否合法、是否规范会直接影响到工程后期的筹划和安排，因此合同管理是项目施工管理中的重要内容之一。

（二）进度管理

进度管理能够检验施工企业的施工水平与能力。作为管理者，企业必须根据生产能力平衡地进行作业分配，及时发现计划与实际的偏离程度，并采取有效措施及时纠正，以保证工程按时交付。

（三）质量管理

质量管理是施工项目管理中的一个循序渐进且周到细致的过程，所以要保证工程达到预期的建筑目标，质量管理必须大力抓紧。因此管理者要坚持按标准组织生产，并强化质量检验机制，并可以进一步设置质量管理点或控制点，以保证工程的质量。

（四）安全管理

良好的安全管理是确保施工顺利进行的关键。在实际的过程之中，由于施工步骤的

---

* 潘玲科,中国海洋大学工程硕士在职研究生。

复杂性,往往有一些施工操作存在一定的危险性,所以企业在项目开始之初,就应该确定安全保障制度,保障施工人员的安全。

(五)成本管理

在建筑工程项目的施工过程中,由于过程的复杂性,物资的多样性等特点,成本需要严格进行控制,并且要做到和预算一致,对于差别较大的支出项进行仔细核查,降低在施工过程中不必要的消耗。

(六)风险管理

在施工过程中应注意:第一,加强风险调整手段,对于风险进行具体的识别,在识别的基础之上对风险进行控制,采取相对性的手段来进行风险的对冲、转移或者消除;第二,对施工团队进行培训,提高风险意识,从人员的角度,在实际的过程中降低产生危险的可能性。

二、完善项目管理的可行措施

(一)完善项目经理责任制

在项目的实际施工过程中,项目经理担任的角色至关重要,良好的资源配置,统筹进行管理分析人员配备,施工进程的完好控制等方面,均需要项目经理来完成。优秀的专业素质、组织能力和协作管理能力,较强的实际应用能力均是一个出色的项目经理所具备的专业素养。除此之外,经验、阅历以及协调各方的能力,项目实际的人员、设备、资金等要素,也能够影响到项目的进程。

(二)建立和完善项目成本核算制度

企业的目标是利润最大化,在达到这个目标的过程之中,对于成本的管理是不可或缺的。由于利润是收益和成本的差额,所以成本和利润表现出相关的关系。所以企业立足于成本管理,在针对不同的项目,建立和完善不同项目的成本核算制度,减少物资等生产要素的浪费,实现企业利润最大化的目标。

(三)按照优化和动态的原则组建项目管理班子

在项目的实际施工阶段,管理层因素也是一个很重要的方面,即项目的管理班子能够对项目的成果产生巨大的影响。所以企业在进行管理班子人员配备的时候,要依据人员优势互补、项目需要的原则,配备合理高效的班子。在组建之后要随时接受施工单位的监督,并在适当的时候进行指导、培训等内容,提升综合素质,促进项目的合理高效运行。

(四)加强员工管理,减员增效

项目的人员管理在项目施工进程中也应该要受到关注。一方面,要保证人员的合理配置,杜绝人员闲置的情况,提高员工的积极性;另一方面,要对员工进行培训,提高专业素质,并且建立完备的考核机制,提高人员的积极性。

从以上分析中可以发现,整个建筑的工程项目管理由于本身的特殊性,涉及诸多物资调配、人员合理配置应用等方面,是一个复杂的过程。每一部分的失误都能够导致项目的延期。所以在施工过程之中,对于之前制定的规章制度要积极遵守,不可因一时利益而弃之不顾,并且对之前的规定,要有一个相应的保证体系来确保其顺利完成,加强对物资的合理配置、人员的综合培养和使用,保证施工项目的完好进行。

[1] 卢琪,李永存. 浅谈施工组织设计编制 [J]. 山东商业职业技术学院学报,2006(3): 21-22.

[2] 吕建梅. 浅谈建设工程完善招投标制度 [J]. 科学之友(B版),2007(11):28-29.

[3] 刘仲谋. 强化高校基建工程施工管理的思考 [J]. 商业文化(学术版),2008(4):23- 24.

[4] 卢立华,丁国栋. 浅谈建筑工程的施工管理与进度控制 [J]. 四川建材,2010(1): 51-52.

[5] 周克尧. 建筑工程施工管理的要点浅析 [J]. 科技信息,2010(21):15-16.

后 记

工程项目管理是工程项目规划、可行性研究、选址和勘察设计中的重要组成部分,是将工程项目中各项资产投资转化为现实生产力的主导性环节。工程项目管理工作的管理体系和方法是否先进,准确性和科学性能否满足工程项目实施的具体要求,直接影响着工程项目建设的质量和经济效益。当前我国现代化建设正在如火如荼地进行,许多重大工程项目实践迫切需要正确的管理理论来指导,同时实践中也产生了许多新思路和新方法,迫切需要上升到理论的层面进行提炼、总结和分析。

《工程项目管理探索与实践》是为了顺应工程项目管理者的工作要求,推动工程项目实践与管理理论的有机结合而编写的。本书收录了中国海洋大学工程硕士在职研究生的研究成果,涉及对工程项目管理相关理论的探索与实践的案例,是诸位作者在前人研究的基础上,将相关科学理论与具体项目实践相结合的思索、探究与创新。

本书在编写过程中得到了中国海洋大学项目管理工程硕士教育中心的大力支持和帮助。在此,谨向上述单位的领导和同志以及所有为本书提供资料的作者表示衷心的感谢!硕士研究生袁晓磊、谷小更、王轲、王凯华、况雪涛、魏长朋、邱如月、邱梦圆、高文兰、王力平、韩耀武、念晓璇、王润、李明等在书稿梳理的过程中,集思广益、字斟句酌,细致、认真地进行了大量的整理和编写工作,在此向他们表示诚挚的谢意!

由于作者知识水平有限,书中难免有不足之处,敬请专家学者批评指正。

编 者
2014 年 11 月